在りし日の平井昭徳氏。長男と共に（2001年4月）

ことばの標(しるべ)

平井昭徳君追悼論文集

大津隆広／西岡宣明／松瀬憲司［編］

九州大学出版会

はしがき

　平井昭徳君は昭和36年11月9日、島根県仁多郡横田町に生をうけた。島根大学法文学部在学中に英語学、特に語用論に興味をもち、昭和60年に九州大学大学院文学研究科修士課程入学後に故大江三郎先生のもとでその本格的な研究が始まった。大学院修了後、昭和62年に福岡県太宰府市の筑紫女学園短期大学、平成2年に郷里の島根大学法文学部に講師として着任し、平成5年助教授に昇任された。よき家庭と職場に恵まれ、公私ともにこれから益々充実した日々を迎えようとしていた矢先の平成15年6月13日、不治の病で41歳の若さで逝去した。その夏、大学院で英語学を専攻した同期3名が集まり、彼がこの世に残した教育と研究の業績を記録するために追悼論文集を刊行しようという企画が持ち上がった。その後、彼を知る多くの方々に賛同いただき、発刊の運びとなった。当初は一回忌に間に合わせるつもりであったが、慣れない編集の仕事に時間ばかりが過ぎて行き、結局三回忌に合わせての刊行となった。彼のことだからきっと優しく許してくれることだろう。

　彼の語用論への学問的興味は学部時代のアイロニー研究に始まり、晩年は英語名詞句のトートロジーの意味解釈について数本の論文を発表している。語用論の中の大きな問題について文献を丁寧に分析し、実例に基づき自説を実証する研究態度は好感がもてる。教育の面でも、島根大学では「現代英語構造論演習」や「英語運用基礎演習」などの演習を通して学生の指導に熱心であったと聞いている。しかし、半ばで研究と教育の夢を断たれた彼の心情を察すると、無念さが込み上げてくる。日本英語学会、日本英文学会、日本語用論学会など、語用論に関する研究発表やシンポジウムの会場に必ず彼はいた。もし命があればどのような方向へ彼の研究分野が進んだのか今では知る由もないが、とても残念で寂しい限りである。

　彼はとても穏やかな人柄のために、同期の友人はもとより、先輩や後輩からも好かれる青年だった。また、その穏やかさの反面、合気道3段、剣道2段という立派な武道家でもあった。大学ではOBとして合気道部部員の指導にも精を出していたそうだ。常に冷静沈着な振る舞いは、長い間培ってきた武道の精神によるものだということが後になってわかった。亡き彼との貴重な思い出を振り返るたびに、いつまでも私たちは自らの若き学生時代に思いを馳せることであろう。

　彼の一人息子の健介君は今年で4歳になった。先日、本書の発刊にあたり奥様とお話をしていた際、電話の向こうで「お父さんのお友達？」と聞いてきた。あの時無邪気に遊んでいたわずか2歳の彼が平井君のことをどれくらい覚えているかはわからない。おそらく想像の中の人物かもしれない。彼が大きくなった時、大学生の頃の平井君との思い出話をゆっくり話してあげたいと思う。

　本書は、平井昭徳君の論文を筆頭に、九州大学大学院時代に彼のことを知る14名の英語学、イギリス文学、アメリカ文学の研究者の論文を掲載している。執筆者は大学院修了からおよそ10年から20年の研究教育歴をもち、掲載した論文の研究分野は生成文法、認知言語学、語用論、英語史、イギリス詩・小説、アメリカ小説、日英語比較など、多岐にわたっている。

本書の刊行にあたり、多くの方々にお世話になった。末筆ながら、本書刊行の趣旨を快く御理解いただき、出版を快諾していただいた九州大学出版会、および編集と刊行にあたり不慣れな私たちに助言をいただいた九州大学出版会の藤木雅幸氏と佐藤有希氏に心より感謝申し上げたい。

平成17年6月

平井昭徳君追悼論文集編集委員会
大津隆広　西岡宣明　松瀬憲司

目　次

はしがき

英語学

名詞的トートロジーの構造 ……………………………………… 平井昭徳　1
丁寧さを導く方略としての You-Suppression ………………… 江口　巧　25
会話の含意をめぐって―グライス、レビンソンと関連性理論― … 大津隆広　39
談話中の条件文―コーパスによる分析― ……………………… 大橋　浩　55
文とは何か ………………………………………………………… 古賀恵介　71
文否定と構成素否定 ……………………………………………… 西岡宣明　85
近代英語における時の副詞節を導く No Sooner...But (or Than)
　及びその類似表現 ……………………………………………… 原口行雄　101
デーンロー地域での言語使用について ………………………… 松瀬憲司　115
Cognitive Domains and the Prototype in the
　Resultative Construction ……………………………… Haruhiko Murao　131
香りの世界の共感覚比喩 ………………………………………… 山田仁子　147

イギリス文学

ボーダー・バラッドの世界―野蛮さの哲学― ………………… 中島久代　163
ロレンスの詩的空間と技法 ……………………………………… 吉村治郎　177

アメリカ文学

共同体(コミュニティ)の優生学― Toni Morrison の *Paradise* ― …………… 伊鹿倉　誠　189
トウェインとクレメンズの狭間で ……………………………… 江頭理江　203
Malamud が描く手作業―そのユダヤ的特質をめぐって― … 前田譲治　213

平井昭徳君略歴

平井昭徳君業績一覧

執筆者一覧

名詞的トートロジーの構造

平井　昭徳

1. 序

　NP_i-be-NP_iの形を取る名詞的トートロジーは、その形式の単純さとは裏腹に、非常に多くのことを伝達する。たとえば、War is warであれば、（状況により）「戦争では悲惨なことが起こるのが常である。戦争とはそういうものだから、今問題になっている惨事を嘆いてみてもはじまらない」というような内容を伝える。このような複雑な伝達内容は、いったいどこから来るのだろうか。Grice流の会話の含意による捉え方によれば、その表現が「協力の原則」、とりわけ「量の原則」に抵触していることを契機に、聴者の推論を通して発話の状況から引き出されることになる。しかし、Warという言葉から、その発話が「戦争」についての陳述であるということが分かったところで、それだけの情報から推論のみによって、上に見るような複雑な伝達内容に到達することは極めて困難と思われる。

　本稿の目的は、英語の名詞的トートロジーの理解がいかにして可能になるのかを明らかにすることである。具体的には、先行研究としてWierzbicka（1987）とFraser（1988）を取り上げ、その検討を通してNP_i-be-NP_iという表現形式が伝える意味情報を突き止める。そして、聴者がその意味情報をもとに実際の発話を解釈する際、どのような知識が大きく関わっているのかを指摘したい。

2. 先行研究
2.1 Wierzbicka（1987）のアプローチとその問題点

　Wierzbicka（1987）は、Grice流のアプローチでは、たとえば、War is warとBoys are boysという2つの表現の間に存在する伝達意味の類似性―いずれも望ましくない事柄を受け入れようという冷静な態度を伝える―や、この構文の下位類―N_{abstr} is N_{abstr}, N_{p1} are N_{p1}, An N is an N, N_1 is N_1 (and N_2 is N_2)など―ごとに存在する異なる意味を無いものとして扱うことになると主張する。そして、そのような点を説明するには、名詞的トートロジーの下位類ごとに意味記述をする必要があるとし、当構文の下位類のうち3種類を取り上げ、それぞれの意味記述を次のように行っている。

(1)　1.　N_{abstr} is N_{abstr}.
　　　　　例: War is war.　Business is business.
　　　　　意味：複雑な人間行動に対する冷めた態度
　　2.　$N_{hum.\ Pl.}$ are $N_{hum.\ Pl.}$
　　　　　例: Boys are boys.　Women are women.

意味：人間の性質に対する寛容
3. (ART) N is (ART) N.
例: A rule is a rule.
意味：義務

先にも触れたが、下位類1と2は、望ましくない事柄を受け入れるという冷静な態度（"sober attitude"）を伝えるという点で共通している。しかし、warであれば〈悲惨な〉、businessなら〈無情な〉のように、下位類 1 が人間行動に対する「悪い」という評価を伝えるのに対し、下位類 2 は、本当の意味での「悪い」という評価を含んでいないという点で、両者は異なるとされている[1]。

Wierzbickaによれば、それぞれの形式によって伝えられる具体的な意味情報は次のようになっている[2]。

(2) 下位類1： N_{abstr} is N_{abstr}.
  A. この種のこと（X）をする際、必ず何か悪いことが他の人々に及ぶということは誰もが知っている。
  B. 私は、それがどんなことかは言う必要がないと考える。
  C. そのような悪いことが起こる場面に出くわしても、そのことで気分を乱すべきではない。
  D. そうでないようにはならないことを理解すべきである。

(3) 下位類2： $N_{hum.pl.}$ are $N_{hum.pl.}$
  A. この種の人々は、人が望まないようなことをするということは誰もが知っている。
  B. 私は、それがどんなことかは言う必要がないと考える。
  C. この種の人々がそのようなことをするのに出くわしても、そのことで気分を乱すべきではない。
  D. この種の人々は、所詮、他の人々が思うように振る舞うことはできないということを理解すべきである。
  ［E. これを変えることはできない。］

(4) 下位類3：（ART）N is（ART）N.
  A. Xに関して言えば、全ての人がしなければならないことがあるということは誰もが知っている。
  B. 時に人はそのことをしなくてもよければと思うことがあるということは、誰もが知っている。
  C. それはしなければならないことであるということを理解すべきである。
  D. そのことで気分を乱すべきではない。
  E. これを変えることはできないということを理解すべきである。

下位類 1 に属するWar is warを例に取ると、(2)の相当部分に「戦争」が挿入され、その結果として「戦争では悲惨なことが起こるのが常である。戦争とはそういうものだから、今問題になっている惨事を嘆いてみてもはじまらない」というような意味が伝えられることになる。また、下位類 2 に属するBoys are boysであれば、(3)の相当部分に「男の子」が挿入され、その結果、その発

話の場で男の子の<手に負えない>という性質が問題になっているのであれば、「男の子は手に負えないものであり、そのことについて不平を言ったところでどうにもならない」というような意味が伝えられるというわけである。

このような記述により、A father is a fatherとFathers are fathersの意味の違いや、A war is a war とWar is war の意味の違いが説明できる上に、義務を表すトートロジーとしては？Bets are bets (vs. A bet is a bet) や？Deals are deals (vs. A deal is a deal) のように複数形では普通用いられないことも説明できるとしている[3]。

この「NP_i-be-NP_iの下位類ごとに伝達される話者の態度が決まっている」というWierzbickaの主張は、一見強引にも見えるが、否定し難い説得力がある。というのは、上で見た、このアプローチの利点もさることながら、これら3つの下位類に属するトートロジー表現を思いつくままに挙げてみると、Politics is politics/Kids are kids, Children are children/A promise is a promise, A deal is a deal... と確かにそこで述べられているとおりの意味になっているからである。

しかし、ここで注意しなければならないことは、このように真っ先に頭に浮かんでくる表現というのは、結局のところ、よく耳にしそうな、かなり慣用化しているものであるということである。言い換えれば、それらの表現を思い起こす際、私たちはそれらが発せられる典型的な状況を併せて思い描いているということである。その結果、実は他の使われ方があるにも関わらず、その可能性をはじめからないものと思い、それらの表現と意味とが1対1の関係で結び付いていると考えてしまう危険性がある。次の例を見てみよう。

(5) ［軍の行進を浮かれて見ている郵便配達人に向かって、郵便物を早く渡してくれるよう催促する］：

War is war. Stop this nonsense. Business must go on.（映画 *All Quiet On the Western Front*）

War is warという表現だけが提示されると、確かにWierzbickaが言うような意味を私たちは思い浮かべるが、この例の文脈では、戦争の<悲惨な>といった1つの側面が浮かび上がって来るわけではなく、また、意味記述(2)の中に見られる「その行為に常に伴う望ましくない側面─あるいは特性─を受け入れざるを得ない」というような態度は感じられない。同様に(1)で挙げたBusiness is business もまた、発話の状況によっては"Business is enjoyable"という内容を伝えうるとFraser (1988)は指摘している。

また、Wierzbickaは、下位類1(N_{abstr} is N_{abstr}.)で用いられる名詞は相互作用を含む複雑な人間行動を示す名詞に限られるように思われるとしているが、決してそんなことはない[4]。

(6) Jim Gardner: The defense claim White had asked him to kill her. The prosecution counted with the claim 'Murder is murder.' (*Channel 6 Action News at 6*, 8 June 85, Ward and Hirschberg 1991)

(7) ［ニュース番組で、Big Greenと名付けられた環境対策案の是非を巡って議論している］：
Albert Meyerhoff: "Pollution is pollution. Cancer is cancer. We can wait no longer to deal with these problems."（下線は筆者）（ABC News［衛星］, 31 Oct. 90)

(6)で用いられているmurderという抽象名詞は、人間の行動を示してはいるが「相互作用を含む

— 3 —

複雑な人間行動」とは言えない。また、その発話によって話者は、「他人から頼まれて行った殺人」とそうではない「普通の殺人」は異なると考えている相手に対して、「殺人か殺人でないか」というより本質的な評価尺度に切り替えるよう促しているのであり、Wierzbickaが取り上げる、名詞の指示対象の何らかの属性に焦点を当てるトートロジー表現とは若干異なっている。次に、(7)の下線部は、環境対策の遅れが、その増大に直結する「汚染」、及び「癌」の今の危機的状況を聴者に喚起しているが、これらも「相互作用を含む複雑な人間行動」ではない。加えて、これらの例には、いずれにもWierzbickaの主張する「望ましくない側面を受け入れる」という冷めた態度は感じられない。

以上は、$NP_i\text{-}be\text{-}NP_i$の下位類1に対する反例であったが、残りの2つの下位類についても反例は容易に見つけることができる。

(8) ''The customs of others may be quite different from our own but <u>human beings are human beings</u> the world over.'' (S. Hill, A Bit of Singing and Dancing, Miki 1996)

(9) "It was a normal, typical Saturday night," said Catherine Belardo, an auburn-haired woman in a housecoat. "They get dressed up, they go out together. I don't want people saying, 'Well, where were her parents? 'Her parents were here. Her mother was home, her father was home. You can't keep your kids in a tube. They go out. <u>Kids are kids.</u> You have to show them you trust them. Then they go out the door and who knows, really, what can happen? You tell them to walk in groups. You tell them to walk where it's light. You tell them never to talk to strangers. And they did everything they were told."

(Philadelphia Inquirer, 15 Feb. 85, Ward and Hirschberg 1991)

(8)の下線部で私たちは、「人間」と呼ばれるものの全体的な印象を漠然と思い浮かべ、「文化が異なっても、人間は本質的にそう変わるものではない」という伝達内容を理解するが、$N_{hum.\ Pl.}$ are $N_{hum.\ pl.}$の形を取っているにもかかわらず，寛容の態度とは関わりがない。(9)では、下線部のトートロジー表現 Kids are kids は、子供のそういう性質について、誰にもそれを変えることはできないということを伝えてはいるが、そこに見られるのは寛容の態度とは言えないように思われる（Ward and Hirschberg p.513）。

次に、3番目のタイプ（ART）N is（ART）Nについてであるが、Wierzbickaはこの形式を取るトートロジー表現全てが「義務」を伝えるとしているのではなく、使用される名詞が "One should do X"という意味を含むものである場合、あるいはfatherのような人間関係を表す名詞である場合という条件を付けている。なるほどWierzbickaがこのタイプに属する例として挙げた表現を見ると、そこで使用されている名詞は、rule, bet, promise, deal, test, law, agreement, warと何らかの意味で義務が絡むものか、または、father, mother, husbandのように人間関係を表す言葉に限られている。しかし、次の例が示すように、その形式と意味的条件に合うからといって、その表現が義務を伝えるとは限らない。

(10) <u>A war is a war</u>, however holy it is.

更に、義務を表すのは、この下位類だけではない。

(11) ［食糧事情から、捕虜を置き去りにするよう命令を受け、それを実行した上官が、その

方針に強く反対していたある兵士に言う］

　　　　I regret this afternoon.　　But <u>orders are orders</u>.

　(11)の下線部では、話者は「命令には従わなければならない」ということを言っているのであり、何を伝えているかと言えば、兵隊の義務である。Wierzbicka自身、名詞の意味が明らかに義務を含意する場合、冠詞なしの質量名詞も同じ意味で使用できることを認めているが (e.g. Duty is Duty)、このようにいろいろな実例を見てくると「使用される名詞が義務につながる意味合いを持つ場合、(ART) N is (ART) Nという構文自体が義務を伝える」と言い切ることが妥当でないことが分かる。

　以上の考察から、英語の名詞的トートロジーの下位類ごとにそれぞれ異なる伝達意味があるというWierzbickaの考え方には無理があると言える。ここで見たことを簡単に整理すると次のようになる。英語の名詞的トートロジーは、下位類ごとにそれぞれ異なる伝達意味を持つというWierzbickaの分析は、慣用的になっていて、すぐに頭に浮かんでくる例に関しては、かなりよく当てはまる。しかし、様々な実例に触れてみると、その主張は必ずしも妥当ではないことが分かる。つまり、彼女の主張は、英語の名詞的トートロジーを正確に捉えたものというよりは、傾向として存在する側面を記述したものと見なすべきであろう。では、何故そのような傾向が生じるのかということが問題になるが、その点については後で改めて説明することとし、次節では、Wierzbickaの提案に対する代案として提出された Fraser (1988) のアプローチを取り上げ、英語の名詞的トートロジーが伝えるもの──すなわち、NP_i-be-NP_iという形式を取る表現が共通して持つ伝達情報──について考える。

2.2　Fraser（1988）のアプローチとその問題点

　名詞的トートロジーの下位類ごとに伝達意味があるというWierzbickaの主張に対して、Fraser (1988) は、NP_i-be-NP_iの形を取る表現は共通してある伝達意味をもっていると主張する[5]。その代案によれば、英語の名詞的トートロジーはその文の意味の一部として、話者が、①「名詞句によって指される対象のある側面について会話参与者の間で、ある捉え方("some view")が共有されている」という信念を伝えようとしていること、そして、②その信念を聴者に喚起しようとしていること、を伝えるものである。具体的には、次のようにまとめられている[6]。

　　(12)　英語の名詞的トートロジーは、話者が以下のことを聴者に気付かせようとしていることを伝える：
　　　　(i)　話者は、その名詞句によって指される対象全てに対して、ある捉え方を有している；
　　　　(ii)　話者は、聴者がこの捉え方を認知できると信じている；
　　　　(iii)　この捉え方が今の会話に関係している。

この意味記述について、2点説明を加えておく。まず、(i) では「対象全て」とあるが、これは対象が常に複数存在しているということを意味しているのではない。Fraserは、奨学金を獲得した息子について父親が誇らしげに発する言葉として、My son is my sonという例を挙げ、対象が唯一の場合もあると述べている。

　2点目は、聴者に喚起される「ある捉え方」という表現に関連している。Wierzbickaの意味記述

の中では、聴者に喚起されるのは「誰もが知っていること」であり、更に、ある種の限定があった。しかし、Fraserの代案における「ある捉え方」という言葉には何の限定もない。つまり、Fraserによれば、喚起される「捉え方」は、会話参与者間に共有されているものであればよいのであり、皆に共通の知識である必要はない。また、Wierzbickaが言うようなネガティブな側面だけが問題とされるのでもない。たとえば、Business is businessという表現は、発話の状況次第で、「ビジネスは皆同じだ」、「ビジネスは甘いものではない」、「ビジネスは所詮金儲けだ」、「ビジネスはおもしろくはないものだ」、あるいは反対に「ビジネスはおもしろいものだ」といった内容を伝えうると言う。

　このFraserの代案は、Wierzbickaの主張よりも柔軟性がある点で評価できるが、しかし残念ながら、この主張には少なくとも2つの問題点がある。1つは、英語の名詞的トートロジーによって喚起される捉え方が、「会話参与者に共有のものであり、その言語を話す集団に共通のものであるとは限らない」という部分に関わる[7]。

(13)　A:　"I feel that the living spirit continues to live, while only the body dies—just like electricity doesn't disappear when a light bulb is broken."

　　　　B:　"I don't think so.　<u>Death is death.</u>　There can be no afterlife."　　　（平井 1997）

この下線部は、「死とは生命体の一巻の終わりである」という考え方を伝えているが、その捉え方は話者と聴者の間で共有されているものではない。むしろ、「Aが何と言おうが、自分の捉え方は動かし難いものである」ということをBは主張しているのであり、換言すれば、その捉え方を常識的なものとして提示していると言える。このように考えると、名詞的トートロジーによって、呼び起こされる捉え方は、会話参与者間で共通のものというよりは、話者や聴者が属する集団─大きなものであろうが、小さなものであろうが─の中で共有されているものとして提示されると言った方がよいと思われる。

　2つ目の問題点も、今見た「捉え方」の解釈に関わる。Fraserは、名詞の指示対象の「ある特性」とそれについての何らかの「態度」を一まとめにし、それを「捉え方」という言葉で呼んでいると思われるが、彼の説明を読む限り、そこで喚起される特性は、1つの特定の属性であると考えているようである[8]。しかし、次の例に見るように、当構文はある特定の特性を喚起するものばかりではない。

(14)　"How's Uncle Max?" I asked.

　　　"What should he be?　<u>Uncle Max is Uncle Max.</u>"（P. Roth, *Goobye, Columbus*, Miki 1996）

(15)　NORMAN: I got to the end of our lane, and I couldn't remember where the old town road was. I went a little way into the woods, and nothing looked familiar, not one　tree.　And it scared me half to death.　So I came running back here, to you, to see your pretty face and to feel that I was safe.　That <u>I was still me.</u>（E. Thompson, *On Golden Pond*, Miki 1996）

(14), (15)の下線部で喚起されるのは、「マックスおじさん」、「私」のある特定の属性ではなく、それぞれの人物の諸々の特性、言い換えれば全体的印象である。このように、英語の名詞的トートロジーによって喚起される指示対象の特性（と英語話者が見なすもの）─及びそれに伴い「捉え方」─は、状況に応じて伸縮しうるものであると考えるべきである[9]。

以上、Fraserの意味記述の中の「ある捉え方」という用語の解釈について、それは話者や聴者が所属する集団の中で共有されているものであり―あるいは少なくとも、そういうものとして提示され―、ある程度の伸縮性を持ったものとして捉えた方が、名詞的トートロジーをより正確に言い表したものになることを指摘した。

　さて、この2つの点を踏まえた上で、(12)の適格性について吟味してみると、筆者の見る限りでは、それは全ての名詞的トートロジーに当てはまる。その点からすると、(12)には極めて説得力があるかのように感じられるかもしれない。ところが、この意味記述は、「捉え方」の解釈についての上の2つの修正の有無に関わらず、(16)に示すような、いわゆる意味的トートロジーをはじめ、Ward and Hirschberg (1991)が指摘するように、他の種の表現にも当てはまってしまう。

(16) ［占領下にある小さな市(まち)で、ある男が占領軍の士官を殺してしまった。その市の秩序を維持したいランサー大佐は、侵略者である自分たちからよりも、オーデン市長の口から処罰―死刑の宣告―を言い渡した方が、事が大きくならなくてよいと考え、市長にそう要請した。それに答えてオーデン市長が言う］：

"You killed six men when you came in. Under our law you are guilty of murder, all of you. Why do you go into this nonsense of law, Colonel? There is no law between you and us. <u>This is war.</u> Don't you know you will have to kill all of us or we in time will kill all of you? You destroyed the law when you came in, and a new law took its place. Don't you know that?"

（John Steinbeck, *Moon Is Down*）

(17) ［信じていた相手に裏切られた話者は、その事情を知っている別の仲間との会話で、その人のことが話題になり、言う］：

He is a fine friend.

(18) Time is money.

(16)の下線部は〈自国の意志を相手国に強制するための武力衝突〉という「戦争」に関する認識を喚起している。文の文字通りの意味は、その状況では自明のことであり、意味的トートロジーとも呼ばれるこの種の表現には、(12)はそのまま当てはまる。また、(17)は、その発話によって、裏切った相手―heが示す対象―に対する今の自分の見解―たとえば、「あいつは卑怯な奴だ」など―を言葉の裏で伝える皮肉表現であり、(18)は「時間」と「お金」の間に私たちが共有して抱く類似性を土台に成り立つ隠喩表現で、「時というものは貴重であり、金銭同様の価値がある」という「時間」に関する認識を伝えているが、これらにもまた(12)の記述がそのまま当てはまっている。

　以上の考察から、Fraserの分析に欠けているのは、名詞的トートロジー（によって伝達される意味内容）を他の表現形式（によって伝達される意味内容）から区別する要素であることが分かる。

3.　NP$_i$ - be - NP$_i$という形式が伝えるもの

　1節では、英語の名詞的トートロジーの下位類ごとに伝達意味が異なるというWierzbickaの主張は言い過ぎであること、そして、それに対する代案として提出されたFraserの主張は、逆に言

語的知識として述べる部分が少な過ぎて、当構文だけでなく他の種類の表現にも当てはまってしまうことを見た。とすると、NP_i-be-NP_i という形式自体が何を伝えるかという疑問に対する答えは、この両者の中間にあると思われる。この節では、Wierzbickaを出発点として、英語の名詞的トートロジーが伝える意味情報について考察したい。

3.1 Wierzbickaの意味記述にみられる共通性

NP_i-be-NP_i の下位類ごとに個別の伝達意味があるという考え方には無理があるということであったが、それでは一歩退いて、NP_i-be-NP_i という形式自体が伝える情報はどのようなものなのだろうか。Wierzbicka自身は、当構文の下位類ごとの意味を想定していたため、全ての下位類に共通するのは"This cannot be denied. (Nobody could say that this is not true.)"(Wierzbicka 1987:109)という意味であろうと述べている。しかし、下位類ごとの分析が適当でないことが判明した今、彼女であればどのような伝達意味を当構文に与えるだろうか。そこで、ここではまず、Wierzbickaが行った3つの下位類の意味記述の共通項を抽出してみたい。

便宜上、問題になっている意味記述を改めて提示する。

(19) 下位類1： N_{abstr} is N_{abstr}. (e.g. War is war.)
 A. この種のこと(X)をする際、必ず何か悪いことが他の人々に及ぶということは誰もが知っている。
 B. 私は、それがどんなことかは言う必要がないと考える。
 C. そのような悪いことが起こる場面に出くわしても、そのことで気分を乱すべきではない。
 D. そうでないようにはならないことを理解すべきである。

(20) 下位類2： $N_{hum. pl.}$ are $N_{hum. pl.}$ (e.g. Boys are boys.)
 A. この種の人々は、人が望まないようなことをするということは誰もが知っている。
 B. 私は、それがどんなことかは言う必要がないと考える。
 C. この種の人々がそのようなことをするのに出くわしても、そのことで気分を乱すべきではない。
 D. この種の人々は、所詮、他の人々が思うように振る舞うことはできないということを理解すべきである。
 [E. これを変えることはできない。]

(21) 下位類3： (ART) N is (ART) N. (e.g. A rule is a rule.)
 A. Xに関して言えば、全ての人がしなければならないことがあるということは誰もが知っている。
 B. 時に人はそのことをしなくてもよければと思うことがあるということは、誰もが知っている。
 C. それはしなければならないことであるということを理解すべきである。
 D. そのことで気分を乱すべきではない。
 E. これを変えることはできないということを理解すべきである。

これらの意味記述は、それぞれのタイプに属する例の全てに当てはまるものではないことは既に見たとおりであるが、ここではそれを承知の上で、これらの意味記述に共通する要素を取り出してみたい。
　1節でも述べたように、これら3つの下位類のうち最初の2つはよく似ている。そこで、その2つのタイプの共通性から見ていきたい。まず、(A)と(B)は、名詞句の指示対象について好ましくない特性が共有されており、それが何かということは改めて言うまでもないということを述べている。そして、(C)は、その特性に出くわしても、そのことで気分を乱すべきでないことを述べており、(D)は、その理由を述べている。最後の(20E)は(D)に組み込み、次のようにまとめられる。

(22) A. 名詞句の指示対象の好ましくないある特性が共有の知識になっている。
　　 B. 私は、それが何かを言う必要はないと考える。
　　 C. その特性に出くわしても、そのことで気分を乱すべきではない。
　　 D. それがその名詞句の指示対象の特性であり、変わることはないということを理解すべきである。

　次に、これと3番目のタイプの共通項を抽出してみる。まず、(A)についてであるが、(22)では、名詞句の指示対象のある特性に対して「好ましくない」という評価が含まれているが、(21)には含まれていない。逆に、(21)では、名詞句の指示物の特性が「義務」に限定されているが、(22)ではそこまでの限定はない。このような点を考慮に入れ、どちらにも合うように(A)を書き換えると、「名詞句の指示対象について、ある特性が共有の知識になっている」のようになる。(21)を(22)に合わせた形になるので、(22B)はそのまま残す。次に、(22C)は、裏を返せば、その特性を知っていながら、そうでなければよいのにと感じる瞬間があるということを意味している。（ここに、名詞的トートロジーの存在意義があるといえる。）とすれば、(22C)と(21BCD)は「その特性を理解しているにも関わらず、そうでなければよいのにと思うことがあるが、それは妥当ではない」のようにまとめられよう。最後に、(21E)については(22D)で対応できる。以上の検討から、Wierzbickaの3つの下位類の意味記述は、次のように集約できる。

(23) A. 名詞句の指示対象のある特性が共有の知識になっている。
　　 B. 私は、それが何かを言う必要はないと考える。
　　 C. それにも関わらず、そうでなければよいのにと思うことがあるがそれは妥当ではない。
　　 D. それが名詞句の指示対象の特性であり、変わることはないということを理解すべきである。

これがWierzbickaが扱った名詞的トートロジーに共通する意味情報である。これを更に一般化し、全ての名詞的トートロジーに当てはまるものにしたいが、その前に、これをFraser(1988)と改めて比較してみる。

3.2　Wierzbicka (1987) と Fraser (1988) の比較

　Wierzbickaの意味記述にみられる共通項(23)をFraserが提出した代案と比較してみる。便宜上、Fraserの代案を再度提示する。

(24) 英語の名詞的トートロジーは、話者が以下のことを聴者に気付かせようとしているということを伝える：
  (i) 話者は、その名詞句によって指される対象全てに対して、ある捉え方を有している；
  (ii) 話者は、聴者がこの捉え方を認知できると信じている；
  (iii) この捉え方が今の会話に関係している。

(23)、(24)を比べてみると、Wierzbickaの提案とFraserの代案の関係がよく分かる。表現の違いはあるが、両者共に、英語の名詞的トートロジーとは、名詞句の指示対象のある特性（と話者が見なすもの）を喚起し、それについての何らかの態度を聴者に伝えようとするものであると考えている。(23)では、喚起される特性に関する記述とその特性についての話者の態度に関する記述が(AB)と(CD)に分けられているが、(24)では、先にも触れたように、「捉え方」という表現でそれら2つをひっくるめて記述している。つまり、Fraserの代案は、Wierzbickaの提案から「名詞的トートロジーの下位類ごとの意味」を捨象し―それが(23)―、(23CD)では限定されている話者の態度からその限定を外し、限定のなくなった話者の態度は「特性」に代わる「捉え方」という言葉でカバーすることにより、(23CD)をまるごと削除した形になっている。すなわち、「捉え方」と「特性」という用語からくる微妙な差異を除けば、(23AB)と(24)がほぼ対応していると言える。なるほど当構文が、指示対象の好ましくない側面にのみ焦点を当てるものでないことを考えると、(23CD)が全ての例に当てはまるものでないことは容易に理解できる。しかし、その部分をあっさりと切り捨ててしまったところに、説明力の欠如の原因があったと考えられる。そこで次節では、(23)の(C)と(D)を切り捨てるのではなく、全ての例に当てはまるように修正することにより、より正確な英語の名詞的トートロジーの伝達情報に迫りたい。

3.3 英語の名詞的トートロジーが伝えるもの

(23)を全ての例に当てはまるように書き換えるにあたり、Wierzbickaの提案の解決すべき点をここで整理しておきたい。1節1項で挙げた問題点から、下位類ごとの意味記述に関するものを差し引けば、次の3点が残る。

① 英語の名詞的トートロジーの中には、名詞句の指示対象のある特定の特性を喚起するというよりは、対象の全体的印象を漠然と喚起するものもある。 (e.g. (14) Uncle Max is Uncle Max.)

② 英語の名詞的トートロジーの中には、名詞句の指示対象のある特定の特性を喚起するというよりは、より本質的な評価尺度への切り替えを促していると言った方が適当なものもある。 (e.g. (6) Murder is murder.)

③ 英語の名詞的トートロジーによって喚起されるのは、必ずしも対象のネガティブな特性―そうでなければよいと思える特性―であるとは限らない。 (e.g. (8) . . . human beings are human beings.)

ところで、(23AB)は、Fraserの提案(24)全体にほぼ対応していること、そして(24)の「捉え方」の解釈にある程度の幅を持たせることで、(24)は全ての名詞的トートロジーに共通して言えること

をこれまでに見た。そうであるなら、(23A)の中の「ある特性」という部分を同様に伸縮性を持ったものとして捉えることにより、(23AB)は全ての例に当てはまるものと見なすことができる。そうすることにより、この段階で、上にあげた問題点①、②は解決されたことになる。つまり、結果から言えば、名詞的トートロジーによって喚起される特性は、名詞句の指示対象の諸特性のうちのある典型的な特性である場合、漠然とながら指示対象の諸特性全体である場合、そして、指示対象の特性のうち定義的部分である場合があるが、「（ある）特性」の解釈に幅を持たせることにより、それら全ての場合に対応できるわけである。（何故、パターンがこの3つに限定されるのかは後述する。）因みに、指示対象の定義的部分を喚起する場合というのが、問題点②で述べたタイプである。(6)の Murder is murderを例に取ると、この発話は、「人から頼まれて行った殺人」と「単独で行った殺人」にはいささかの違いがあると考えている相手に対して発せられているが、その際、この発話は「殺人」の〈人命を奪うこと〉という定義的部分を喚起することにより、「殺人の経緯がどうであれ、その行為は人を殺す行為には違いがない」という見解を伝えている。これを言い換えれば、相手の評価尺度をより本質的な尺度─「殺人か殺人でないか」─に切り替えるよう促しているということになる。

　最後に残っている問題点③の解決であるが、この点は(23C)に関わる。まず、(23C)の「そうでなければよいのにと思うことがある」という部分は、「（自分にとって）マイナスの特性をプラスの方向へ望むことがある」と言い換えることができるが、そこから「マイナスからプラスへ」という限定を取り去ると、「一般的な─常識的な─見解からずれた認識の仕方をする場合がある」となるであろう。(23D)については、修正する必要はないと思われる。したがって、(23)は以下のように書き換えられる。

(25) A. 名詞句の指示対象の（ある）特性が共有の知識になっている。
　　 B. 私は、それが何かを言う必要はないと考える。
　　 C. それにも関わらず、その一般的な─常識的な─見解からずれた認識の仕方をする場合があるが、それは妥当ではない。
　　 D. それが名詞句の指示対象の特性であり、変わることはないということを理解すべきである。

(C)は、見方を変えれば、英語の名詞的トートロジーが発せられるのは、名詞句の指示対象について一般的な見解からずれた─妥当でない─認識の仕方が存在しているときであることを意味している。その意味で、(C)は名詞的トートロジーの発話状況の記述と言える。一方、(D)は当表現に常についてまわる「Xとはそういうものなのだ」とか「XはX以外のものにはなれない」という、話者がトートロジー表現で一番言いたい部分の表記である。言い換えれば、(D)はNP_i-be-NP_iという表現によって意図されているのは、名詞句の指示対象の自己同一性、あるいは不変化性の主張であるという点を述べている。これは、一言で言えば、名詞的トートロジーの本質的機能に関する記述である。

　このように、かなり一般化した形ではあるが(C)と(D)を残し、英語の名詞的トートロジーが用いられる際の状況と、名詞的トートロジーの本質的機能に関する記述を留めることにより、Fraserの提案の欠陥であった、他の種の表現から名詞的トートロジーを区別できないという点を補うこ

とができる。この節を終えるに当り、解釈を行う聴者の側からこの伝達情報を整理し直しておく。

(26) (i) 話者は、今Xについて一般的な認識からずれた捉え方が存在していると判断している[10]。

(ii) 話者は、その認識のずれを修正する―その捉え方が妥当でないことを主張する―に当り、共有されているXというものの（ある）特性（x）を聴者に喚起しようとしている。

(iii) 話者は、自分の認識の裏付けはXの自己同一性、あるいは不変化性にあると―「Xはそういうもの（x）だ」ということを―主張している。

4. 英語の名詞的トートロジーの解釈に付随する知識

聴者は、上で見た(26)をよりどころに名詞的トートロジーの発話を解釈するわけだが、あとは全て純粋に推測のみに頼るわけではない。本章では、名詞的トートロジーの発話を理解する際、大きな役割を果たす英語話者の知識について述べたい。

4.1 名詞概念の形成プロセスに関わる知識

これまでのところで、英語の名詞的トートロジーは、名詞句の指示対象の意味特性を聴者に喚起するものであること、そして、喚起される特性は状況によって伸縮するものであることを見た。しかし、そのように状況次第で喚起される特性が自由に広がったり狭まったりするとなると、話者によって意図されている特性を聴者が特定するのは極めて困難になるのではないかと考えられる。ところが、実際には私たちは容易に相手の意図を理解する。それが可能になる要因の１つは、先にも述べたが、名詞的トートロジーによって喚起される特性が、名詞句の指示対象の典型的な特性である場合、その対象の諸々の特性―全体的印象―である場合、そして、その対象の意味特性の中の定義的部分である場合、の３つのパタンに限定されているということである。名詞的トートロジーが名詞句の指示対象の特性を喚起する際のパタンに関するこの知識が、それを解釈する上で大きな役割を果たしていることは明らかである。では、そのパタンに関する知識は、いったいどこから来るのだろうか。この疑問に対する答えは、名詞概念の形成過程に大きく関わっていると思われる。と言うのは、名詞的トートロジーは、つまるところ、名詞に関する共有の知識、すなわち名詞概念を振り返らせる表現と言えるが、既成の概念を改めて振り返るということは、その概念が形成される際に行われる手続きを再確認することであると考えられるからである。本節では、名詞概念が形成される際に働く操作にどのようなものがあるのかを紹介し、上で述べた当構文の３つのパタンが、実はそこから来ていることを示したい。

深谷・田中 (1996)によれば、名詞の概念形成は次の3つの概念操作を通して行われる。

(27) A) 〈いろいろなA〉　一般化
　　　B) 〈AとAでないもの（非A）〉　差異化
　　　C) 〈AらしいA〉　典型化

深谷・田中によれば、Aというコトバを使用することは、すなわち、Aと非Aが「差異化」されることを意味する[11]。「一般化」とは、知識断片を寄せ集め、何らかの共通項を見い出すこと

ある。そして、名詞の意味を構成する内容は、「典型化」という操作を通して得られる「らしさ」に関する知識である。これらの概念操作について、「女」という言葉を取り上げ、次のように説明がなされている。

> 私たちは、対象としてのいろいろな女—「恋人」「女学生」「妻」「母」という役割を演じる女性たち—を「女」と呼ぶが、男性やコップや手帳を指して「女」とは呼ばない。これは、概念操作的にいうと、「女」というコトバが一般化されていると同時に、他のコトバと差異化されていることの現れである。しかし、何を基準にして、「女」というコトバを使用できるかといえば、「女らしい女」に関する知識を持っているからであり、それは｛姿（相貌）、スカートをはく、優しい、恐い、感性的｝などのような特徴によって記述される全体的印象にほかならない。 (p.129)

このように、「女」の概念は、「いろいろな女」に関する知識、「女と女でないもの」に関する知識、「女らしい女」に関する知識によってまとめられている。このような3種類の知識があるからこそ、「これはX、あれはY」（差異化）、「これはX, あれもX」（一般化）、「これはXらしいX」（典型化）という言い方が可能になるわけである[12]。

　以上、名詞概念が3種類の操作を通して出来上がっているということを見た。この3種類の操作—名詞概念に関する3種類の知識—こそ、私たちが名詞的トートロジーを通して確認するものであると考えられる。たとえば、戦争の不幸な出来事を嘆いている相手に対してWar is warという表現を発する場合を考えると、そこで喚起されるのは「戦争」の典型的な特性〈悲惨なもの〉であるが、これはすなわち、「戦争」の典型化に基づく知識—「戦争らしい戦争」に関する知識—の再確認をしていると言える。また、「人から頼まれて行った殺人」と「そうでない殺人」とはいささか異なると考えている相手に向かってMurder is murderという発話を行う場合は、「殺人」の定義的部分〈人の命を奪うこと〉が喚起され、その結果、「殺人に至る経緯がどうであれ、それは殺人には違いない」ということが伝えられるが、それはすなわち、「殺人」の一般化に基づく知識—「いろいろな殺人（これは殺人、あれも殺人）」に関する知識—が確認の焦点となっていると言える。（もっとも、それは同時に、差異化に基づく知識—「殺人と殺人でないもの」に関する知識—にも関係している。）更に、War is warという表現であっても、「戦争」と「仕事」をはっきり区別していない相手に向かって発せられた場合は、「戦争」の特定の特性ではなく、「戦争というもの」の全体的印象が漠然と喚起され、「仕事」との対比が前景化し、その結果、「戦争のことはさて置き、仕事の方をさっさとしてくれ」といった意味を伝える。これは、差異化に基づく知識—「戦争とそうでないもの（ここでは、仕事）」に関する知識—に確認の焦点が当てられていると言える。この場合には、AとBという形で対比が文脈から明らかであり、差異化の特別な場合と言えるが、Aと非Aの差異化に基づく知識を確認するトートロジー表現もある。たとえば、「文化が大きく異なれば、その中で暮らす人間にも違いがあるのではないか」と思っているかもしれない相手に向かってHuman beings are human beingsと言う場合がそうである。そこでも、人間の特定の属性が喚起されるというよりは、人間の全体的なイメージが漠然と喚起され、「人

間とはそういうものだ」ということが伝えられるが、対比の対象がはっきり意識されているわけではない。しかし、差異化に基づく知識—「人間と人間でないもの」に関する知識—が確認の焦点になっている点では前の例と共通している。このように、このタイプのトートロジー表現は、喚起される特性が今一つぼんやりしている—口ではうまく説明できない—のが特徴である。

英語の名詞的トートロジーは、「Xとはそのようなものだ」ということを伝える点では、皆共通している。しかし、「そのようなもの」という部分で指される特性が、典型化に基づく知識の確認を促すタイプではXの典型的特性であり、一般化に基づく知識の確認を促すタイプではXの定義的特性—XをXたらしめる特性—であり、そして、差異化に基づく知識の確認を促すタイプではXの全体的な特性—全体的印象—なのである。

以上、典型的な特性を喚起する名詞的トートロジーは、実は、典型化に基づく知識の確認を促すものであり、定義的部分を喚起するタイプは、一般化に基づく知識の確認を促すものであり、そして、意味特性全体を漠然と喚起するタイプは、差異化に基づく知識の確認を促すものであるということを見てきた。私たちは、言葉の使用をとおして経験的に、概念の形成原理として「差異化」「一般化」「典型化」の3つがあることを知っていると思われる。そして、既成の名詞概念を改めて確認する必要が生じるとすれば—名詞の指示対象に関して見解にずれが生じるとすれば—、再確認が行われるのはその概念の形成プロセスに他ならない。こうして、私たちは名詞的トートロジーが3つのタイプから成っているということを意識せずとも知っているものと考えられる。このパターンに関する知識を前提とすれば、あとは発話の状況に関する情報が加われば、トートロジー表現の発話の解釈はそれ程困難なものではなくなる。次項では、名詞的トートロジーの解釈を手助けするもう1つの知識に目を向ける。

4.2 名詞の総称的用法に関する知識

Wierzbickaは、名詞的トートロジーで用いられる名詞句の意味的形式的特徴によって伝達意味を区別できると考えたわけだが、それは言い過ぎであるとしても、名詞句の形式が伝達意味に大きく関わっているのは確かである。本項では、名詞句が単数形、複数形のどちらの形で用いられるかという点が、伝達意味の解釈に大きく関わっていることを見る。

英語の名詞的トートロジーは、名詞概念—名詞に関して英語話者の間に存在する共有項目—の再確認を促すものであり、多くの場合、名詞の指示対象一般について述べるものである。その結果、当構文は名詞の総称的用法と結び付きやすい。そこで、以下では、池内（1985）を参考にしながら、主語の位置にくる総称的名詞句について、英語の名詞的トートロジーで主に用いられる、不定冠詞+単数可算名詞(a N)と無冠詞+複数可算名詞（ϕN_{pl}）の意味的差異を見てみる。

(28) a. A tiger is a dangerous animal.
b. A whale is a mammal.

(29) a. Tigers are dangerous animals.
b. Whales are mammals.

(28)の a Nの場合は、Nが表す種族のメンバーの中のある1つの不特定のメンバーをいささかぼんやりではあるが想定し、それを代表例として取り上げつつ、どのメンバーでもこれこれの固有

あるいは特有の属性を持っているという形で種族一般について陳述をするという表現である。一方、(29)のφ N_{pl} の場合は、原則としてその種族のメンバー全てを想定することによって、問題の種族（一般）についての統計的一般化の陳述をする表現であると言う。ただ、ある名詞（句）が総称的な読みを持つという時、それは、原則としてほとんどのメンバーについてその叙述が真であればよいのであり、必ずしも、全てのメンバーについて例外なく当てはまるということを意味するのではない。たとえば(30)では、もし万一木に登らない虎が発見されたとしても、それが偽りであることにはならない。

(30) a. Tigers climb trees.
b. A tiger climbs trees.

ただし、(30b)のa Nの場合には「木に登らなければ虎ではない」というような含意があると考えられる。つまり総称的 a Nの述部は、その種類に固有あるいは特有の（しばしば本来的な）属性を示すものに限られ、したがって、一時的な属性と見なされるような場合は通例逸脱文となる。

(31) a. Buffaloes are destroying crops in Uganda.
b. *A buffalo is destroying crops in Uganda.

ただし、一時的であっても次の場合、at this time of the yearが、springとかsummerという季節のような一般的な時を表す副詞と取れるので述部全体としてはbeaverに固有の属性―つまり、beaverをbeaverたらしめる特性―を表していると解釈できるため受け入れ可能な文となる。

(32) Beavers are
    A beaver is } building dams at this time of the year.

このように、総称的 a Nはその述部が、その名詞句によって指される種類・種族に固有あるいは特有の属性―NをNたらしめる特性―であることを示すと言える。それに対して総称的φ N_{pl} の場合は、次の例も示すように、その述部は、種類・種族の一般的な特性であり、必ずしも全てのメンバーについて真であるとは限らず、またそれでもかまわない。

(33) Dogs are good pets.

さて、英語話者は、ここで見た総称的 a Nとφ N_{pl} の差異に関する知識を経験的に持ち合わせていると考えられるが、この知識は名詞的トートロジーを解釈する上で大いに役立つ。上の説明からするとA N is a Nという表現は、Nの示す種類・種族の本来的な特性についての陳述であることになる。つまり、そのトートロジー表現によって喚起される特性は、メンバー全てに共通する特性―NをNたらしめる特性―すなわち定義的な特性ということになる。これは、取りも直さず、前節で見た、一般化に基づく知識を確認の焦点とするタイプと重なり合う[13]。A N is a Nの形の表現をいくつか見てみよう。

(34) A war is a war, however holy it is. (= (10))
(35) I promised my friend that I would say nothing of the matter, and a promise is a promise.
(C. Doyle, *The crooked man*, 水田 1995)
(36) GW: I wonder if their cheeseburger is any good. A cheeseburger's a cheeseburger, right?
AE: Not always. Depends on the cheeseburger. （Ward and Hirschberg 1991）

(34)は、ある戦争について、それは神聖な戦争であり、普通の戦争とは別物であると考えている

相手に向かって発せられたものであるが、そこで伝えられるのは「神聖かどうか」という評価尺度で判断するのではなく、「戦争かどうか」というより本質的な尺度で判断すべきであるということである。言い換えれば、〈自国の意志を相手国に強制するための武力衝突〉というような戦争の定義的特性を喚起することにより、「戦争にもいろいろなものがあるかもしれないが、所詮戦争は自国の意志を相手国に強制するための武力衝突であることに違いがない」というような内容を伝える。ここで確認されているのは、明らかに「戦争」の一般化に基づく知識—いろいろな戦争（「これは戦争、あれも戦争」）に関する知識—である。

次に(35)は、ある事柄について真相を知りたがっている相手に向かって発せられていると考えられるが、そこで喚起されるのは、「約束」の〈守るべきもの〉という、典型的というよりは定義的—約束を約束たらしめる—特性である。そして、「約束にもいろいろな場合があるが—たとえば、破ったところで大した問題にはならないものとか、破った方が実際には相手のためになるものとか—、結局、守ってこそ約束なのだ」ということを伝えている。ここでは、「約束というもの」全般に共通する特性が焦点になっているわけであり、すなわち一般化に基づく知識の確認と言える。

更に、(36)の下線部でも、喚起されるのは「チーズバーガー」の〈チーズを添えたハンバーガー〉という定義に当る部分であり、「チーズバーガーにもいろいろあるかもしれないが実質的にそう違いはない」という考えを伝える。これも、明らかに「チーズバーガー」の一般化に基づく知識—「これはチーズバーガー、あれもチーズバーガー」—の確認を促そうとしている。

このように、A N is a N という形を取る場合、そのトートロジー表現の話者は、当名詞句の指示対象に関する一般化に基づく知識の確認を促すと言ってよいようにも思われるが、しかし、そのように形と機能を単純に結び付けるのは危険である。

(37) "You're always trying to find hidden meanings in things. Why? <u>A cigarette is a cigarette. A piece of silk is a piece of silk.</u> Why not leave it at that ?"

（D. Lodge, *Nice Work*, Miki 1996）

(38) "Treasure Hunt Organizer: You know, <u>a million dollars is a million dollars</u>. We couldn't just bury it anywhere."　　　　　　　　　(*Magnum PI*, 25 October 87, Ward and Hirschberg 1991)

これらは、いずれも A N is a N という形式をしているが、上で見てきた例とは異なり、より本質的な評価尺度に切り替えるよう促すものではない。つまり、これらの発話で確認を促されているのは一般化に基づく知識—「いろいろなX」に関する知識—ではないということである。(37)の下線部で喚起されるのは、「紙たばこ」「シルク」の定義的特性ではなく、それぞれの全体的印象であり、それをもって、「それらはそういうものだ」と言っている。したがって、これらのトートロジー表現は、差異化に基づく知識の確認を促すタイプと言える。次に、(38)についてであるが、この場面で話者は、お宝を隠すのに何故そんなにも時間がかかったのかを説明しているのであるが、関わっている金額がたまたま100万ドルだったために冠詞"a"がついたのであり、それが200ドルだったら"two"となるところである。ここで喚起されるのも、100万ドルの束の漠然とした印象であり、100万ドルを100万ドルたらしめる何らかの特性—「100万ドル」に関する一般化に基づく知識—ではない。このように、A N is a N という形式なら全てが一般化に基づく知識の確認を

促すかと言えばそうではない。

　次に、φ N$_{pl}$ are φ N$_{pl}$ という形を取る表現についてであるが、先に見たことから言えば、それはその名詞句によって指される種類・種族についての統計的一般化の陳述であり、全てのメンバーに当てはまる必要はない。換言すれば、そのトートロジー表現によって喚起される特性は、その名詞句の指示対象によく見られる特性であり、つまり、前節で見た典型化に基づく知識—「Xらしい X」に関する知識—を確認するタイプということになる。φ N$_{pl}$ are φ N$_{pl}$ の形を取る表現として、たとえば、Boys are boys, Women are women, Kids are kids を考えると、その解釈として私たちの頭に浮かんで来る意味の中にあるのは、その名詞の指示対象の何らかの典型的な特性である。それは、かなりの確率でその指示対象が持っている特性であり、その特性を持たないからといってその範疇から除外されるような性質のものではない。

　このように、φ N$_{pl}$ are φ N$_{pl}$ の形を取るトートロジー表現は、当名詞句の指示対象に関する典型化に基づく知識の確認を促す傾向があると言える。しかし、ここでもまた、上の場合と同様に、形と機能を単純に結び付けることはできない。

　　　(39) Boys are boys, and girls are girls.
ここで喚起されるのは、「男の子」「女の子」それぞれの典型的な特性ではなく、それぞれの漠然とした全体的印象であり、その結果、「男の子と女の子を混同するな」ということが伝えられる。ここで確認を促されているのは、「男の子」と「女の子」の差異化に基づく知識である。また、先に見た、Human beings are human beings という表現の場合も典型化ではなく、差異化に基づく知識の確認を促すものであった。

　以上、形式と機能を1対1に結び付けることはできないが、A N is a N は一般化に基づく知識の確認を、そしてφ N$_{pl}$ are φ N$_{pl}$ は典型化に基づく知識の確認を促す傾向があるということを見た。

4.3　Wierzbicka（1987）の説得力について

　1章で見たように、Wierzbickaの分析は、慣用的になっていて、すぐに頭に浮かんでくる例に関しては、かなりよく当てはまった。本稿では、最後に、そのような傾向がどこから来るのかを明らかにしておきたい。

　1つ1つのタイプについて考察する前に、まず、英語の名詞的トートロジーの一般的な傾向について述べておきたい。当構文は、名詞句の指示対象に関して一般的な見解（X）がある中で、それからずれた認識の仕方—本来はXであるにも関わらず、Yまたは〜Xという捉え方—が存在し、そのずれを修正しようとする状況で用いられる[14]。では、どこからそういう状況が生じるのだろうか。それはおそらく、多くの場合、私たちが人間の性質として、自分に都合のよい捉え方をしたがるところから来ると思われる。名詞の指示物のマイナス的な特性を共有の知識として持っていながら、少しでもプラス方向であればよいのにと考えるのは、人間として自然なことであろう。認識にずれが生じる一番よくあるパタンがここにあると思われる。これが、名詞的トートロジーにおいて指示対象のネガティブな側面が焦点になることが多い理由だと思われる。自分にとって都合のよくない側面に関して「そうでなければよいのに」と思う相手に向かって、「それはそういうものだから」と説き伏せるという、名詞的トートロジーの一般的な傾向がここから生まれる。

この名詞的トートロジーの一般的な傾向を踏まえた上で、1つ1つの下位類の検討に移ろう。

まず第1番目の N_{abstr} is N_{abstr} は、「複雑な人間行動に対する冷めた態度」を伝えるということであった。ここで注意しなければならないことは、Wierzbickaは抽象名詞なら全てに当てはまるとは言っておらず、war, politics, business など複雑な人間行動を示す名詞に限定しているということである。このように、用いられる名詞が意味的に類似しており―どれも相互作用を含む複雑な人間行動を示す―、更に、上で見たトートロジーの一般的な傾向が加われば、自ずとWierzbickaが与えた意味記述「複雑な人間行動に対する冷めた態度」につながる。

次に、$N_{hum.\ pl.}$ are $N_{hum.\ pl.}$ に与えられた伝達意味は「人間の性質に対する寛容」であった。ここでは、使用される名詞句は、人間であること、複数形であることという共通性がある。先に見たように、複数形の総称的名詞句が主語にくる場合、そこで述べられるのは、その名詞によって指される種類・種族（一般）についての統計的一般化の陳述である。したがって、この形式はその名詞によって指される人間によく見られる典型的な特性を述べるものであると言える。これに、上の名詞的トートロジーの一般的傾向を合わせると、自然とWierzbickaの記述が浮かび上がる。

最後に、「義務」を伝えるという (ART) N is (ART) N という形であるが、名詞句の共通性としては、まず単数形であるということがあるが、更に"One should do X"のような義務的意味を持つ名詞のとき、または人間関係を表すものであるときという制約が付けられていた。単数形の総称的名詞句 a N が主語にくる場合、それは、その指示対象のどのメンバーにも当てはまる固有あるいは特有の属性―NをNたらしめる特性―についての陳述であるということであった。これに、「義務的意味を持つ名詞」という条件が加われば、そこで喚起されるのは、その名詞の指示対象に常についてまわる特性、すなわち「義務」ということになるであろう。それでは、人間関係を表す名詞の場合はどうであろうか。A father is a father を例に取ると、この表現の伝達意味として頭に浮かぶのは、「子」の立場にある人に向かって発せられる場合には「父親に対する義務」、「父親」の立場にある人に向かって発せられれば「子に対する義務」であるが、そこで喚起されるのは、「父親」の定義的な特性―どのような父親にも当てはまる特性―ということになる。それは何かと言えば、〈子の父である〉というこの世における人と人との関係である。その結果、その表現は「父親と呼ばれる対象にもいろいろなものがあるが、どのような父親であっても、子の父であることには違いがない」という内容を伝える。そして、このように人と人の繋がりを意識する際には、多くの場合、その人たちの役割も意識に上る。その「人の役割」という部分がWierzbickaの言う「義務」へとつながると思われる。

5. 結語

英語の名詞的トートロジーは、その形式の単純さとは裏腹に、実に多くのことを伝える。また同一の表現であっても、状況により様々な意味を伝えうる。本稿では、そのような複雑な伝達意味がいかにして伝えられるのかを考察してきた。NP_i-be-NP_iという構文は、まず共通して以下の情報を伝える。

(i) 話者は、今Xについて一般的な認識からずれた捉え方が存在していると判断している。

(ii) 話者は、その認識のずれを修正する―その捉え方が妥当でないことを主張する―に当り、

　　　　　共有されているXというものの（ある）特性（x）を聴者に喚起しようとしている。
　(iii) 話者は、自分の認識の裏付けはXの自己同一性、あるいは不変化性にあると―「Xはそういうもの（x）だ」ということを―主張している。

聴者は、これをよりどころに名詞的トートロジーの解釈を行うわけであるが、具体的には、一般に次のようなプロセスをたどると考えられる。

　① 話者は、一般的な認識からずれた捉え方が今この場に存在していると考えている。
　② 今この場に存在しているXに関わる捉え方とは、〜である。
　③ 話者は、その捉え方が妥当でないと主張しているが、その根拠は「Xはそういうものだ」ということである。
　④ 「そういうもの」で何を喚起しようとしているかと言えば、xである。

　この過程でポイントになるのが、名詞句の指示対象の特性（x）を特定できるかどうかという点であるが、その作業に際しては、名詞的トートロジーの特性喚起のパターンに関する知識が大いに役立っている。すなわち、当構文が喚起する特性は、名詞句の指示対象の典型的な特性である場合（タイプ1）、指示対象の意味特性の中の定義的部分である場合（タイプ2）、指示対象の全体的印象である場合（タイプ3）の3つのパターンに限定されており、聴者はその中からその場に合ったパターンを選べばよいわけである。それら3つのパターンについてもう少し踏み込んで言えば、タイプ1は、Xの典型的特性を考えると妥当でない捉え方が存在しているとき、その典型的特性を思い出させ、その対象に対してそのような見解を抱くことが妥当でないことを主張するものである。タイプ2は、Xの本質を考えると妥当でない評価尺度によって、Xのメンバー間の位置付けがなされているとき、Xの定義的特性を思い出させることにより、その位置付けが妥当なものでないことを主張する。そして、タイプ3は、2つのものを混同していると思われる場合や、あるものをそれ以外のものと取り違えているのではと思われるような場合に、Xの全体的特性を漠然とながら思い出させ、Xがそういうものであり、それ以外の何物でもないことを主張する。このように名詞的トートロジーの機能がパターン化しているため、上の②の段階で、発話の場に存在しているずれた認識がどのようなものであるかを理解できれば、名詞的トートロジーの解釈はかなり絞り込めることになる。

　名詞的トートロジーを解釈する際、日本語では、文法的なレベルでの「単数」「複数」の区別がないため、上で見た情報を基に、あとは文脈から推測せざるを得ない。それに対して、英語では、何かが名詞として表現される限り、必ず「単数」「複数」のどちらかとして表現されるため、伝達内容に関してその分、日本語よりも情報が多いと言える。本稿では、「単数」「複数」という形に関するものとして、A N is a N と φ N_{pl} are φ N_{pl} の伝達意味の違いについて触れた。そこでは、A N is a N は定義的特性―NをNたらしめる特性―を喚起し、一方、φ N_{pl} are φ N_{pl} は典型的特性を喚起する傾向があることを見た。

　このように、英語の名詞的トートロジーの理解は、NP_i-be-NP_i という形式自体の伝達情報に関する知識、名詞概念の形成プロセスに関する知識からくる当構文の機能に関する知識、そして名詞句に関する文法的知識など多くの層からなっているのである。

註

1 Kids are kids と言う場合、その表現は、子供は〈騒々しい〉とか〈手に負えない〉とか〈うるさい〉というような意味を伝えるが、そこでは真に「悪い」という評価は含まれてはいない (Wierzbicka 1987:106)。

2 原文は以下のとおり。

N_{abstr} is N_{abstr}.

A. Everyone knows that, when people do things of this kind (X), they have to cause some bad things to happen to other people.
B. I assume that I don't have to say what things.
C. When one perceives that such bad things happen, one should not cause oneself to feel something bad because of that.
D. One should understand that it cannot be different.

$N_{hum.pl.}$ are $N_{hum.pl.}$

A. Everyone knows that people of this kind do some things that one would want people not to do.
B. I assume that I don't have to say what things.
C. When one perceives that people of this kind do things of this kind, one should not cause oneself to feel something bad because of that.
D. One should understand that people of this kind can't cause themselves to do things in the way that other people know they should.

[E. This cannot be changed.]

(ART) N is (ART) N.

A. Everyone knows that there are some things that all people have to do about X.
B. Everyone knows that sometimes one would want not to have to do these things.
C. One should understand that we have to do them.
D. One should not cause oneself to feel something bad because of that.
E. One should understand that this cannot be changed.

3 Wierzbicka に従えば、A father is a father は「父親に対する義務」を Fathers are fathers は「父親というものの性質に対する寛容」を伝える。同様に、A war is a war は「戦争に対する義務」を、War is war は「戦争に対する冷めた態度」を伝える。

4 Wierzbicka (1987: 105) 参照。

5 Fraser (1988)の考え方については、次の部分を参照のこと。

> Note that this analysis does not specify what view the speaker has in mind, nor does it take this view to be a part of the object definition, to be inherently positive or negative, or to be common to a particular dialect group. Rather, the position argued here is that the very form of the sentence —a nominal tautology—signals that the speaker intends to convey the belief that the participants share a view towards some aspect of the objects referenced by the sentence noun phrase, and wishes to bring this belief to the hearer's awareness.　(Fraser 1988: 218)

6 　原文は以下のとおり。

An English nominal tautology signals that the speaker intends that the hearer recognize:

(i) 　　that the speaker holds some view towards all objects referenced by the NP;

(ii) 　　that the speaker believes that the hearer can recognize this view;

(iii) 　　that this view is relevant to the conversation.

7 　註5を参照。

8 　たとえば、註5の他に、次の部分でもそのことが窺われる。

　　　In summary, my account of English nominal tautologies provides that, as a part of the sentence meaning, these sentences signal that the speaker intends to evoke in the hearer a viewpoint concerning the objects referenced by the sentence NP, but leaves to hearer inference what exact property the speaker has in mind. 　　　　　　　　　　　　　　　　　　(Fraser 1988: 220)

また、Wierzbicka も、少なくとも彼女が扱ったタイプのトートロジーに関しては、以下のN_{abstr} is N_{abstr} と$N_{hum.pl.}$ are $N_{hum.pl.}$ の伝達意味の違いを述べた部分からして、Fraserと同様の捉え方をしているように思われる。

　　　. . . the component 'bad' seems applicable to the 'human activity' type, but not to the 'human nature' type. 　Wars are said to be 'horrible'; politics is a 'dirty business'; the world of business is 'ruthless'. 　But when one says that *Kids are kids*, one doesn't wish to imply anything truly 'bad' about children: they may be noisy, boisterous, unruly, tiresome, but not 'bad'.

(Wierzbicka 1987: 106)

しかし、Wierzbicka が扱ったタイプのものであっても、本文中の例(5)の War is war や(8)の human beings are human beings のように、喚起されるものとして、名詞句の指示対象の特性を明確に1つに特定できないものもある。

9 　もっとも、このように言うと、名詞的トートロジーによって喚起される捉え方は、自由に広がったり狭まったりし、その表現の解釈がおそろしく複雑なものになってしまうように聞こえるが、そうではなく、実際にはいくつかのパターンがある。この点については後述する。

10 　名詞的トートロジーは、当事者にことばの意味を改めて振り返らせる表現であるが、それではどのようなときにそのような必要が生じるかと言えば、それは普通、発話時の話し手の認識とは異なる認識の仕方が存在しているときである。具体的に言えば、ある概念や物事の捉え方において、〈相手の認識〉と〈話し手の認識〉、または〈話し手のある時点での認識〉と〈話し手のその後の認識〉の間でズレが生じた場合である。「やっぱり子供は子供ね」という表現で相手に同調を求める場合であっても、そこには「そうでない可能性もあるかもしれない」という気持ち―期待―が少しでもあるからこそ、その発話がなされると言える。その場合、認識のズレは、〈話し手のある時点での認識〉と〈話し手のその後の認識〉の間にある。

　英語の名詞的トートロジーが、具体的にどのような状況で発せられるかについては、詳しくは平井（1995）を参照のこと。

11 　深谷・田中（1996）では、《コトバ》は聴者によって意味づけられることによって《言葉》になるとして、意味を担う前と後で表現を使い分けている。

[12] 差異化、一般化、典型化という3つの操作が、何気ない会話の中にも見られる例証として、次のような会話を引用し説明を行っている。

　　A： 彼、どんな顔なの？
　　B： 彼の顔はね、○○君の顔をもっとショーユにした感じなの。
　　A： そうなんだ。

ここで興味深いのは、「○○君の顔をもっとショーユにした感じ」という個所である。そもそもこの表現を可能にするためには、次の条件が満たされていなければならない。第一に、いうまでもなく、「ショーユ顔」と「非ショーユ顔」との差異化が計られていなければならない。第二に、「もっとショーユにする」という比較級を使った表現が可能になるためには、「ショーユ顔」というコトバが一般化され、複数の事例を含む必要がある。そして、第三に、「○○君の顔をもっとショーユにする」という言い方をするには、「ショーユ顔」の典型がモデルとして存在し、それを基準にする必要がある。つまり、Aは「ショーユ顔」の典型的なモデル (X) を基準にしつつ、○○君の顔を比較し、そして「もっとショーユにする」という表現を意味づけることになる。（深谷・田中 1996:130）

[13] もっとも、A N is a Nが、その名詞の指示対象の典型的な特性を喚起することはないかと言えば、必ずしもそうではない。たとえば、Wierzbicka (1987) は、A steak is a steakという表現を挙げ、次の2つの解釈が可能であると述べている。1つは、本文中で挙げた例文(36) A cheeseburger is a cheeseburgerとちょうど同じような、「どのステーキも同じようなもの」という意味、もう1つは、「ステーキは全て紛れもなく高価なもの」（"All steaks are undeniably and reliably things of high value"）という意味である。後者の〈高価なもの〉というのは、ステーキの典型的な特性と見なすこともできよう。ただ、ここで話者は、〈高価なもの〉という特性を「ステーキ」を「ステーキ」たらしめる特性として聴者に喚起していると考えられる。

[14] 註10を参照。

参考文献

安藤貞雄 (1986)『英語の論理・日本語の論理』大修館。

Blakemore, Diane (1987) *Semantic Constraints on Relevance*, Oxford, Basil Blackwell Ltd.

Cole, Peter (ed.) (1981) *Radical Pragmatics*, New York: Academic Press.

Fraser, Bruce (1988) "Motor Oil is Motor Oil: An Account of English Nominal Tautologies," *Journal of Pragmatics* 12, 215-20.

深谷昌弘・田中茂範 (1996)『コトバの〈意味づけ論〉』紀伊国屋書店。

福池 肇 (1988)「伝達機能からみたBELIEF－CONTEXT」『英文学研究』第64巻2号、265-79.

Grice, H. Paul (1975) "Logic and Conversation," in Cole and Morgan eds, *Syntax and Semantics*, Vol. 3, 41-58, New York: Academic Press.

Grice, H. Paul (1978) "Further Notes on Logic and Conversation," in Cole and Morgan eds, *Syntax and Semantics*, Vol.9, 113-27, New York: Academic Press.

樋口万里子 (1988)「トートロジーの意味理解」『活水女子大学・短期大学活水論文集』第31集、167-86.

Hinds, J. (1986) *Situation vs. Person Focus*, くろしお出版。

平井昭徳 (1992) "On English Nominal Tautologies,"『島根大学法文学部文学科紀要』第17号-II、11-34.

平井昭徳 (1995)「英語の名詞的トートロジーの発話状況について」『島根大学法文学部文学科紀要』第24号。

平井昭徳 (1997)「日英語の名詞的トートロジーに関する一考察」『島根大学法文学部紀要　言語文化学科編　島大言語文化』第3号。

池上嘉彦 (1975)『意味論』大修館。

池上嘉彦 (1978)『意味の世界論』日本放送出版協会。

池上嘉彦 (1982)「表現構造の比較―〈スル〉的な言語と〈ナル〉的な言語」國廣哲弥（編）(1982)『日英語比較講座4　発想と表現』大修館。

池内正幸 (1985)『名詞句の限定表現』大修館。

稲木昭子、堀田知子、沖田知子 (1995)『えいご・エイゴ・英語学』松柏社。

國廣哲弥 (1991)「言語学のキーワード 48」『言語』第20巻4号、104-5.

Leech, Geoffrey (1981) *Semantics*, Pelican Books Ltd.

Levinson, Stephen (1983) *Pragmatics*, Cambridge: Cambridge Univ. Press.

益岡隆志 (1987)「プロトタイプ論の必要性」『言語』第16巻12号、38-45.

益岡隆志、野田尚史、沼田善子（編）(1995)『日本語の主題と取り立て』くろしお出版。

三木悦三 (1991)「トートロジーの理解のために」『英語青年』第136巻、506.

Miki, Etsuzo (1996) "Evocation and Tautologies," *Journal of Pragmatics* 25, 635-48.

水田洋子 (1995)「トートロジーが意味を持つとき」『言語』第24巻13号、52-55.

水谷信子 (1985)『日英比較　話しことばの文法』くろしお出版。

毛利可信 (1972)『意味論から見た英文法』大修館。

村尾治彦 (1991)「英語のトートロジーの意味と機能」『九州大学英文学』第34号、187-204.

中島文雄 (1987)『日本語の構造』岩波書店。

中野道雄 (1982)「発想と表現の比較」國廣哲弥（編）『日英語比較講座4　発想と表現』大修館。

大津栄一郎 (1993)『英語の感覚』（上）、（下）岩波書店。

Persson, Gunnar (1990) *Meaning, Models and Metaphor: A Study in Lexical Semantics in English*, Stockholm: Almqvlst & Wiksell International.

佐藤信夫 (1986a)『意味の弾性』岩波書店。

佐藤信夫 (1986b)『レトリック・記号etc.』創知社。

瀬戸賢一 (1988)『レトリックの知』新曜社。

Sperber, Dan and Deidre Wilson (1986) *Relevance*, Oxford Basil Blackwell Ltd.

Ward, G. L. and J. Hirschberg (1991) "A Pragmatic Analysis of Tautological Utterances," *Journal of Pragmatics* 15, 507-20.

Wierzbicka, Ann (1987) "Boys Will Be Boys," *Language* 63, 195-114.

Wierzbicka, Ann (1988) "Boys Will Be Boys: A Rejoinder to Bruce Fraser," *Journal of Pragmatics* 12, 221-24.

安井　稔 (1978)『新しい聞き手の文法』大修館。

丁寧さを導く方略としての You-Suppression

江口　巧

1. 序

　我々は対話を行う際、対話の相手、もしくは対話において言及される人・事物に敬意を表する表現を用いることがあるが、この類の表現の総称として、これらを「敬意表現」と呼んでおく。敬意表現の中には、日本語のいわゆる尊敬語・謙譲語・丁寧語、およびフランス語の（親しみをこめた tu に対する）丁寧な vous のように、「会話の参加者間の、もしくは参加者と言及される事物／人との間の相対的な社会的地位が直接コード化されたもの」(cf. Brown and Levinson (1987: 22-23)) のほか、「当事者同士の互いの面子の保持、人間関係の維持を慮って円滑なコミュニケーションを図ろうとする社会的言語活動」(cf. 生田(1997: 68))に関わる言語表現全般が含まれる。

　本稿においては、丁寧さを表わす一方略として、間接表現に焦点をあて、特に対話の相手への敬意の表出をねらいとした手段を考察していく。対話の相手に敬意を表する必要がある場合というのは、単に対話の相手の話し手との相対的地位が同等以上である場合だけでなく、相手とうちとけた間柄とはいえず、ある程度距離をおく必要のある場合が該当する。そうした場合に機能する方略のひとつが、対話の相手に直接的な言及をしないというやり方である。本稿ではこの方略を "you-suppression" と名づけ、まず、日本語文法の特性ゆえに日本語においてのみ見られる you-suppression のタイプが存在することを論じる。さらに、このタイプとは別に、英語において機能するタイプの you-suppression は、日本人の英語学習者にとっては習得がやや困難であること、しかし一方、日本語の中にも、母国語話者の意識は薄いものの、周到に観察すれば、英語と同じタイプの you-suppression がかなり慣習化していることが明らかにされる。

2. 丁寧さを導く間接性

　ある発話行為を遂行するのに、字句通りの表現形式を用いずに、間接的な表現を用いることで丁寧さが生まれることは、周知の通り、Leech (1983) によって指摘されている。例えば、今ベルが鳴っている電話に出てくれるよう人に依頼する時、"Answer the phone." という直接的な表現よりも、聞き手に行為を遂行して欲しいという話し手の願望に言及した

"I want you to answer the phone." の方が、行為実現のためのひとつの必要条件を述べているという点で丁寧さが増す。さらに、聞き手に要求される行為を遂行する能力があるかを問うた "Can you answer the phone?" では、聞き手に行為の遂行を断る余地を与えているという意味で、さらに丁寧さの度合いが増大する。特に依頼のように、その行為を遂行してもらうことで相手に負担を強いるような場合には、間接的な表現を用いることによって、相手の中に生まれる、問題の行為を遂行すべきという心理的圧力をできる限り取り除いてやるのが、その相手に対する配慮である。

　しかし、今述べた依頼という特定の状況に限らずに、そもそも対話の相手に言及する必要がある場合、特にその相手が家族や友人などうちとけた間柄でない場合には、いくらかの敬意を表する必要が生じてくる。その際用いられるひとつの方略が、やはり間接性の方略、つまり、相手に直接言及しないやり方である。この点に関して、英語の二人称単数代名詞の発達の歴史そのものが興味深い。二人称単数代名詞は本来 thou であったが、ME期に次第に複数形 ye（主語）および you（目的語）に取って代わられるようになる。この複数形は、初めは目上の人に呼びかけるときに（後には同等の人に対しても）用いられ、目下の人に呼びかける際には、単数形が長い間使用されていた。そして、18世紀後半に thou は標準語から廃れ、それとともに you が唯一の二人称単数（および複数）代名詞となった。つまり、本来複数用法であった you が単数の領域にまで侵入し、thou と共存することになるが、you は目上の人を表わすという用法上の分化が確立していたということである。ここで重要なのは、複数概念と目上という地位概念との結びつきである。敬意を表わすべき相手に言及する際、単数形を用いて相手に直接言及するのではなく、複数形を用いてその中のひとりとして間接的に言及することにより、相手の受ける心理的圧迫感が和らげられ、それが結果的に丁寧さにつながるものと考えられる。you がその発達上、最終的に相手の相対的地位いかんに関係なく、一律に二人称を示す用法へと拡大していったのも、対話者という特別な地位を考えれば何ら不思議ではない。これと似た現象は、実は日本語にも見られる。相手を指示することばとして一般的な「あなた」は、本来は "あちらの方角" を意味しており、やはり相手への間接的な言及が、この語彙の意味そのものに組み込まれた例である。また、このことばに関しては、日本語のいわゆる「こ/そ/あ」の体系において、話し手から最も遠い領域を指示する「あ」系が用いられていることも注目に値しよう。またさらに、二人称単数の丁寧形として用いられる「おたく」は、文字通りには "（あなたの）家" の意味であり、相手をその一部として含む居住空間に言及することによって、丁寧さを生み出している例である。今一時的に、三人称の用法へと目を移せば、例えば、大学の教員という立場から見て、同じ職場の職員に言及するとき、「職員」と口にするのは筆者自身かなりの抵抗感を覚え、「職員のかた」とやはり方向の表現を添えるのが礼儀である。このように、字句通りの意味からそれた間接的な表現を用いるのは、丁寧さを生み出すためのかなり慣習化した一方略であるといえる。ついでに言えば、この方

略は、丁寧さに寄与する方略ではあるものの、相手に直接言及することから生じる相手の領域の侵害を避けるための方略であるという意味で、Brown and Levinson (1987) の枠組みでは、ネガティブポライトネスに位置づけられると思われる。

3. 日本語における You-Suppression[1]

　前節では、間接的な表現形式が丁寧さを生み、特に対話の相手への言及においては、相手の領域に直接踏み込むことのないよう、間接的な言及という形での相手への配慮が言語において慣習化している例を見た。ただ、前節でもちだされた例が、英語の you、もしくは日本語の「あなた」など、間接的な言及が語彙レベルでコード化された例であった。本稿で考慮するテーマが、丁寧さを導く方略である以上、今後はさらに言語使用に関わる側面にまで目を向ける必要がある。そこで、本節で、まず日本語における、文レベルにおいて相手への直接の言及が避けられた例を考察していく。

　対話の相手への直接的な言及を避ける最も端的な方法は、次のように、その人物に全く言及しないやり方である。この方略をここで "you-suppression[1]" と呼んでおく。

　　（１）お名前はなんとおっしゃいますか。
　　（２）いつ福岡にいらっしゃったのですか。

注意すべきは、対話の相手が言及されないとはいっても、意味構造上存在する要素が省略されたとみるべきであり、（１）、（２）においては、いずれも本来文頭にある「あなたの」、「あなたは」がそれぞれ省略されているという見方をとる。そして、これらの要素は丁寧さへの配慮から省略されたものと考える。日本語では英語の you のように、要求される丁寧さの程度に関係なく中立的に使われる二人称の代名詞的要素が存在しないこともあって、「あなた」をはじめとするこの種の語を用いると相手の領域に不適切に踏み込んでしまうことになる。したがって、言及されている対象（ここでは対話の相手）の同定に関して誤解が生じなければ、丁寧さという観点から、その言及を差し控えるのが無難である。

　なお日本語において、（１）、（２）のように意味構造のレベルにおいて存在する語句が表層的に省略可能であるのは、日本語では、（広い意味での）文脈から復元される限り、そうした語句の省略が許されるからである。先行文脈のない談話で言われた（３）では、ほぼ間違いなく「私は」が省略され、（４）は、質問文という文のムードから判断して、「あなたは」が省略されていると推測するのが妥当である[1]。対話では、話し手および聞き手が必須の関与者だからである。

　　（３）きのう映画を見に行きました。
　　（４）お元気でしたか。

一方、先行文脈のある（５）、（６）のような文になると、聞き手は、省略されている語の同定のため、既に言及された人物にまで候補の対象を広げるが、ほとんどの場合、その復元に関して問題は生じない（（　）内は省略された語）。

（5）それから、(彼は) すぐ僕のうちにやってきて、上がりこんだのさ。
　（6）それで、僕が（彼女に）電話をかけてやったら、（彼女は）安心してたよ。

　要するに、日本語において、対話の相手について言及する際、丁寧さへの配慮から、明示的にその人物のことを言及しないという方略を可能にするのは、日本語の文法が文脈上復元可能な要素を省略することを許すからである。一方、英語では、そうした要素の省略が可能でないため、聞き手への直接の言及を避けるためには別の方略に頼らなければならないが、これについての議論は次節に譲ることにする。

　さて今、前に挙げた（1）、（2）に再び戻り、これらは、単に文脈上復元可能な要素が省略されたというのではなく、その省略には丁寧さの配慮が関わっているというここでの主張を支持するため、その論拠を提示しておきたい。まず、第一点として、相手の領域を侵害することのないよう「あなた」およびそれに相当する代名詞的語句の使用は差し控えられるものの、比較的敬意をこめた役割名は積極的に用いられるという点である。例を見てみよう。

　（7）失礼ですが、お客様の電話番号をお尋ねしてもよろしいでしょうか。
　（8）先生は、いつがご都合がよろしいでしょうか。

これらの例における「お客様」や「先生」には、聞き手に対する敬意の念が含意されている。単に文脈上の復元可能性の観点からみれば、指示対象は明らかであり、これらの役割名は省略されて然るべきであるが、しかしここでは、対話参加者間の結束性（solidarity）を確認および強化する目的で敬意をこめた役割名が積極的に用いられているという見方をとる。したがってこうした役割名を使用しても、相手の領域の侵害にならないことはいうまでもない。

　二つ目の論拠として、上の（7）、（8）とは逆に、対話の相手と敵対するなど、礼儀をもって接しがたい状況にある時には、相手に対する敵意や侮蔑の念を込めて、状況に適した代名詞的語句が意図的に用いられるという点である。もちろん、（11）のように役割名が用いられることもある。

　（9）おまえは誰だ。
　（10）きさまの顔など、二度と見たくもない。
　（11）チンピラども、とっとと消えうせろ。

これらの例では、相手の領域に踏み込むことを許す状況にあるため、その相手に直接言及し、しかも侮蔑・差別意識を含む語が積極的に用いられている。ちなみに、これらの語の使用はネガティブポライトネスどころか、そもそもポライトネスの俎上に決して上ることのない範疇である。

　以上、（7）、（8）のように積極的に聞き手との結束性を確認するコンテクスト、および（9）－（11）のように相手の領域を意図的に侵害する必要のあるコンテクストを除けば、聞き手とある程度の距離を保ち、その領域に不適切に踏み込むことを避けるため、聞き手

への明示的な言及を避ける you-suppression$_1$ の方略が日本語において存在することを論じた。

4. 英語における You-Suppression$_2$

前節でみた日本語の方略は、日本語が文脈上復元可能な要素の省略を許すという構文法上の特性が背景にあった。しかし、この点、英語には制約がある。すなわち英語では、述語（predicate）に関わる項（argument）は、表面形式上必須の要素であり、文脈から復元可能でも、原則として省略できない。

(12) Hello. Nice to see you again. When did *(you) arrive in Fukuoka?

(13) Where has Mary gone? I tried to contact *(her) in some way, but I couldn't.

では、英語には you-suppression の方略が存在しないかというとそうではなく、日本語とは違った方略にゆだねながらも、依然として、対話の相手への直接的な言及を避ける手段が存在する。この方略を、日本語の you-suppression$_1$ とは異なるタイプとして位置づけ、ここで "you-suppression$_2$" と呼ぶことにする。具体例を見てみよう。いずれも、それぞれが用いられる状況に適した丁寧な表現である。

(14) May I have *your name*, please?

(15) Would you mind if I asked *you* to stop smoking?

you-suppression を具現化した例とはいえ、(14)、(15) には明示的に you が現れている。論点を明確にするため、それぞれに対応する、幾分丁寧度および容認度の下がる表現を以下に示す。

(16) What's *your name*?

(17) ??Would you mind if *you* stopped smoking?

(14)、(15) と (16)、(17) における（イタリックをほどこした）you の違いは、それぞれの文における you（およびそれを含む語）の文法関係の違いである。(16)、(17) では、you（およびそれを含む語）は主語として機能しているが、(14)、(15) では動詞の目的語である。すなわち、(14)、(15) では、you が主語から降格した位置に現れているのである。さらに、(15) では主語がもはや you ではなく、I にとって代わられている点も you-suppression$_2$ の典型的な特徴のひとつとして指摘できよう。この点に関して類例として挙げられるのは次のような例である。

(18) May *I* have your attention, please?

(19) Can *I* have your glass back?

(20) May *I* ask who's calling, please?

(21) Who am *I* speaking to?

(18)、(19) はともに対話の相手に行為の遂行を依頼する表現である。(18) は室内の聴衆の関心をこちらに向けようとする状況で、(19) はウェイターが客のグラスを下げに来た状

況で用いられた文である。ともに話し手の視点から事態を捉えた描写になっている。(20)、(21)は、電話をかけてきた相手が誰であるかを確認するときに用いられる表現であるが、ここでは、対話の相手に直接言及する語はいっさい現れていない。これら、(18)－(21)が用いられる状況では、you を主語にした表現は考えにくいか、表現可能であっても丁寧さが下がるという点は指摘しておかなければならない。

さしあたり、ここでの議論の主張点は次の通りである。すなわち、英語では、対話の相手に行為の遂行や情報の提供を依頼する、すなわち相手に何らかの要請を行う場合、必然的にその相手に負担を強いることになり、相手の領域に踏み込む危険性を抱えることになる。その際、対話の相手が自分よりも目上であったり、自分と親しい関係にない人物の場合はなおさらである。こうした状況においては、対話の相手を問題の行為を行う主体として直接言及するのではなく、統語上、主語の位置から他の文法役割の位置へと降格させるか、もしくは表面上伏せてしまう操作を行うことによって、対話相手への言及を間接的なものとし、その結果、丁寧さを生み出すというからくりであると考えられる。

ここでこの論点を支持するために、文における主語という文法役割の、他の文要素に対する相対的優位性を示す証拠をいくつか挙げておく。まず、次の例を見られたい。

(22) 太郎が花子に次郎を自分の部屋で紹介した。　　　　　(三宅(2004: 64))

(22)で、「自分」の先行詞になるのは、主語の「太郎」のみである。さらに、次の空所化構文を見てみよう。

(23) Max gave Sally a nickel, and Harvey a dime[2].　　　(Hankamer (1973: 26))

この例で、後半の等位項に現れた Harvey は、無標の読みでは give の目的語として解釈される。この現象については、文という local な領域で見た場合、文主語は認知的に際立ち、後続する談話では、Ariel(1990)流にいえば、他の要素よりも形態的により簡略な形、ここではゼロ形式で現れているという見方ができる。

その他、他動詞構文が先行した場合、後続する談話では、先行する文の主語が他の文要素よりも談話トピックになりやすい (cf. Givón (1983:22)) という一般的な傾向も指摘することができる。

以上のことから、文における主語のもつ文法役割が他の文中の要素よりも優勢であるといえ、このことは同時に、文主語の認知的な際立ちの高さを裏づけることになる。よって、同じ you を用いても、聞き手にしてみれば、(16)、(17)よりも、you を主語から降格させた(14)、(15)の方が、自分に言及されたことにより受ける心理的圧迫感は少なく、結果的にそれが丁寧さにつながるといえるのである。

もうひとつ類例を挙げ、それに対応する表現をあわせて示す。相手から以前聞いた内容に自信が持てないときに、それを確認する目的で用いられる表現である。

(24) Did I hear *you* say ...?

(25) Did *you* say ...?

（25）と比較すると、（24）では主語が I にとって代わられていることとあわせ、問題の you は、主語ではなく、hear の目的語に降格している。ネイティブスピーカーのインフォーマントによれば、（24）は必ずしも（25）よりも一般的な表現ということではないが、それでもこのインフォーマントは（24）の方がより丁寧であるという判断には同意した[3]。

さて、これまで英語において you-suppression₂ に基づく具体例をいくつか示してきたが、日本人の英語学習者にとっては、この方略が十分認識されていないために、この方略に依らない文が産出される傾向が見られる。彼らは日本語の母国語話者であるため、二人称単数の最も一般的な用語である「あなた」が、目上もしくは同等の人をさしては使われないということは知っている。それに対し、英語の you は、対話相手の話し手との相対的地位いかんに関わりなく中立的に使われるということも彼らは心得ている。しかし、そのような英語においてさえ、なお you への直接的な言及を差し控えさせる you-suppression₂ が機能していることは彼らには十分認識されていない。その結果、彼らは、人との初対面において（26）を、あるいは電話で相手の名前を確認するときでさえ、この同じ表現を不適切に用いる傾向にある（それぞれ（14）と（20）あるいは（21）を用いるのが適切）。

　　（26）What's *your name*?（＝（16））

また、先に（17）として例を挙げたように、たばこを吸っている人に喫煙を差し控えてもらうよう依頼する状況において、日本人学習者は、mind 以下の従属節の主語に you を用いる傾向が強い[4]。

　　（27）??Would you mind if *you* stopped smoking?（＝（17））

ある程度の英語学習者になれば、（27）に対しては何か居心地の悪さを感じるはずである。そうした日本人は、適切な（15）のような文は書けないにしても、英語において"you-suppression₂ らしきもの"が存在することを既に学習しているといえよう。

以上本節では、英語において、典型的に、対話の相手に行為を依頼する、あるいは情報の提示を求めるといった状況で機能する you-suppression₂ の方略を考察した。この方略は、you を主語の位置から他の文法役割の位置へ降格させるか、表面上の形式から伏せてしまうというものである。そしてこの操作はしばしば、要請される行為を行うのが本来聞き手でありながら、その行為を受容する話し手の立場から見た事態描写がなされるという、聞き手から話し手への視点の変更を伴う。ことばを替えれば、聞き手を要請された行為の主体として表現するのではなく、視点を変えることで、同じ行為に関わる行為者以外の項として表現するか、もしくは表面上はその行為に関与しないものとして扱うということである。このような間接的な言及により、要請された行為を行う聞き手の心理的負担は軽減され、それが結果的に丁寧さにつながるものと考えられる。

5. 日本語における You-Suppression₂

　前節の議論では、丁寧さを導く you-suppression₂ という方略が英語に固有のものであり、よって日本人の英語学習者には習得が難しいという印象を与えたかもしれない。しかし、日本語母国語話者には十分認識されていないが、実は日本語にも you-suppression₂ に相当する方略を用いたと思われる敬意表現が三宅（2004: 66）によって指摘されている[5]。彼の挙げた例を見てみよう。以下の二例のうち、(29)が you-suppression₂ に該当する表現である。

　　(28) これを持って下さいますか。
　　(29) これを持っていただけますか。

(28)、(29)ともに日本語においてかなり一般的な依頼表現であるが、(29)の方がより丁寧に感じられる。これは次に示すように、主語の選択の違いによるものであると三宅は述べている。

　　(28´)（あなたが）これを持って下さいますか。
　　(29´)（私が）（あなたに）これを持っていただけますか[6]。

彼の主旨をくみとれば、(29)は「二人称を主語から降格することにより間接性が与えられ、結果として丁寧さが加わった」ものであるという。日本語話者には、このように指摘されるまでは(28)と(29)の主語が異なるという意識は薄いと思われるが[7,8]、確かに彼の分析は的確であり、それは英語に関して論じてきた you-suppression₂ の方略が、日本語においても確かに存在することを示すものである。さらには、ここに見た例は、構文の分析を提示されない限り、you-suppression₂ の存在を認識しにくい例であったが、観察を重ねれば、他にごく一般的に使われる依頼文にもこの方略が関わっていることがみてとれ、それは同時に日本語において you-suppression₂ がかなり浸透していることを示唆するものである。井出(1992: 45)では、人にペンを借りる際に用いられる、丁寧度の異なるさまざまな表現例が挙げられているが、その中から、丁寧さの低いものから高いものへいくつか典型例を並べて引用すると、「ペンを貸してくれる」—「ペンを貸してください」—「ペンを貸していただけませんか」—「ペンをお借りしてもよろしいでしょうか」となる。井出の論考の主旨は、筆者の論点とは異なる所にあるので、井出自身は直接触れていないが、本稿に関連して注目すべきは、最も丁寧であると位置づけられた「ペンをお借りしてもよろしいでしょうか」という表現である。ここで言及されている「ある人物 A が別の人物 B に一時的に無償で物を使用させる」という事態は、関与する二人それぞれの視点から異なる描写が可能となる。すなわち、Aから見れば「貸す」という動詞が用いられ、Bから見れば「借りる」が用いられる。ここで「ペンをお借りしてもいいでしょうか」の主語を補えば「私は」である。一方二人称は、主語の位置にとどまらず、構造上 " 「あなたから」お借りする " のように斜格として認定できるが、もはや表面上には現れていない。さらには、ここで二番目に丁寧な表現として位置づけられた「ペンを貸していただけませんか」においては、

用いられている動詞自体は「貸す」であるものの、補助動詞「いただく」を伴っていることから、(29)と同様に、文主語が「私」であることが明らかとなる。

その他、前節の英語に関する議論と並行して、ここで関連する具体例として以下のような表現を挙げることができよう。対話の相手にある行為の遂行なり、情報提供なりを求める表現であるが、いずれも主語として認定できるのは「私」である。

(30) お水をいただけますか。

(31) お名前をおうかがいしてもよろしいでしょうか。

(30)は本動詞としての「いただく」の用法である。(30)、(31)ではともに、話し手を低めるとされるいわゆる謙譲語が用いられているが、you-suppression$_2$ が関わるものとしてここで想定されている表現が謙譲語に限らないことは、次の(32)をみれば明らかである。

(32) お水をもらえますか。

ここで用いられている動詞「もらう」は謙譲語ではない。この動詞は一般に、利益を得る側に視点を置いた授受動詞として分類されている。この文で描写される能動的行為(すなわち人に水を与えるという行為)を遂行するのは聞き手であるが、それを要請する話し手は丁寧さへの配慮から話し手からみた表現形式を選択している[9] という点で、(30)や(31)と同様に、you-suppression$_2$ が関与する事例とみなすことができる。

以上、本節では、英語におけるのと同様に、日本語においても、相手が行為の主体として関与する事態でありながら、その行為を要請する側の話し手は、自分に視点を置いた表現形式を選択し、相手を主語から降格させる方略が機能していることを論じてきた。この方略が関与すると思われる表現が、丁寧な依頼表現として広く一般化していることを考えれば、日本語においても、you-suppression$_2$ の方略がかなりの程度慣習化していると言っても決して言い過ぎではないであろう。

6. 結語

本稿では、丁寧さを導くひとつの手段としての間接性に注目し、特に対話の相手の領域に立ち入ることを避ける必要性から、相手に直接言及することをしない you-suppression の方略を考察した。まず、日本語において、意味構造には存在するものの、丁寧さへの配慮から二人称相当語句を省略する you-suppression$_1$ の方略をみた。そして、この方略が機能するのは、日本語において文脈上復元可能な要素を省略することが許されるからであると論じた。一方、英語においては、文脈から復元可能な要素でも省略できないという構文法上の制約が存在するため、聞き手への配慮のためには日本語とは異なるタイプの方略に依るとして、これを you-suppression$_2$ と名づけた。この方略は、典型的には、聞き手にある行為の遂行を依頼したり、情報提供を求める状況で機能する方略であり、本来主語の位置にある you を、主語から他の文法役割へ降格させるか、あるいは表面上の形式から伏せてしまうというやり方である。このことにより、聞き手は行為の主体としての地位

を降りることになり、問題の行為への関与は間接的なものとなる。こうして聞き手の受ける心理的圧力が軽減され、結果的に丁寧さの程度が上がるというものである。日本人の英語学習者は、二人称の you は、対話の相手の相対的地位いかんに関わりなく使われると理解しているため、文要素の文法関係の変更を伴うこの you-suppression$_2$ に対する意識が浅く、状況によって不適切に you を主語に用いた文を産出しやすいことをみた。さらに、英語で用いられるこの方略は、日本語においても母国語話者の意識には上りにくいものの、多くの丁寧な依頼表現に関与していることが明らかとなった。

　さて、これまで論拠を挙げながら、日英語において機能する you-suppression の方略を主張してきたが、本稿でのこの議論に対し、特に二つ目のタイプ、 you-suppression$_2$ に関して提示された現象について、別の観点からの分析がなされる可能がある。それはポライトネスを発話行為と絡めた議論であるが、本稿を締めくくる前に、その分析ではうまく説明のつかない事例があることを指摘しておきたい。例えば、次のような三つの依頼表現を比較してみよう。いうまでもなく、提示された順序で丁寧度が増していく。

　　(33) Open the door, please.
　　(34) Could you open the door?
　　(35) May I ask you to open the door?

本稿の議論からすると、(35)が you-suppression$_2$ が機能している表現であり、これが(34)よりも丁寧であるのは、you が主語の位置から降格していることによるものとされる。さて、これとは異なる分析では (33)－(35) の丁寧度の差に対し、次のような説明を施すことが考えられる。まず、(33) では依頼される行為そのものが述べられ、依頼という発話行為の表出は（please の使用に加え）命令法というムードが担っている。(34) では、2節で論じたように、聞き手が要請された行為を行う能力が問われ、間接表現である分、丁寧度が上がっている。(35) は、話し手の依頼行為を許容するかどうかを聞き手に問うている。すなわち、(34) と比較すれば、(35) は聞き手に対する行為遂行の依頼という発話行為に<u>明示的に</u>言及している。したがってその分、丁寧度が増すという説明である。もしこの見方をとると、依頼という発話行為の主体は常に話し手であり、聞き手の地位は必然的に発話行為の主体から外れてしまう。つまり、you が主語から降格するのは、発話行為を明示したことによる必然的結果ということになる。となると、(35)の増大した丁寧度を説明するにあたっては、ポライトネスと発話行為を絡めた理論の中で自然に説明され、本稿で論じてきた you-suppression$_2$ をわざわざ持ち出す必要がなくなる。つまり、この新たな分析方法をとる限り、独立した方略として you-suppression$_2$ を設定する意義がなくなることを意味する。しかし筆者は、以下のような理由で、発話行為に依存した分析方法を採ることには否定的である。それは、発話行為の理論では、4節で挙げた次のような例が丁寧さを生み出すことが説明できないからである。

　　(36) May I have your attention?

(37) Can I have your glass back?

事実として、(36)、(37)は、これらに対応する you を主語とする依頼表現よりも丁寧であるが、いかなる分析方法をとるにせよ、その中でこの事実に対する説明がなされなければならない。発話行為の理論では、今述べた丁寧度の違いは、(36)、(37)が発話行為を明示していることによるものということになろう。しかし、果たして事実はそうであろうか。筆者の考えでは、(36)および(37)の発話により、確かに依頼という発話行為は遂行されるものの、その明示的言及はなされていないと考える。発話行為を明示的に述べるとすれば、例えば(36)は(実際にこのような表現が用いられるかどうかは別問題として)むしろ次のような表現形式をとると思われる(ここで、この表現が質問文の形をとることは無視する)。

　　　(38) May I ask you to focus your attention on me?

つまり、(36)と、それに対応する you を主語とする以下の(39)は、ひとつの行為をそれぞれ話し手と聞き手の視点から描写したいわば対をなす表現であって、それによる丁寧度の差は生じるものの、発話行為の言及に関する違いはないのである。

　　　(39) Could you focus your attention on me?

にもかかわらず、発話行為の理論では、(36)においては発話行為が明示的に言及され、(39)ではそうではないと説明しないことには、二つの表現の丁寧度の差は説明できない。一方、you-suppression$_2$ に依存した分析では、(36)では、(39)と比較して、you が主語の位置から降格したことにより、you への言及が間接的になった分、丁寧度が増すという説明を施すことになる。このように you-suppression$_2$ による説明は、(34)と(35)、および(36)と(39)の丁寧度の差を単一の概念で的確に捉えることを可能にするのである。

　今の議論で挙げた現象に限らず、2節で見た、英語の you の発達の歴史、あるいは日本語における「あなた」、「おたく」など"間接的な"二人称語句の使用等を考慮に入れても、日英語において you-suppression の方略を設定する意義は十分にあると思われる[10]。さらには、この方略は日英語に限らず、世界の他の言語においても用いられている可能性がある。よく知られた例としては、フランス語で、英語の ME 期の you と同様、ひとりの聞き手をさすのに、複数形代名詞 vous を敬称として用いることが挙げられる。対話において聞き手というのは必須の参加者であると同時に、話し手が直接 interact する相手である。対話を行うことによるさまざまな目的の達成が、聞き手と保たれる良好な関係に多く依存していることを考えれば、そのような特別な地位を有する聞き手に敬意を払い、その人物の領域に踏み入ることのないよう配慮したいと願うのは、対話の参加者誰しもが願う普遍的な欲求であろう。その意味で、各言語の文法的制約から生じる you-suppression$_1$ および you-suppression$_2$ のようなタイプの違いは別にしても、世界の諸言語で対話相手への直接的言及を避けるという方略が何らかの形で機能している可能性は決して少なくないと推測される。

注

1 このあたりの詳細な議論については、野田（2004）を参照。

2 Hankamer 自身は（23）の空所化について本文のような説明をしているわけではないが、後半の等位項で左端の要素（ここでは主語）のみが省略が許される旨の記述がある（p. 27）。

3 ネイティブスピーカーのインフォーマントは、ここで採用している語の文法関係云々という分析方法とは別に、(24)、(25) の構文の違いを指摘し、(25) では you が主語であることから、話し手の記憶の不確かさの原因を聞き手の発言の事実いかんに帰すのに対し、(24) では主語が I であることから、同じ原因を話し手自身に帰しているため、より丁寧さが生じていると指摘している。

4 筆者の本務校である九州大学で、担当するクラスの学生に、この状況で "mind if ..." の構文を用いて英語を書くよう指示したところ、約7割程度の学生が（27）の表現形式を用いた。

5 三宅自身は、"you-suppression" という用語を用いてはいない。

6 （29）における主語を（29´）のように「私が」ととる分析には反論があるかもしれない。すなわち、この例では「いただく」は補助動詞化しており、「持っていただく」というひとつの動詞が表わす行為の主体は「あなた」であるという考え方である。しかし、筆者は三宅の分析を支持する。(28) と比較して、なぜ (29) がより丁寧であるかを問うた場合、その原因は、補助動詞「いただく」が、本来「私」を主語とする本動詞「いただく」に由来するという点に帰すべきであり、この動詞のもつ、一人称相当語句を主語にとるという性質は、補助動詞化しても受け継がれると筆者は考える。

7 日本語学の専門的知識のない日本人11人に本文の例文（29）を提示して、この文の主語が何であるかを尋ねたところ、「私」を主語としたひとりを除いて、残り全員が「あなた」を主語であると回答した。

8 いうまでもなく、日本語母国語話者が日本語において機能している you-suppression$_2$ の存在を認識していないとしても、彼らが（28）よりも（29）がより丁寧であると判断でき、かつ（29）のような文を敬意表現として自由に産出できる限り、理論上、彼らは日本語における you-suppression$_2$ を習得しているといえる。

9 このように、話し手を主語にした授受表現が丁寧さを生み出すことについて、橋元（2001: 49-50）は、「相手の行為には、相手から私に対する恩恵が施されることが明示され、同時に受益者の私に義理が発生することも含意されている。（中略）受益者の私に視点をあわせた表現...において、依頼者である私の義理がより強く含意され、相手に対する押しつけがましさが緩和される」と述べている。

10 受身文の使用も、状況によっては、 you-suppression$_2$ の具現形ではないかと思われ

る。例えば、"Your membership fee has not yet been paid." は、your を含む語句を主語としてはいるものの、"You have not paid your membership fee yet." と比較すれば、より丁寧な表現である。その理由は、you を主語から降格させ、少なくとも表面形式上、会費を支払っていない張本人が聞き手であることの明言を避け、聞き手の責任追及を抑えているからである。同様に、例えば、映画館で座席を探している人が、空いた座席を見つけ、そこにいる人に、"Is this seat taken?" という受身文で尋ねるのも、今目の前にいる初対面の相手を、座席を確保したかもしれない人物として言及することを避けるためであると考えられる。

参考文献

Ariel, Mira (1990) *Accessing Noun-Phrase Antecedents*, Routledge, London.

Brown, Penelope and Stephen C. Levinson (1987) *Politeness: Some Universals in Language Usage*, Cambridge University Press, Cambridge.

Givón, Talmy (1983) "Topic Continuity in Discourse: An Introduction," *Topic Continuity in Discourse: Quantified Cross-Language Studies*, ed. by Talmy Givón, 1-42, John Benjamins, Amsterdam.

Hankamer, Jorge (1973) "Unacceptable Ambiguity," *Linguistic Inquiry* 4, 17-68.

橋元良明(2001)"授受表現の語用論,"「言語」30.5, 46-51, 大修館書店、東京.

井出祥子（1992)"日本人のウチ・ソト認知とわきまえの言語使用,"「言語」21.12, 42-53, 大修館書店、東京.

生田少子(1997)"ポライトネスの理論,"「言語」26.6, 66-71, 大修館書店、東京.

Leech, Geoffrey N. (1983) *Principles of Pragmatics*, Longman, London.

三宅知宏（2004)"敬意表現からみた「主語」,"「言語」33.2, 62-67, 大修館書店、東京.

野田尚史（2004)"見えない主語を捉える,"「言語」33.2, 24-31, 大修館書店、東京.

会話の含意をめぐって
― グライス、レビンソンと関連性理論 ―

大津　隆広

1. 序

言われていること (what is said) と含意されていること (what is implicated) の自明の区別は、伝達、認知される意味が、少なくとも言語形式がもつ意味と意味論レベルを超えたもうひとつの意味に区別されることを示唆している。意味の区別についての体系化と実証の過程において、Grice (1975) や Levinson (1987, 2000) が、言われていることから含意されていることがどのように伝達され認知されるかを適切に説明できないのは、発話解釈に関わる意味そのものの区別が不十分に定義されてきたからだと考えられる。

本論の目的は、関連性理論の観点からこれまでの不十分な意味の分類を整理することで、含意の算出の方向性を考察することである。先ず、Grice の会話の含意（一般化された会話の含意と特殊化された会話の含意）と Q 含意、I 含意、M 含意からなる Levinson の一般化された会話の含意の体系化について概観し、意味の定義の曖昧さから生じるそれぞれの問題点を指摘する。さらに、これらの含意が発話内容の特定化と推論の両面において共通の特徴があることを、関連性の原則に基づき考察する。

2. グライスの含意の定義と問題点

Grice (1975) は含意のタイプを慣習的含意 (conventional implicature) と会話の含意 (conversational implicature) に分類した。慣習的含意は言語規約に基づき算出される含意であるために、コンテクストに依存せずに常に決まった意味をもつ。これに対して、言われていることに会話の公理を当てはめることで算出される会話の含意は、さらに一般化された会話の含意 (generalized conversational implicature, GCI) と特殊化された会話の含意 (particularized conversational implicature, PCI) に分類される。会話の公理に基づき算出される点では同じであるが、GCI は特定のコンテクストの情報を必要とせず、発話内の語句の使用により算出されるのに対して、PCI とは、特定のコンテクストにおいて文の意味を超えて伝達される意味である。

こうした含意の分類には問題点がある。慣習的含意・GCI と PCI は、本質的に異なるタイプの意味だからである。例えば、(1)と(2)の意味解釈には、慣習的含意・GCI と PCI の双方が関

わっている。

(1) My son stops playing video games before dinner.
(2) Wilfred is meeting a woman for dinner tonight. (Clark and Clark (1977 : 122))

　(1)では'stop'という語彙から算出される「当該の行為をそれまで続けている」という慣習的含意は、コンテクストにおいて、「話し手の息子は夕食前にはテレビゲームをやめる」という字義どおりの意味とさらには「決めたことをよく守る規律正しい息子だ／話し手の息子は親のしつけが行き届いている」といったPCIを伝達するのに貢献している。一方、(2)では、不定名詞句'a woman'により算出されるGCIは、指示される人物がWilfredの身内の女性（妻、あるいは母や姉妹）ではないということである。さらに、第三者がWilfredの妻に対してこの発話を用いた場合、PCIのひとつとして、Wilfredが浮気をしていることを伝えるほのめかしとなるであろう。ここでは、GCIは文の字義どおりの意味と同時にPCIの算出に貢献していると言える。したがって、慣習的含意・GCIとPCIは、発話の意味の伝達の観点から明確に区別されなくてはならない。この問題については、4.1で再度議論する。

3．レビンソンの一般化された会話の含意と問題点
3．1　Q含意、I含意、M含意と衝突解決のスキーマ

　Levinson (1987, 2000) は、Grice流の会話の含意の考え方を継承するものの、人間の言語伝達の限界を一定の手続き（heuristic）が補完するという考え方にたつ。さらに、Griceの協調の原則の中の量の公理の2つのサブ公理（3a, b）から互いに衝突しあう含意が生じることを指摘し、GCIの算出を体系的に理論化しようと試みた。

(3) a. Make your contribution as informative as is required (for the current purposes of the exchange).
    b. Do not make your contribution more informative than is required.

　量の公理の第一サブ公理（3a）（必要なだけ多くの情報を与えよ）は'what isn't said isn't the case'（言われていないことは事実ではない）という手続きと関連している。この手続きにより生じる含意はQ (Quantity) 含意と呼ばれる。(4)は、Q含意に関して、発話とその含意、含意が導かれる過程をそれぞれ説明したものである。（使用した記号はLevinson (1987, 2000)に準じる。⊢は'entail'（論理的に含意する）、Q+>は'conversationally Q-implicate'（会話的にQ含意する）を表わす。）

(4) "Some of the miners voted for Thatcher."
    Q+> 'Not all of the miners voted for Thatcher.' [A(S) ⊢ A (W)] [A(W)+>～A (S)]

　Q含意とは体系化・慣習化された含意で、尺度を表わす語や対比のセットをなす語句の関係、つまり情報量の多い（stronger）表現（A(S)）が情報量の少ない（weaker）表現（A(W)）を論理的に含意する関係（[A (S) ⊢ A (W)]）により導き出される。(4)の＜all, some＞という尺

度をなす語を例にとれば、情報量の多い 'all' と情報量の少ない 'some' の対比関係のもとで、情報量の少ない表現(4)「鉱夫の幾人かがサッチャーに投票した」を用いることは、「すべての鉱夫がサッチャーに投票したわけではない」のように、情報量の多い表現が当てはまらないことを会話的に含意することになる（[A (W)＋＞〜A (S)]）。Levinson (2000：76) は、話し手の公理（speaker's maxim）と聞き手の直接的推論（recipient's corollary）の双方から、Q含意が伝達され認知されるための原則を、Q原則（Q-Principle）として定式化している。この原則は、話し手はできるだけ情報量の多い陳述を行い、一方、聞き手は話し手が最も情報量の多い陳述を行っていると解釈せよというものである。

一方、第二サブ公理（3b）（必要以上の情報を与えるな）は 'what isn't said is the obvious'（言われていないことは言わなくてもわかる）という手続きと関連している。この手続きにより生じる含意は I（Informativeness）含意と呼ばれる。(5)は、I含意に関して、発話とその含意、含意が導かれる過程をそれぞれ説明したものである。(I＋＞は 'conversationally I-implicate'（会話的にI含意する）を表わす。）

(5) "I'll go to the meeting if you go."
　　I＋＞ 'I'll go to the meeting if and only if you go.' [A (W)＋＞A (S)]

I含意とは、情報量の少ない表現を用いることにより情報量の多い表現が意味拡充により導き出される含意である。例えば、話し手は(5)「君が会議に行くのなら僕も行く」という表現を用いることで、聞き手に「君が行く場合だけ僕も行く」という解釈を期待することになる。Levinson は、Q原則と同様に話し手の公理と聞き手の直接的推論の両側面から、I含意が伝達され認知されるための原則をI原則（I-Principle）として定式化している。I原則のもとでは、話し手は伝達の際に量の公理（3b）を遵守しながら発話の情報量の最小限化を試み、聞き手は情報の拡充を行うことで特定的な（specific）解釈を見つけることが期待されている。

さらに、Levinson (2000) は、GCIが算出される第3の原則としてM（Manner）原則を提案する。これは Grice の様式の公理の中の「不明瞭な表現を避けよ」と「表現の冗長さを避けよ」というサブ公理に関連した原則であり、'what is said in an abnormal way isn't normal'（普通とは異なる方法で言われたことは普通のことを意味しない）という手続きに基づいている。この原則では、無標の表現形式と有標の表現形式の対立関係において有標な表現形式が用いられた場合、無標の表現形式では表せない典型的ではない特別な状況が表されていると解釈される。(6)がその例である。(M＋＞は 'conversationally M-implicate'（会話的にM含意する）を表わす。）

(6) a. "The outlaw caused the sheriff to die."
　　　　M＋＞ 'by some unusual means, e. g., spiking his gun, half cutting his stirrup-leather, poisoning his aperitif'　　　　(Levinson (2000：142))
　　b. "John came in and the man laughed."
　　　　M＋＞ '*the man* denotes someone other than *he* would have'

(Levinson (2000：39))

 c. "She went to the school/church/university/bed/hospital/sea/town."
   M+> 'She went to the place but not necessarily to do the associated stereotypical activity.' (Levinson (2000：147))

　対立する無標の表現形式と有標の表現形式として、（6a）では 'kill someone' と 'cause someone to die'、（6b）では 'he' と 'the man'、（6c）では 'go to school...' と 'go to the school...' が想定される。例えば、無標な表現形式 "The outlaw killed the sheriff." は、典型的な方法で直接に殺したという意味に解釈されるのに対して、有標な表現形式（6a）が用いられた場合、毒殺などの典型的とは呼べない特別な方法で殺したという含意を導くことになる。同様に、（6b）では 'John' と 'the man' は別人物であるという含意、（6c）では本来の目的でそれらの場所へ行ったのではないという含意が算出される。

　Levinson は発話内容の情報量や表現形式から、異なる含意を導く以上の3つの原則があることを指摘した。しかし、これらの原則は互いに衝突する推論の方向性を含んでいる。Q原則は、A（S）がA（W）を論理的に含意するという情報量の対比関係において、A（W）を用いることにより Ȧ（Ṡ）でないという解釈を導く。一方、I原則は、A（W）を用いることでȦ（Ṡ）であるという解釈を導く（厳密に言えば、本来情報量の対比関係があるのではなく、より情報量の多い特定的な意味へと拡張される）。つまり、量の公理から生じるQ含意とI含意はともにA（W）を表現しながら、それぞれ〜A（S）、A（S）という互いに矛盾する含意を導くことになる。さらに、I原則とM原則においても推論の方向に衝突が見られる。I原則は情報量の少ない表現を含む発話の解釈を情報量の多い典型的な解釈へと導くのに対して、M原則は有標な表現形式を選択することで典型的な方法では算出されない特別な解釈を導き出すことになる。このように、Q原則とI原則が導く推論の方向性、I原則とM原則が導く推論の方向性はともに相反するものである。

　こうした3つの異なる推論の中でGCIが導かれるためには、それぞれの原則の適用についての基準を設けることで、含意の算出の衝突を避ける必要がある。Q/I/M含意の算出の衝突を避けるスキーマ（conflict resolution schema）（Levinson（2000：157））を筆者が簡単にまとめたものが(7)、適用の優先順位は(8)のようになる。

 (7) 同一の意味関係を表す語彙化された表現の対比のセットがある場合には、最初にQ含意が算出される。さらに、有標、無標の表現形式がある場合に有標の表現形式を用いれば、典型的ではない特別な意味を表すM含意が算出される。以上の2つの原則が適用されない場合には、I原則により、典型的な解釈（I含意）が導かれる。

 (8) Q含意 ＞ M含意 ＞ I含意

3.2　体系化されたGCIの問題点

　Levinson の功績は、Grice の会話の公理を吟味しGCIのデータを集めることで、Q/I/M含

意の体系化を試みたことにあると言える。しかし、このアプローチにも問題点がある。

　まず、3つの原則の定義の曖昧さと概念の重複が挙げられる。例えば、I原則の定義に関して、言われていることと含意されていることの間に概念的な対比が必ずしも見られない（つまり、情報量の対比関係のもとでのA（W）からA（S）への意味拡充という説明ではうまくいかない）ために、Levinson (1987) で用いられた情報量に関する対比のペアという表現はLevinson (2000) のI原則の定義では削除されている[1]。また、Levinson (1987) ではM含意をQ/M含意と呼んでいたことからも分かるように、表現内容の情報量の多・少と表現形式の有標・無標という区別は必ずしも明確ではない（これはGriceの量の公理と様式の公理の概念的な重複と同様の疑問点を含んでいると言える）。一般的に、有標な表現形式をした文の情報量は多いと感じられるし、無標な形式ほど少ない情報量で表現できるからである。例えば、'cause someone to die/cause the death of someone' と 'kill someone'、'go to the school...' と 'go to school...' という有標・無標の表現形式のペアの場合、それぞれ前者の有標な表現形式の情報量が後者に比べて多いと感じられるであろう。したがって、'kill someone' が〜'cause someone to die/cause the death of someone' を含意するのは、A（W）→〜A（S）という解釈を方向づけるQ原則によると考えることもできるし、M原則が、無標な表現形式は普通の状況しか意味しないことを示唆すると考えることもできる。

　次に、LevinsonはI含意の算出に関わるI推論の一般化を主張しているが、やはりI含意と分類された例には異質な意味拡充の手続きが含まれている。情報量の対比関係に基づくQ含意と表現形式の有標・無標性の対比関係に基づくM含意に当てはまらない含意をI含意に含めようとしたために、Levinson (2000) になるとその定義が次第に曖昧化したことは否定できない。例えば、Levinsonが集めたI含意の例の中には、言われていることと意味的にさほど変わらないと感じられるものがある。また、コンテクストにおいて一つの含意が算出されるものと複数の含意の算出が可能なものが混在している。これらの問題については4.2.1で詳細に検討する。

　最後に、複数の推論過程があるということに対して経験的に妥当な説明が必要である。発話解釈に関して3つの推論（Q/I/M推論）とその適用の衝突を回避するための手順があるということは、複数の矛盾する推論が存在するということに他ならない。異なる推論の中からどのようにして一つの推論が選ばれるのであろうか。3つの推論を導く共通の原則があるとは考えられないだろうか。この問題については4.2.2で検討する。

4．関連性理論による意味の区別
4．1　含意から表意／推意の区別へ

　まず、次の意味の区別を見てみよう。

　　(9)　a.　語句の字義どおりの意味　→　語句の含意
　　　　　b.　文の字義どおりの意味　→　文の含意

これまでの語用論における意味研究では、(9a) と (9b) のそれぞれの意味の拡充に関しては説明されてきたが、それらは互いに関連づけられることなく議論が行われてきた。つまり、言われていること (what is said) が 'what is said by the word' と 'what is said by the sentence' のどちらであるのか、また含意されていること (what is implicated) が 'what is implicated by the word' と 'what is implicated by the sentence' のどちらであるのかが必ずしも明確ではなかった。そして、語句の字義どおりの意味から派生される意味と文を用いることで暗に伝達される意味に対して同じ 'implicature' という用語（および「含意」という邦訳）が与えられてきたために、(9a) と (9b) の関係がさらに曖昧になったと言える。

　Grice を始めとする従来の語用論では、明示的に伝達される発話の意味 (what is said) は記号化された意味から解読 (decoding) という過程と意味の一義化 (inferential disambiguation) および指示付与 (reference assignment) により復元されると考えられている。したがって、語用論的推論により算出される意味は、すべて含意（つまり、Grice の慣習的含意や GCI/PCI、Levinson の Q/I/M 含意）に分類される[2]。一方、関連性理論では、明示的伝達 (explicit communication) と暗示的伝達 (implicit communication) の間に明確な一線を引く。明示的に伝達される発話の意味は表意 (explicature) と呼ばれ、解読と一義化および指示付与を含めた推論的意味拡充 (inferential enrichment) により復元された文の完全な命題のことである。つまり、発話の明示的意味の復元にも、コンテクスト（発話解釈の際に聞き手が呼び出す文脈想定）に依存した語用論的推論が関わると考える[3]。さらに、暗示的に伝達される発話の意味は推意 (implicature) と呼ばれ、明示的意味を超えて伝達される発話の意味のみにその対象は限定される。

　関連性理論における意味の区別に基づき、発話の意味の中での Grice の GCI (Levinson の Q 含意) の位置付けについて考えてみよう。

　(10)　a.　John is meeting a woman this evening.
　　　　b.　Professor Nakano is in the cafeteria or the bookstore before third period begins.
　　　　c.　John ate some of the biscuits.
　　　　d.　I've got ten million yen in the bank.

　(10a) の 'a woman' が John の身内の女性以外の女性を含意するという言い方と、(10a) の発話が John の浮気の事実を含意するという言い方は明確に区別されるべきである。関連性理論による意味の区別では、前者が発話の表意に貢献する語句の明示的意味、後者が推意となる。また、(10b) の選言命題の含意、(10c) と (10d) の尺度含意もすべて語句の明示的意味である。このように、Q 含意は文内の語句の字義どおりの意味から派生する明示的意味に関わるものであり、暗示的に伝達される発話の意味（推意）はコンテクストにおいて別に存在するはずである。同様に、M 含意 (6a-c) における 'cause someone to die' から 'kill someone by some unusual means' への意味拡充、'John' と 'the man' の別指示の読み、'go to the school' タ

イプの含意についても、語句の明示的意味に関わるものである。

さらに、Levinson が他の文献から収集しI含意と分類する例も、表意またはそれに貢献する語句の明示的意味に関わるものである。

(11) a. Bridging: "John unpacked the picnic. The beer was warm."
  I+> 'The beer was part of the picnic.'
  "John was put in the cell. The window was barred."
  I+> 'The cell has a window.'
 b. Membership categorization devices: "The baby cried. The mummy picked it up."
  I+> ' 'The mummy' was the mother of the crying baby.'
 c. Preferred local coreference: "John came in and he sat down."
  I++> 'John_i came in and he_i sad down.'
 d. Inference to stereotype: "John said 'Hello' to the secretary, and then he smiled."
  I++> 'John said 'Hello' to the female secretary, and then John smiled.'
 e. Noun-noun compounds: "the oil compressor gauge"
  I+> 'the gauge that measures the state of the compressor that compresses the oil'
 f. Frames: "John pushed the cart to the checkout."
  I+> 'John pushed the cart full of groceries to the supermarket checkout in order to pay for them, etc.'

(11 a, b) のI含意である 'The beer was part of the picnic.'、' 'The mummy' was the mother of the crying baby.' は、定名詞句の意味が語用論的推論により充足 (saturation) されたものであり、(11 c) の人称代名詞 'he' の同一指示的解釈も典型的な推論によるものである（指示付与と同じ推論的意味拡充によると考えられるであろう）。また、(11 d) の 'the female secretary'、(11 e) の 'the gauge that measures the state of the compressor that compresses the oil' という意味は、'secretary' および 'the oil compressor gauge' という語句から一般的な知識あるいは百科事典的知識により意味補充されたものである。(11 f) においても、ショッピングに関するフレーム的知識を用いれば、'the cart full of groceries'、'the supermarket checkout'、あるいは典型的な目的 'in order to pay for them [＝the groceries]' への意味補充は可能である。さらに、(11 c, d) に関して、伝達されていること (what is communicated)（I++>で表記）はI含意とその他の部分で言われていることとの意味の和であると説明されている。しかし、この場合、伝達されていることとは、あくまでも語句の明示的意味を含めた表意に他ならない（おそらく (11 f) にも当てはまるであろう）[4]。

このように、これまで 'implicature'（「含意」）という名称が与えられてきたさまざまな意味

は、発話解釈に貢献する異なる意味（「表意」と「推意」）として区別される。GCI（Q/I/M 含意）は、発話の表意および推意の算出に貢献する語句の明示的意味と考えるべきである。したがって、(9 a, b) の関係は発話解釈のための一連の語用論的意味拡充過程として、⑿のように捉え直すことができる。

⑿　語句の字義どおりの意味 → 語句の明示的意味 → 発話の表意 … 発話の推意

⑿は、文内で用いられている語句の字義どおりの意味から復元された明示的意味は表意の復元に貢献し、その表意が発話の最終的な解釈ではないことを示すコンテクストの情報がある場合には、さらに推意が算出されるという意味拡充の過程を表している。例えば、(11 b) の 'the mummy' の字義どおりの意味から充足された 'the mummy of the crying baby' という意味は、'The mummy of the crying baby picked it up.' という表意の復元に貢献する。また、(10 a) の不定名詞句 'a woman' の字義どおりの意味から量の公理に基づく語用論的推論により復元された「身内の女性以外の女性」という明示的意味は、「John は今晩身内の女性以外の女性と会っている」という表意の復元に貢献している。さらに、その表意と John を取り巻くさまざまなコンテクストの情報をもとに、推意のひとつとして「John は今晩浮気をしているようだ」という意味が算出されることになるであろう。

関連性理論では、語句の表意を想定しない。⑿の語句の明示的意味とは、表意が構築される過程で貢献する概念であり、真理条件を問うことができる完全な命題（表意）を復元するためのものである。したがって、⑿には、語句の明示的意味の伝達は想定できないという注釈が必要である。例えば、(11 e) の 'the oil compressor gauge' から補充された 'the gauge that measures the state of the compressor that compresses the oil' という明示的意味はそれのみで伝達されることはなく、発話の中で用いられることで表意の復元に貢献すると言える。したがって、語句の推意という概念も存在しないことになる[5]。

4.2　発話解釈の方向性

本項では、関連性理論の枠組みを用いて、Grice の GCI、Levinson の Q/I/M 含意の算出の方向性を考察することで、これらの明示的意味を導く推論の共通性について議論する。

4.2.1　発話内容の特定化

まず、I 含意に関わる推論の特徴について考えてみよう。I 推論では、言われていること（what is said）のサブ・セットとしての含意されていること（what is implicated）が、発話内容の特定的な解釈として導かれる。Levinson (2000 : 115) は I 含意の特定性（specificity）を⒀のように定義している。

⒀　p is *more specific than* q if (a) p is more informative than q (e. g., p entails q); and (b) p is isomorphic with q (i. e., each term or relation in p has a denotation that is a subset of the denotations of the corresponding expressions in q).

特定的な解釈とは、I推論による発話内容の推論的拡充の到達点であり、含意された解釈 p はその字義どおりの解釈 q に比べて、情報量が多く (informative)、特定化される過程において選ばれた唯一的な解釈である。また、含意された解釈 p は、字義どおりの解釈 q といわば部分的に同型でなくてはならない。(11e) を例に挙げれば、字義どおりの意味 "the oil compressor gauge" に対してその特定的な解釈（I含意）'the gauge that measures the state of the compressor that compresses the oil' は構成要素が限定された意味を持ち、両者は確かに同型である。

　しかし、同型性は必ずしもI含意を特徴づけるものではない。Levinson (2000) のI含意の例をさらに見てみよう ((14a) は (11f) の繰り返し)。

(14) a. Frames: "John pushed the cart to the checkout."
　　　　I+> 'John pushed the cart full of groceries to the supermarket checkout in order to pay for them, etc.'
　　b. Conditional perfection: "If you mow the lawn, I'll give you five dollars."
　　　　I+> 'If you don't mow the lawn, I will not give you five dollars.' or perhaps
　　　　　　'If I give you five dollars, you will have mown the lawn.'
　　　　I++> '(If and) only if you mow the lawn, will I give you five dollars.'
　　c. Conjunction buttressing: "John turned the key and the engine started."
　　　　I++> 'He turned the key and then the engine started.'
　　　　　　 'He turned the key and thereby caused the engine to start.'
　　　　　　 'He turned the key in order to make the engine start.'
　　d. Possessive interpretations: "Wendy's house"
　　　　I+> 'the one she lives in'

(14a) において、'the cart' と 'the cart full of groceries'、'the checkout' と 'the supermarket checkout' いう字義どおりの意味とその特定的な解釈はそれぞれ同型的である。しかし、意味補充された明示的意味 'in order to pay for them [=the groceries]' が何を特定化した解釈であり、何と同型なのかわからない。また、(14d) における "Wendy's house" と 'the house she lives in' の間の同型性を議論することはそれほど重要であるとは思えない。むしろ、(14a-d) に共通する推論の特徴は、コンテクストの情報に基づいて意味補充されることで、発話の明示的意味が特定化されているということである。その証拠として、(14a-d) は GCI であるにも関わらず、コンテクストの情報がなければ表意が一つに決まらない。例えば、(14a) において解釈された 'in order to pay for them [=the groceries]' はショッピング・フレームに関わる知識から補充された明示的意味であるが、この目的以外の意味に解釈されることも可能である（例えば、「店内に放置してあったカートを返却するためにレジまで運んであげた」など）。同様に、(14b) の条件文の意味拡張、(14c) の連言命題から算出される複数の表意が一つに特定化されるためにもコンテクストの情報が必要である。(14d) の所有表現でさえも、

Levinson が挙げた物理的所有の解釈が唯一の明示的意味であるという保証はない。

さらに、解釈された発話の意味の特定化という特徴は I 含意に限られるものではない。Q 含意においても、発話の字義どおりの意味と Q 含意を含めて伝達されている意味の関係は、単に量という概念だけで議論されるべきではない。例えば、"John ate some of the biscuits." という発話から 'John didn't eat all of the biscuits.' という意味が Q 含意として派生するという説明は、'some' と 'all' の意味のみを議論しているに過ぎないからである。Atlas and Levinson (1981：35) は Q 含意により導かれた解釈は字義どおりの意味よりも確定的（definite）であり、それは Q 含意の次の性質によると述べる。

 (15) [Q-implicatures] limit "what is said" by shrinking the range of possible states of affairs associated with "what is said" to a smaller range of those states of affairs associated with "what is communicated."

つまり、"John ate some of the biscuits."（言われていること）に some＋＞not all （Q 含意）が加わることで、"John didn't eat all of the biscuits."（伝達されていること）の意味は限定化されている。しかし、この場合も、"John ate some of the biscuits, but didn't eat all of them." とパラフレイズできるように、伝達された内容は言われていることを特定的に言い直したものである。さらに、M 含意の場合にも、例えば、(6 a) で "The outlaw caused the sheriff to die." から 'The outlaw caused the sheriff to die by poisoning his aperitif.' が M 含意の一つとして導かれる場合、コンテクストの情報をもとに間接的な殺人方法のひとつが毒殺であると特定化されていることになる。

Grice や Levinson の GCI の説明の矛盾は、それらがコンテクストの情報と関わりなく算出されると定義しながら、複数の含意が導かれる M 含意や I 含意の場合には明らかにコンテクストの情報がなければ解釈が特定化されない点にある（Q 含意については 4.2.2 で述べる）。しかし、GCI は語句の明示的意味と捉え直され、その復元にも語用論的推論が関わることにより、複数の表意から一つの表意が特定されるという事実を矛盾なく説明することができる。このように、意味解釈の仕組み全般は、コンテクストの情報に基づく発話内容の特定化という特徴で一般化することができる。Q/I/M 含意により伝達される意味とは、記号化された不確定な意味から特定的に復元された明示的意味であり、PCI はその明示的意味からさらに特定化される発話の推意である。どの場合の語用論的推論においても、発話の解釈を特定的なものへと導く認知の方向性があると言える。

4．2．2　関連性の原則に基づく推論

Levinson（1995：96）は GCI を算出する際の推論を、デフォルトな手続きに基づくと考えている。デフォルトな推論において、その推論が当てはまらないことを示すコンテクストがなければ、記号化された意味は予測されたとおりに特定の解釈へと拡張される。また、この推論では、意味が関わる領域の典型的な属性（stereotypical properties of the relevant domain）や意味

的に関係しあう表現（semantically related expressions）に関する知識が呼び出される。しかし、はたしてデフォルトな推論はGCI全体を導き出す推論と言えるであろうか。

I推論では、人間が経験から得た処理の知識に基づいた典型的な期待に沿って、発話の典型的な意味解釈が導かれる（cf. Levinson（1987：66））。しかし、I推論に関するLevinson（1995：103）の次の引用からもわかるように、GCIの体系的な枠組みの中で、I含意は他の含意と性質を異にするものである。

(16) Inferences to the stereotype are thus not 'generalised' in the sense that they are independent of shared beliefs (as Q1 and M inferences largely are, since they are essentially based on metalinguistic considerations), but they are 'generalised' in the sense that they follow a general principle—restrict the interpretation to what by consensus constitutes the stereotypical, central extensions.

典型的な解釈を導き出すI推論が、意味的に関係しあう表現（対比のセットや表現形式の有標・無標性）に基づいて生じるQ推論やM推論のような一般化された推論ではない可能性の指摘は、それがデフォルトな推論とは異なることを示唆しているだろう。

デフォルトな推論と関連性の原則に基づく推論とは明らかに異なるタイプの推論である。つまり、後者は前者のように、単に少ない処理労力で予測されたとおりに特定の解釈を導き出す推論ではない。以下、Q/I/M含意はPCIと同様に、関連性の原則の中の認知に関わる第一原則に基づく推論であるということを説明してみたい。

まず、(17)と(18)を比べてみよう。

(17) A: Did you read his papers?
B: I read some of them.
GCI: I didn't read all of them.

(18) A: Is John there?
B: Some of the boys already left.
GCI: ? Not all of the boys have left yet.
PCI: Probably John already left.

同じ 'some' を含む発話から、(17)では some＋＞not all（Q含意）が算出されるのに対して、(18)の話し手Bが話し手Aの質問の意図を理解していると考えた場合、Bが伝達したいのはGCIよりもPCIであろう。(17)と(18)において、ともに特定のコンテクストにおいて用いられているにも関わらず、なぜ(17)ではGCI（Q含意）が導かれ、(18)ではPCIが導かれるのであろうか。両者の解釈の違いは、用いられる推論がデフォルトかそうでないかに関わるであろうが、それでは何がそのような異なる推論を引き起こすのであろうか。関連性の原則はこの相違を説明することができる。

発話解釈の場面において、聞き手は自身の文脈想定を呼び出し、発話の命題内容とその想定を結び付けることで認知効果（ここでは文脈含意）を導き出す。例えば、(17)のAは、Bが論文

を読んだかどうか、あるいは間接的にどのくらい読んだかを純粋に知りたいと思っている。そうした状況において、Bの発話からAが少ない処理労力で導き出すことができる最大の文脈含意は、純粋に量に関するQ含意（"I didn't read all of them."）であり、過分の労力を払いそれ以外の文脈含意を引き出そうとするとは考えられない。それに対して、(18)のAの質問は、Johnがまだその場にいるかどうかを知りたい、あるいはJohnに何か用事があるために発せられたものである。したがって、残っている少年の数についてのQ含意（"Not all of the boys have left yet."）は、デフォルトな推論により導かれるにも関わらず、Aにとって処理労力に見合うだけの文脈含意にはあたらない。このように、発話解釈はデフォルトな推論により行われるというLevinsonの主張と、呼び出し可能な文脈想定をもとに少ない処理労力を費やすことで最大の認知効果を得る形で行われるという関連性理論の主張は異なるものである。

さらに、ステレオタイプ性とは逆の推論であるM推論も関連性の原則に基づく推論であると言える。(19 a-c)（(6 a-c)の繰り返し)）におけるM含意の算出について、処理労力と認知効果の観点から考えてみよう。

(19) a. The outlaw caused the sheriff to die.
　　b. John came in and the man laughed.
　　c. She went to the school/church/university/bed/hospital/sea/town.

M推論によれば、(19 a)では流れ者が保安官を普通の（直接的な）方法以外の方法で殺した、(19 b)では 'John' と 'the man' が別の人物である、(19 c)では彼女は本来の目的以外のためにその場所へ行った、という解釈がそれぞれ生じるのは、それらの表現が無標な表現形式と対照的な有標性をになっているからである。それでは、表現形式の有標性と無標性は、発話解釈における処理労力と認知効果にどのように関係しているのであろうか。有標な表現形式は無標の表現形式に比べて、発話解釈において相対的により多くの労力を必要とする。しかし、多くの処理労力を必要とする発話の処理によって導かれた認知効果は、その労力を相殺するものである。例えば、(19 a)から得られる特別な殺人方法が用いられたという解釈は、多くの処理労力に見合っただけの多くの情報量をもち、ニュース性の高い有益な解釈だと言える。このように、認知効果の算出は処理労力との釣り合いに基づいている。関連性の原則は、少ない処理労力で最大の認知効果を得ること、多くの処理労力が費やされればそれに見合うだけの認知効果がさらに得られることを保証している。

関連性の原則の第一原則は、発話解釈のための推論に用いられる文脈想定の呼び出しの手順を決める。この手順は、認知効果を算出する際に費やされる処理労力が少ない手順から順番に試行し、関連性の期待が満足されればそこで発話解釈を終了せよというものである（Wilson (2000：420-421)）。情報量や表現形式における対比関係（つまり、語句の意味の対比のセットや形式の有標・無標性）に基づく語用論的推論（Q推論とM推論）は、語句や形式に関する知識体系（Levinsonの 'shared beliefs'）が文脈想定として確立していれば比較的容易に行われる。それに対して、I推論は確立された知識体系に基づいたものではないので、特定的な解釈へと

導くためのコンテクストの情報を文脈想定として呼び出さなくてはならない。したがって、I含意の例が雑多であり、さらに文脈想定の呼び出し易さに相違があるとしても不思議なことではない。Levinson の衝突回避のための Q/I/M 含意の算出の順序とは、結局、処理労力の少ない（呼び出し易い）推論から試行するという関連性の原則に基づくものであると考えられるであろう[6]。

5．結語

本論では、関連性理論における意味の明確な区別をもとに、Grice の GCI、Levinson の Q/I/M 含意を語句の明示的意味、PCI を発話の推意と分類することで、これまで曖昧であった発話の意味が整理できることを述べた。また、表意、推意に関わらず、関連性の原則に基づく語用論的推論により意味拡充が行われる。明示的意味の復元の段階からコンテクストの情報をもとにした語用論的推論が関わると考えることで、表意と推意の解釈には、聞き手が呼び出す文脈想定の呼び出し可能性に違いがあることになる。

関連性理論は、発話解釈に関わる意味のさまざまな段階を考察の対象とし、記号化された意味が、表意、推意へと語用論的推論をとおして復元され拡充される過程を記述する。その記述は、発話の明示的意味（表意）と暗示的意味（推意）の明確な区別、文脈想定の呼び出しによる意味解釈の仕組みに基づくものである。発話の意味はこうした一連の意味拡充の中で記述しなければ、正しくは記述されないであろう。

註

[1] Levinson (1987：65) では、I 原則の一般的形式も Q 原則同様、以下のように情報量の対比関係に基づいて定義されていた（斜字体は筆者）。

> ... given *a pairing between a weaker expression W and a stronger one S in the same semantic domain*, such that A (S) entails A (W), then if the speaker asserts "A (W)" he/she implicates the stronger statement 'A (S)' if that is compatible with what is taken for granted.

[2] "He is in the grip of a vice." (Grice (1975：44)) に関する記述に基づく。議論の詳細は Sperber and Wilson (1995：255-256) および Carston (2002a：105-107) を参照。

[3] Wilson (2002) は、Sperber and Wilson (1995：182) の表意の定義を、語用論的推論による意味拡充が関わることを明言する形で、次のように言い換えている（斜字体は筆者）。

> Explicit communication (explicature):
> A communicated proposition is an explicature if and only if it is *an inferential enrichment* of a linguistically-encoded sentence meaning (or 'logical form').
>
> (Wilson (2002：6))

[4] Grundy (1995：91) は、"I broke a leg when I was sixteen." における 'a leg' は、他人の足を

折る可能性が極めて低いという理由で「自分の片足を折った」というR（Relation）含意（I含意と同じ）を算出すると説明し、コンテクストの情報により含意が決定されているためにこれをutterance-token meaning（つまりPCI）だと考えている。しかし、これも明示的意味として取り扱われなくてはならない。

[5] Levinson（1995）のコミュニケーションの3層理論（three-tiered theory of communication）では、GCIはコード化された文の意味（sentence meaning）と話し手の発話の意味（speaker meaning）の間に位置する中間段階の意味だと考える。GCIが発話の意味解釈にどのように影響するか、また 'tier' がそれぞれの意味のどのような連携を表すのかについては明確に説明されていない。(12)は、コミュニケーションを、発話の意味解釈という会話の目的に対して連続的に働く語用論的推論過程であると捉えている。

[6] Levinson（1995：112）は、entailment＞Q 1-clausal＞Q 1-scaler＞M＞Q 2の順序で推論に関わる文脈想定が増加するだろうと述べているが、処理労力については触れていない（なお、Q 1とはQ含意、Q 2とはI含意のことである）。

参考文献

Atlas, Jay David and Levinson, Stephen C. (1981) "It-Clefts, Informativeness, and Logical Form: Radical Pragmatics (Revised Standard Version)," *Radical Pragmatics*, ed. by Peter Cole, 1-61, Academic Press, New York.

Carston, Robyn (1995) "Quantity Maxims and Generalised Implicature," *Lingua* 96, 213-244.

Carston, Robyn (2002 a) *Thoughts and Utterances: The Pragmatics of Explicit Communication*, Blackwell, Oxford.

Carston, Robyn (2002 b) "Pragmatics as Cognitive Science" and "Pragmatics and the Explicit/ Implicit Distinction," 学習院大学人文科学研究所特別講義 *Cognition and Communication*, 学習院大学（東京）、2002年12月14-15日．

Grice, H. Paul (1975) "Logic and Conversation," *Syntax and Semantics 3: Speech Acts*, ed. by Peter Cole and Jerry L. Morgan, 41-58, Academic Press, New York.

Grundy, Peter (1995) *Doing Pragmatics*, Edward Arnold, London.

Horn, Laurence R. (1985) "Toward a New Taxonomy for Pragmatic Inference: Q-based and R-based Implicature," *Meaning, Form and Use in Context: Linguistic Applications*, ed. by D. Schiffrin, 11-42, Georgetown University Press, Washington, DC.

Levinson, Stephen C. (1987) "Minimization and Conversational Inference," *The Pragmatic Perspective*, ed. by J. Verschueren and M. Bertuccelli-Papi, 61-129, John Benjamins, Amsterdam.

Levinson, Stephen C. (1995) "Three Levels of Meaning," *Grammar and Meaning*, ed. by F. R. Palmer, 90-115, Cambridge University Press, Cambridge.

Levinson, Stephen C. (2000) *Presumptive Meanings : The Theory of Generalized Conversational Implicature*, MIT Press, Cambridge.

西山祐司 (1992)「発話解釈と認知：関連性理論について」、『認知科学ハンドブック』安西祐一郎（編）、466-476、共立出版、東京．

Sperber, Dan and Wilson, Deirdre (1986/1995) *Relevance : Communication and Cognition*, Blackwell, Oxford.

武内道子 (2002)「言語形式の明示性と表意」、『英語青年』148巻4号、36-37．

Wilson, Deirdre (2000) "Metarepresentation in Linguistic Communication," *Metarepresentations : a Multidisciplinary Perspective*, ed. by Dan Sperber, 411-448, Oxford University Press, Oxford.

Wilson, Deirdre (2002) "Saying and Implying : the Explicit-Implicit Distinction" and "Describing and Indicating : the Conceptual-Procedural Distinction," ICU公開講座 *Relevance Theory : from the Basics to the Cutting Edge*, 国際基督教大学（東京）、2002年3月26-29日．

談話中の条件文
― コーパスによる分析 ―*

大橋　浩

1. はじめに

　英語の条件文は主節と副詞的従属節から構成され、文法的には主節―従属節という節順も従属節―主節という節順も可能である。しかし実際に用いられる場合には一貫性を持ったつながり―Halliday and Hasan (1976)の言う結束性(cohesion) ― のある談話を構成することが要請され、それが節順の選択と密接に関連していることが当然予測される。本稿では、if 節や主節と先行談話とのつながりがどのように保たれているかを実証的に検討する。また、二つの節順が談話上どのような働きを担っているかについても考察する。現実の使用状況に基づく分析を行うため、資料としてはコーパスを利用した。

　以下、本稿の構成は次のとおりである。まず 2 節でデータに関連する説明を行う。3 節では 2 節で示したデータに反映していると考えられる if 節の一般的な意味機能を整理する。4 節では実例の分析にあたって留意した点を述べ、5 節と 6 節でそれぞれ if 節前置型、後置型の例を検討する。最後に 7 節でまとめを行う。

2. データ

　本稿では用例を収集するために Freiburg-LOB (FLOB) Corpus を使用した[1]。 FLOB Corpus は Lancaster-Oslo/Bergen (LOB) Corpus のいわばアップデート版にあたる。LOB Corpus は 1961 年に刊行された本、新聞、雑誌等 15 カテゴリーのイギリス英語書き言葉 100 万語からなるコーパスであるが、FLOB Corpus は、同じカテゴリーにおける 1991 年以降のイギリス英語書き言葉 100 万語で構成されている。今回はそのうち新聞に掲載された論説や投書を集めた約 5 万 4 千語からなる editorials というカテゴリーを使用した。したがって一部会話の引用部分が含まれる以外は書き言葉で構成されている。

　このコーパスを使用することによって書き言葉における条件文の実際的な用法を知ることが可能である。また論説や投書という性質上、談話のトピックが明確であり、if 節や主節の内容と談話トピックとの関係を特定しやすいという利点もある。

　if 節が前置された例、後置された例の数は表 1 に示した。

表1 if節前置型・if節後置型の出現数と出現率

if節前置型	if節後置型	計
81	39	120
67.5%	32.5%	100%

計120例中、if節前置型が81例（67.5%）、後置型が39例（32.5%）である。なおif節のうちeven ifは「条件」とは異なる「譲歩」という意味関係を表すため対象としなかった[2]。またif anyやif anything、if not more soなど従属節としてではなく挿入的に使われた表現もカウントしなかった。一方、省略や代用表現を含むものであっても主節全体を修飾する従属節として機能しているもの—if so, if not, if viewed, if there isn't, if possible, if he does (not), if required, if in hand, if accompanied など—はすべて用例に含めた。これらはif節と先行談話との結びつきやその談話機能を知る上で関連性を持つと考えたからである。ちなみに表1の統計はFord and Thompson (1986)やDiessel (1996)による書き言葉におけるif節の分布に関する調査結果に近似したものとなっている[3]。また、条件文ではif節前置型の使用頻度が高い傾向が英語以外の言語でも観察されることがGreenberg (1963:84-5)やComrie (1986:83-4)などによる言語類型論的研究においても指摘されている。

3. 条件文の一般的特徴

前節で見たように今回の調査ではif節前置型の方が後置型よりも出現数が多かった。また上で指摘したように、先行研究でも同様の結果が得られている。この傾向は条件文の内在的な意味的特徴を反映していると考えられる。本節ではこの意味的特徴を整理しておきたい。

英語の条件文if p, qの典型的な意味をここでは「pの成立を仮定し、その仮定に基づいてqの成立を推定する」ことと考える。(Dancygier (1998)を参照。)すなわちpはqが成立するための枠組みとして機能する[4]。ところが聞き手や読み手の観点に立てば、qの形式を見ただけではqの内容が現実なのか、仮定されているのか判断できない場合がある。したがって文を処理する側の立場からは、qが事実であるという誤った解釈を未然に防ぐためには、pがqに先行する方が効率的であると考えられる。(Comrie (1986)、Diessel (1996)、川瀬 (1997)などを参照)。

例えばDiessel (1996)はif節とwhen節、because節を比較し、if節を後置すると、他の従属節の場合と違って主節の解釈に大きな影響が出ることを次のような実験で明らかにしている。(1a)を与え、それについて(1b)を質問すると被験者全員が(1c)のように答える。

(1) a. Bill called and said he will come and visit us.

 b. What will Bill do?

 c. Bill will come and visit us.

その後(1a)に三つのタイプの節が後続する文(2a)-(2a″)を与えて、それぞれの場合に(3)を質

問する。

(2) a.　Bill called and said he will come and visit us, when he gets a week off.

a′.Bill called and said he will come and visit us, because he gets a week off.

a″.Bill called and said he will come and visit us, if he gets a week off.

(3) Can you maintain the answer [to (1b)]?

この場合 when 節、because 節が後続する(2a)、(2a′)では(1a)の場合と同様に肯定の回答が得られる。それに対して if 節が後続する(2a″)では全員が(1b)に対する回答を維持できないと答えている。このような実験に加えて具体的な用例の分析を通じて Diessel は次のように主張している。

> ... I show that preposing of conditional and concessive clauses is largely determined by processing factors.　I argue that conditional and concessive clauses in final position can cause a process of reinterpretation, and preposing of the adverbial clause is used as a strategy to forestall this procedure. (Diessel 1996:73)

譲歩節に関する議論はここでは置くとして、条件節に関しては仮定的枠組みの設定という基本的意味機能を考慮すると、主節に先行するのがいわば聞き手や読み手に親切な節順であるといえる。

また典型的な条件文の場合 p は q よりも時間的に先に生じる。他に優先する事情がなければ、類像的(iconic)な観点からは p が q に先行することが自然であるといえる。

前節で見た if 節前置型の方が優勢であるという事実は、条件文が持つこのような意味的特徴を反映していると考えられる。

4. 分析の方法

具体例の考察を行う前にその方法についてふれておく必要がある。二つの節順パターンを動機づける要因としてまず考えられるのは情報構造である。情報構造に従えば旧情報が新情報に先行する。情報の単位は命題であるから if 節と主節の内容を先行談話に照らして情報上の新旧を査定することがとるべき方法であろう。しかし情報の新旧は相対的なものであり、実際には明確に決定できない場合が多い。本稿の用例を見ても一方が既出で他方が全く新たな命題というような例は少ない。どちらの命題も少なくとも何らかの形で既出の命題内容と関連している場合が多く、そのような場合には新旧の査定が恣意的なものに陥る危険性がある。このような意味で少なくとも命題の新旧のみによる分析は困難であると思われる。

一方、命題ではなく命題を構成する主語や目的語、動詞といった要素と先行談話との関係による新旧の査定も考えられる。例えば二つの節の主語を比較するという方法である。ある表現の指示物が既出か否かの決定はそれほど難しくはない。しかし、これだけでは必ずしも意味のある結果が期待できるとはいえない。前置された節の主語が先行談話に既出

であることは情報構造から予測される。しかし、後置された節の内容も、前置節の内容と関連するものである以上、その主語も先行談話に既出の可能性があるからでる。したがってこの基準のみでは動機づけの差を見つけることは期待しにくい。事実、本稿の用例で二つの節順の if 節と従属節の主語を分類すると表2に示すように、あまり意味のある差は見られない。

表2 if 節前置型・if 節後置型における if 節と主節の主語

	if 節前置型		if 節後置型	
	if 節主語	主節主語	主節主語	if 節主語
代名詞	34(42.0%)	37(45.7%)	13(33.3%)	19(48.7%)
定名詞句	18(22.2%)	20(24.7%)	7(18.0%)	10(25.6%)
固有名詞	11(13.6%)	8(9.9%)	3(7.7%)	4(10.3%)
不定名詞句 不定代名詞	13(16.0%)	5(6.1%)	8(20.5%)	3(7.7%)
省略・代用	5(6.2%)	2(2.5%)	3(7.7%)	3(7.7%)
その他[5]	0(0%)	9(11.1%)	5(12.8%)	0(0%)
計	81(100%)	81(100%)	39(100%)	39

いずれの場合にも代名詞、定名詞句、固有名詞など先行談話に既出の指示物を指す表現が多くなっている。

このように、命題要素の指示物が既出か未出かを表面的に比較しただけでは二つの節の間に意味のある差を見つけ出すことは難しい。

以上の理由から本稿では二つの節の情報の新旧を比較することや、節の主語の指示物が談話に既出か否かを検討するという方法はとらず、節内容が先行談話とどのように関わっているかを個々の例で検討するという方法をとる。したがってインフォーマルな議論になるが、異なる節順における if 節や主節と談話の結びつきやそれらの談話機能を明らかにすることは可能であると考える。では具体的な用例の検討に移ろう。

5. if 節前置型
5.1 if 節と先行談話

　3節で述べたようにこの節順は条件文が持つ意味的特徴を反映した節順である。実際の用法においても if 節の意味機能は、伝達の中心となる主張を行う主節に対する背景や枠組みを設定することと予測される。本節では実際の談話で、前置された if 節の要素や内容が先行談話とどのような関係を持つかを検討していく。また、あわせて、後置された主節が談話の流れの中でどのような役割を果たしているかについても考察する。

　まず if 節と先行談話との関係を検討する。用例を実際に観察すると、if 節は談話トピックと関連性を持つ出来事の実現や逆に非実現を仮定している。出来事の導入にはいくつかのパターンがあるように思われるので、そのパターンに従って例を見ていくことにする。

　まず、先行談話で導入ずみの未実現の出来事が実現することを仮定する場合がある。例として(4)の記事を取り上げよう。（以下の例では当該の条件文に下線を引いて示す。また

例文後の表記は出典を示す。B は editorial というカテゴリーを、B の次の数字は記事が掲載された新聞名を、次の数字は引用部のテキスト中の対応する行を表している。）

(4) Following the recent opening of new stores recently in Tunbridge Wells (Sainsbury) and Uckfield (Tesco) we now have plans for another Tesco at Pembury, and a Co-Op at Southborough. In both new cases, there is a concerted attack on the plans which may well persuade the borough council to refuse planning permission. <u>But if this happens, appeals and public inquiries are likely to follow</u>, which could overturn the local decision in favour of the shopping giants. (B25 200-207)

(4)は大型スーパーの出店が及ぼす影響を論じた記事である。if 節の主語 this は前文の「市議会がスーパーの計画を許可しない」という内容を受けてそれが実現することを仮定している。

先行談話中の未実現の出来事を受けてそれが実現することを仮定する場合には(5)のように代用表現 so が用いられることがある。

(5) Here, are you from that Esther Rantzen programme? Well, <u>if so</u>, where are your cameras, then? Eh? (B06 119-120)

むろん (4)、(5)のように仮定される出来事が明示的に字句通り先行談話に現れている場合ばかりではない。次の例を見よう。

(6) JOHN MAJOR can retain the option of a November election for another month but, despite yesterday's Gallup poll, the chances are that he will turn it down—and rightly...

Best of all for the Tories is the feeling that there is plenty more growth in their leader—that the more people see, the more they like. That is a decisive argument for giving Major another, precious months.

All the same, the choice is not easy and <u>if he rules out November, Major will pass an anxious winter</u>. But how much more nailbiting will it be for Kinnock, as he sees his chances slipping away again—and how much stronger the probability that this accident-prone man will trip himself up in the labyrinths of his own verbiage! (B08 6-8, 103-112)

(6)は「イギリスの総選挙の時期を 11 月より先に延ばした方がメージャー氏にとって有利な理由」を論じた記事である。最初の 2 行は記事の冒頭、途中は省略し、下線部以降は記事の最後の部分である。条件節で仮定されている「メージャー氏が 11 月を見送る」という内容は字句通りには先行談話に現れてはいない。しかし 2 行目の「彼はそれ（11 月に選挙を行うという選択）はとらないだろう」という部分と同じ内容を表している。したがって下線部の仮定内容はやはり先行談話中ですでに取り上げられた未実現の事態と考えることができよう。

2 番目として、逆に、先行談話中の未実現の事態が成立しないことを仮定する場合がある。

(7)　Unless the councillors of our town address the basic errors of judgement demonstrated by previous regimes, visitors will be further deterred and avoid Cheltenham like the plague.

Forget the grandiose schemes; get the simple matters right first and, <u>if you cannot do that, go home and let somebody else do the business</u>. (B24 178-183)

(7)はある町の観光客減少をくい止めるための対策としては簡単なことから始めるべきだという内容の投書の一部である。指示代名詞 that を含む条件節は前文中の「大がかりな計画より簡単なことから手をつける」という部分が実現しないことを仮定している。

次の例では否定表現は用いられていないが、内容的に既出の未実現事態が実現しないことを仮定している。

(8)　Mr Major aims at customer power we haven't got now.　Take the NHS.　There'll be guaranteed maximum waiting times for hospital appointments and operations.　<u>If a hospital lets you down you'll be found another</u>. (B14 17-20)

(8)はメージャー氏の政策に関する記事の一部であり、このパラグラフでは国民健康サービス(NHS=National Health Services)を例に取り上げている。条件節の「ある病院に満足できない」という内容は「病院の予約や手術の待ち時間にも上限が保証される」という前文の内容が満たされない具体例と考えることができる。

これら二つのパターンがいわば複合された形として、二つの相反する可能性が対照的に列挙される場合がしばしば見られる。(9)がその例である。

(9)　After next month's delayed election, a prime minister should emerge who is no longer under the influence of the Nehru family.　They[The] new broom would be wisest to brush away all India's 'socialist' licensing restrictions with one sweep.　<u>If he does, he may be murdered by the corrupt groups feeding on them.　If he does not, he and many more Indians will sadly be murdered by somebody else</u>. (B12 89-95)

(9)はインドの経済的停滞の原因が政治家や官僚の腐敗や失政にあると論じている。仮定内容を見ると、代用形 do が指すのは既出の「新首相が「社会主義的」許認可規制を一掃する」という未実現の内容であり、最初の if 節ではそれが実現すること、次の if 節ではそれが実現しないことを対照的に仮定している。

3番目として、未実現の事態ではなく、先行談話で導入されている事実に関する仮定を行う場合がある。(10)では事実に基づいて将来起こりうる事態を仮定している。

(10)　In Church Street, Charlton Kings, at any time of day or night, one can observe cars, vans, and lorries regularly driving along the pavements, some at excessive speeds, or parking on them.

<u>If anyone dares to walk on the pavement, they have to do battle with anything from a mountain bike to a juggernaut</u>. (B24 19-25)

下線部の前文では、車が歩道沿いを時に猛スピードで走ったり歩道に停められたりするために危険であるという事実が述べられている。if 節はそのように危険な歩道を歩くことを仮定している。(11)も同様の例である。

(11) WHEN I retired in 1975, the rates and water rate of my small domicile amounted to £82-odd and the pension for a single person was £16 odd. About five weeks pension paid these charges.

This year they amount to £508, the pension is £52—about ten weeks' pension is needed. I calculate that <u>if this trend continues, by the time I reach 110 these charges will absorb 40 weeks' pension</u>.... (B23 133-140)

(11)の if 節主語中の this は先行談話の「過去約15年で家賃と水道料金の合計が、年金5週分から10週分に上がった」という内容を指し、if 節はこの値上がり率が続くことを仮定している。

4番目として、逆に、導入された事実に反する仮定を行う場合もある。その場合仮定法が用いられることになる。

(12) Mr Major also had a triumph in Peking. He forced the Stalinist Communists on the defensive over their vile treatment of dissidents.

<u>If he hadn't gone to Peking Hong Kong's splendid new international airport would have been blocked.</u> Hong Kong's growing prosperity after we go in 1997 would've been reduced. (B14 163-168)

(12)はメージャー氏による旧ソ連・中国訪問が保守党の支持率上昇に貢献していることを論じた記事である。if 節は事実に反する仮定を行っている。

以上、仮定内容パターンを四つ見たが、その内容はいずれも先行談話中に導入済みの出来事に基づくものであることが明らかになった。

5.2 if 節とトピック

条件節はトピックと密接に関係した特徴を持つことが従来指摘されてきた[6]。(Haiman (1978)などを参照。) (4)-(12)の例を見ると、既出の出来事に関連する事態を導入し、主節の枠組みを設定する働きを持つという意味では文のトピックとなっているといえる。ちなみに if 節は談話の冒頭に生じることがある。

(13) Major decision

<u>IF JOHN Major hasn't already decided when the General Election is going to be, I'll be astonished.</u> And if he has told anyone else, I'll be equally astonished. A secret shared is a secret lost. (B05 182-185)

(13)は総選挙の時期についてのメージャー首相の決断を論じた記事である。if 節はそのトピックを導入する働きを持っている。談話の冒頭に生じる if 節は談話全体のトピックを設

定するというグローバルな機能を持つといえる。

5.3 条件文の談話機能

ここで主節を含む条件文全体が談話で担っている役割を考えてみよう。if 節が仮定する事態はいずれも談話トピックと密接に関係している事態であった。一方、(4)-(13)で主節は、仮定内容に基づいてどのような結果が生じるかを推定している。これを談話トピックの展開という観点からとらえると、ある事態がどのような結果を導くかを推定することによって、談話トピックのある側面を明らかにする働きがあると見なすことができるだろう。例えば前で見た(9)の場合を考えると、新首相が「社会主義的」規制を一掃することが実現する場合としない場合に生じる結果が予測されているが、どちらの場合も犠牲者が出ると予測されている。これは談話トピックであるインドの実情について、それを改善することが非常に困難であることの例証と見ることができる。このように if 節前置型条件文は談話トピックのある側面を明らかにするという形で談話の展開に貢献しているといえよう。

5.4 if 節の談話機能

次に、if 節前置型の特徴と考えられる点を見ておきたい。それは、if 節で設定された仮定領域が、当該の条件文のみならず、後続する文までその領域に含む例が見られることである。前で見た(6)を例にとろう。if 節で設定された仮定領域は、当該の条件文を超えて、その後続文にまで及んでいる。この部分は、11 月を見送った場合の労働党党首キノック氏に関する予測を述べている。同様のことは(12)にも見られる。下線部の if 節で設定された反事実的仮定領域は条件文を超えて次の文にまで及んでいる。このように、前置された if 節が、主節のみならず後続する文をも、設定した仮定領域内に含むという現象は、if 節が後置された場合には、後に 6.6 で述べるように、余り見られないという意味でこの節順の一つの特徴であるといえよう。

5.5 主節と後続談話

最後に、後置された主節と後続談話との関係についても簡単に触れておきたい。今回調査した用例では、主節に生じた要素が後続文の主題となる場合が 11 例で見られた。

(14) Then you can choose the cheapest and speediest bus to suit your purpose. London Underground will have targets for faster and better service. <u>If they're not met the staff will have their pay docked.</u> That penalty will apply throughout the public services. (B14 31-35)

ここでも仮定領域は次の文にまで及んでいるが、主節の内容、「社員が減給になる」は次の文の主語 that penalty で受けられて主題となっている。このような例は、前置された if 節と先行談話との関係と並行的で、主節と後続文との結びつきが明示的に示されている例とい

6. if 節後置型

 3節で述べたように文処理的観点や類像的観点に立てば、主節が従属節に先行するのは有標な節順であることになる。ではそのような節順をとる背景にはどのような動機づけがあるのだろうか。前節同様、本節でもまず前置された主節の内容と先行談話との関係から考察していこう。

6.1 主節と先行談話

 前節で見た前置された if 節の場合同様、まず、主節が、先行談話で導入された未実現の出来事が実現することを述べている場合を見よう。

(15)　　We are forever being told about increased competition from overseas once the Single market comes into being next year, and we must be in position to meet that challenge. <u>We can only do that if our education system is second to none</u>. (B26 35-38)

(15)は矢継ぎ早の教育制度改定に教師や生徒が困惑しているため制度の安定が望まれるという内容の論説の一部である。主節中の代用形 do that は前文中の「我々が（ヨーロッパ諸国に対する）競争力を持つ」という内容を表している。

 2番目に、先行談話中の未実現の出来事が実現しないことを述べている場合がある。

(16)　　Because the government seeks to avoid 'wasteful capacity', anybody wanting to create, expand or move a private firm (or sometimes even develop a new product from it) has to ask a bureaucrat's permission. <u>This is refused if the bureaucrat rules that India has sufficient capacity already</u>. (B12 50-55)

(16)はインドの閉鎖的な経済政策を非難した論説の一部である。主節は、前文中で導入された「私企業の創立、拡張、移転を望むものが求める官僚の許可」が与えられない事態を取り上げている。

 3番目に、先行談話で述べられた事実を否定する場合がある。

(17)　　IN her letter under the heading "Wipe out this foul problem," Mrs Broom says, "Recently we have read in the papers of a local boy who has gone partially blind due to dog excrement." But she doesn't say what evidence the paper had for making that statement.

　　Toxa[o]cara eggs are found in some dog faeces, but <u>not if the animal is regularly wormed</u>. They are also found in fox and cat faeces, and there is no way of telling which is the source of infection. (B27 165-173)

(17)では、主節全体が代用表現 not で表されているが、代用部分を補うと主節内容は「犬・猫回虫卵は犬のフンから見つからない」ということであり、直前の文内容が成立しない事

態を取り上げている。もう一つ例をあげよう。

(18) 　　All these qualities and emotions are amplified of course, because that is the way television operates.　But the essential fabric of a police station and the people who inh[a]bit is said to be well represented.

<u>That is not the case, however, if you listen to Metropolitan Police Commissioner Sir Peter Imbert</u>.　This week he accused programme-makers of habitually presenting a misleading and potentially damaging image of the police. (B21 11-18)

(18)は警察を扱ったテレビドラマに関する記事であり、引用部の前では様々な性格の人物が登場することが紹介されている。下線部の主節は「警察署とそこに生きるひとびとの本質がよく表されている」という前文で紹介された評判を否定している。

　4番目として、先行談話中の事実と関連した出来事の成立を主張する場合がある。

(19) 　　The focus of attention has shifted, anyway, to the major wind power programmes under way in Denmark, the Netherlands, Sweden, Germany and even Spain. Britain is already late in joining the band-wagon, and <u>likely to miss out altogether, if sensible planning policy guidelines and real windfarms do not follow soon</u>. (B09 79-84)

(19)はイギリスの風力発電開発が遅れていることを論じた記事である。主節は、直前の「イギリスはすでに時流に遅れている」という言明に関連して、さらに好ましくない「完全において行かれる」という事態が起こりそうだという判断を述べている。

　以上、条件節の場合と同じように主節の内容には四つのパターンがあることを見たが、その主張内容は、いずれの例でも先行談話と強く結びついていることがわかった。

　では後置された if 節の内容はどうだろうか。(15)は教育制度、(16)は官僚、(17)は犬、(19)は風力発電政策に関するものであり、それぞれ談話のトピックと結びついた内容となっている。また(18)の if 節は新たに人物を導入しているが、後続文で紹介されるその人物の発言はやはり談話トピックに密接に関連するものである。したがってこの有標の節順の動機づけを、主節と if 節と先行談話との結びつきの差に求めるのはむずかしいように思われる。

　ここでは、その動機は、主節内容に読者の注意を引きつけるために、文頭という際立ちのある位置が選択されたことにあると考えたい。(16)では「私企業の創立、拡張、移転の許可が官僚から得られない」ことが、談話トピックであるインド経済停滞の主因の一つであるという意味で重要な論点となっている。(17)では犬・猫回虫卵がどの犬からも見つかるとは限らないという点、(18)ではテレビドラマの評判を否定しているという点で、いずれの主節内容も先行談話の内容と対照をなしている。また (19)では現状よりさらに悪い事態が起こるという危惧が表されている。いずれの場合も内容的に重要なものであり、そのため、文頭に置くことによって際立ちを与えようという動機が働いたものと考えられる。

　このようにこの節順の動機づけとしては、まず、主節に際立ちを与えるということがあ

げられると思われる。では(15)の場合はどうであろうか。これはむしろ、次にとりあげるif節の談話機能によるものと考えられる。

6.2 if節の談話機能

それでは後置されたif節はどのような機能を果たしているのだろうか。どの例にも共通していえることは、主節が成立する条件を具体的に限定しているということである。(15)では、主節は先行文でとりあげられた事態をいわば文のトピックとして提示しているにすぎず、伝達の焦点は事態成立の条件を限定しているif節にあるといえよう。同様に(16)-(19)の例に関してもif節は事態成立の条件を限定する働きを担っていると考えられる。

(15)では焦点化副詞onlyがif節を修飾しているが同様の例は他にもある。

(20) 　　Thirteen years on, Britain has taken only one concrete step towards that goal, joining the exchange rate mechanism. <u>Even at the Maastricht summit next month, Mr Major is only likely to sign a deal if it lets the others go ahead with Britain joining at a later date</u>. (B21 169-173)

このようにonlyと共起するif節は主節の事態がその場合に限って成立することを表し、主節の事態成立を排他的に制限している。焦点化副詞のespeciallyが用いられる場合もある。

(21) 　　We trust that the jewel, one of the finest late medieval pieces of its kind, will be displayed boldly in the museum. <u>That should ensure the Yorkshire Museum can rival the higher profile Castle Museum and Jorvik Viking Centre, especially if the jewel is supported by quality exhibits</u>. (B18 32-36)

q, especially if pという形式の条件文は、qの成立を可能にする事態が他にもあることを含意するが、他の場合よりもqを成立させる可能性が高いものとしてpを取り立てるという機能を持つ。especially if節は書き言葉では多くの場合コンマで主節と区切られる。例えば、FLOB Corpus全体で検索すると11の用例が得られるが、それらはすべて後置され、そのうち、コンマあるいはダッシュを伴うものが9例ある。これは、especially if節は主節からの独立度が高く、主節では独立した主張が行われ、その成立を付加的に限定している可能性を示唆しているように思われる。

6.1およびこの項での考察から、前置される主節に際立ちが与えられることと、主節の成立する条件をif節が限定するということがこの節順の主要な特徴であるといえよう。

6.3 関係節を構成する条件文

これまで見た例は独立した条件文として用いられていたが、この節順にはそうでない例がしばしば見られる。まず、条件文全体が関係節を構成し、先行詞となる要素が先行する主節中に含まれる例が6例ある。その例を二つあげよう。

(22) 　　This was his first Queen's Speech as Prime Minister, but there was little sense of

a new beginning. Admittedly the legislative programme was not one that <u>Mrs Thatcher would now be announcing if she had remained in power</u>. She would not have been cheerfully giving the final push to the poll tax, conjuring up citizen's charters, or talking about Britain's place in the European mainstream. (B17 86-92)

(23)　　There are many films <u>which must include strong language if they are to deal with their subject matter realistically and honestly</u>. (B11 116-117)

(22)では主節中の one、(23)では many films が先行詞となっている。ちなみに if 節が先行する節順にはこのパターンは見られない。先行詞は関係節の主題となることを考えると、先行詞を含む主節が if 節に先行するこの節順は情報構造に沿った節順といえる。

また、一例ではあるが次のような例がある。

(24)　　When auditioned by Toscanini and offered an instant contract for La Scala, she said she could not go to Italy for some months, as she had given her word to sing with the English Carl Rosa Company. Nor would she change her name though <u>she was told English singers would do better if they adopted Italian names</u>. (B22 38-42)

この例では、if 節が主節内容全体を修飾するというよりも、主節中の特定要素の属性を限定する働きを持っているように思われる。すなわち意味的には if 節が主節主語の English singers を限定しているという解釈が可能であり、下線部を she was told English singers who adopted Italian names would do better のように、if 節の代わりに制限的関係節を使ってパラフレーズすることが可能であると思われる。ここでも、後置された if 節は、6.2 で見た限定という機能を持っているといえよう。

6.4 感情述語

さらに、感情述語とともに用いられる例が、全37例中4例ある。2例をあげよう。

(25)　　Mr Major is genuinely an ordinary person with ordinary likes. It ought to occur to him that <u>ordinary people will be dismayed if he destroys the nation's traditional family outings to London Zoo</u>. (B14 244-247)

(26)　　Mr Major cannot be accused of opportunism in making his third superpower visit to Peking. That was arranged long before the hardline Communists in Moscow made their despairing bid to turn back the tide of history. <u>No doubt the Prime Minister would privately be happier if he were not today shaking hands with the Chinese leaders</u>. These are the men who repressed the movement for democracy in Tiananmen Square two years ago with just that ruthlessness which the Soviet Communists, in their moment of trial, could not summon. (B01 9-17)

上の例の if 節は相対的に長い。したがって情報構造的には少なくとも不自然ではないと思われる。また、(25)の場合、主節主語中の ordinary が、前文中の同語と語彙的な結びつき

を持っている。そのため主節の方が前文との結びつきが強いといえる。感情述語を持つ主節が後置される例は収集例の中では(13)にあげた一例のみである。ただ5.2で述べたように、(13)のif節は談話全体のトピックを設定するために前置されていると考えることができる。いずれにせよ本稿のデータで見る限り(25),(26)の節順が優勢といえる。

6.5 付加的条件

if節が付加的な条件を表す場合もある。

(27) National bodies too, such as English Heritage, the National Trust, the Department of the Environment and the Victorian Society must all be approached with a view to saving the chimney.　<u>Thankfully, we know that some local officials are opposed to the demolition, if it is at all avoidable,</u> and they have a good track record in this area. (B26 152-157)

(28) Hunting people rest their horses during summer months, and tend to exercise them mostly on the roads to keep clean and fit during the hunting season. They hunt across country where they are welcome, at the invitation of landowners.　<u>They are, of course, entitled to use bridleways if required.</u> (B27 239-243)

ここでのif節は、主節の成立条件を具体的に限定しているというよりも、主節が成立する際にふつう成立している事態を表していると思われる。つまり(27)で「煙突の取り壊しに反対する」のはふつう「それが避けられる」場合であり、(28)で「乗馬専用道を使う」のはふつう「そうする必要がある」場合であろう。その意味でこれらのif節は付加的に条件を述べたものと考えられる。

以上の考察をまとめると後置されたif節は限定と付加的条件という二つの機能を持つといえるが、(21)のespecially if の例などは、付加的限定という意味で、両方の特徴を持つものといえよう。

6.6 if節と後続文

最後に、後置されたif節と後続文との関係にふれておきたい。まず、if節の要素が後続文の主題として引き継がれて後続談話との結びつきを形成している例が8例ある。例えば(18)では、if節で導入された人物が次の文の主語となっている。また(25)ではやはりif節中のthe Chinese leaders が次の文の主語となっている。このような例では5.5で見た、後置された主節の場合と同様、if節が後続文との結びつきを形成することに貢献していると考えることができる。

また、前置されたif節では当該の条件文を超えて後続文まで仮定領域に含む例が見られたのに対して、後置されたif節の場合、同様の例は(24)に1例見られるのみである。ここではif節が反事実的仮定領域を設定しているが、後続文も同じく反事実的なサッチャー政

権下の記述となっている。このように前置された場合と後置された場合ではif節がカバーする領域に違いが見られるようであるが、この違いは、前者ではif節がいわば後続談話の方を向いているのに対して、後者では逆に前方の主節を向いていることによるものであると思われる。

7. まとめ

本稿の考察により明らかになった点をまとめると次のとおりである。

- if節前置型がif後置型より出現頻度が高い。これは条件文が持つ内在的な特徴の反映である。
- if節前置型では、前置されたif節は先行談話と密接に関連する事態を仮定し、後置された主節はその結論を推定する。それによって談話トピックのある側面を明らかにする形で談話の展開に貢献している。
- if節後置型の動機づけとしては、前置された主節に際立ちを与えることと、if節が主節内容の成立条件を限定することが考えられる。
- if節後置型は関係節や感情述語とともに用いられることがある。
- 前置された if 節が条件文を超えて後続文をその仮定領域に含むことがしばしば見られるのに対して、後置された場合にはほとんど見られない。
- 後置された主節やif節中の要素が後続文の主題となり、後続文と密接なつながりを形成する例が見られる。

このうち、if 節の機能や後置された場合の出現環境などについては Ford and Thompson (1986)と基本的に同じ結論であり、彼女たちの主張を支持している。

本稿の考察対象は書き言葉であった。書き言葉の場合、自然な談話の流れが形成されるようにテクストの構成に配慮する時間的な余裕がある。発話の産出が瞬時に行われ、短期記憶の容量の問題がある会話の場合にはまた違った結果が予測される。話し言葉については別の考察が必要である。

また、他の副詞節を含む複文との比較も興味深いトピックである。例えばbecause節を含む文は原因―結果という、基本的に条件文と同じ推論構造を持つにもかかわらず、二つの節順の出現頻度は条件文の場合とは逆のパターンを示す[7]。この違いを説明するためには本稿と同様実際の使用例にあたる必要があるが、それは別の機会にゆずらなければならない。

* 本稿は日本英文学会九州支部第 56 回大会シンポジウム「談話と文文法」(2003 年 10 月 25 日 於鹿児島大学)で「談話と条件文をめぐって」という題で行った口頭発表に基づいている。例文の再検討に伴い統計に若干の修正を加えている。

1. FLOB Corpus は ICAME(International Computer Archive of Modern and Medieval English)が配給している CD-ROM 収録のものを使用した。
2. even が明示されていなくても譲歩の解釈を持つ場合も同じ理由から統計に含めていない。ちなみに even if は 13 例あり、前置されたものが 6 例（うち even のないもの 3 例）、後置されたものが 8 例であった。
3. if 節前置型、後置型の統計は、Ford and Thompson では 3 種のテキストの総計で 377(77%) 対 113(23%)、Diessel では 129(71.3%)対 52(28.7%)となっている。
4. 条件文には現実世界の事態間の条件関係を表す用法以外にも、q が結論を表す認識的用法、q が質問、命令などの発話行為を表す用法があるが、いずれの場合も p が q に対して枠組み設定の機能を果たすと考えられる。三つの用法に関しては Sweetser (1990)を参照。
5. if 節前置型の主節主語の「その他」には、命令文のため主語のないもの、it-that 構文の形式主語の it、疑問代名詞 who が、if 節後置型の主節主語の「その他」には関係節を構成するもの、疑問代名詞 what が含まれる。
6. 条件節のトピック設定機能が端的に見られるのは、次の例のように条件節の仮定内容自体を主節中の代名詞が指す場合であろう。

    No imperial power imposed Ba'ath rule on Iraq: it is an indigenous political invention, and <u>if it has survived two catastrophic wars, it must be because it holds the place together</u>. (B15 148-151)
7. 本稿で使用したサブコーパス中には 32 例の because 理由文があるが、because 節が前置される例が 3(9%)、後置される例が 29(91%)である。

参考文献

Comrie, Bernard (1986) "Conditionals: A Typology," *On Conditionals*. ed. by Traugott et al., 77-99.

Diessel, Holger (1996) "Processing Factors of Pre- and Postposed Adverbial Clauses," *BLS* 22, 71-82.

Dancygier, Barbara(1998) *Conditionals and Prediction: Time, Knowledge, and Construction in Conditional Constructions*. Cambridge University Press, Cambridge.

Ford, Cecilia E. and Sandra A. Thompson (1986) "Conditionals in Discourse: A Text-Based Study from English," *On Conditionals*, ed. by Traugott et al., 353-372.

Greenberg, Joseph H. (1963) "Some Universals of Grammar with Particular Reference to the Order of Meaningful Elements," *Universals of Language*, ed. by Joseph H. Greenberg,

73-113, MIT Press, Cambridge, MA.

Haiman, John (1978) "Conditionals Are Topics," *Language* 54, 564-589.

Halliday, M.A.K. and R. Hasan (1976) *Cohesion in English*. Longman, London.

川瀬義清 (1997)「When 節の談話機能」『西南学院大学英語英文学論集』第 37 巻、第 3 号, 71-88.

Sweetser, Eve E. (1990) *From Etymology to Pragmatics: Metaphorial and Cultural Aspects of Semantic Structure*. Cambridge University Press, Cambridge.

Traugott, Elizabeth Closs, Alice ter Meulen, Judy Snitzer Reilly and Charles A. Ferguson (eds.) (1986) *On Conditionals*. Cambridge University Press, Cambridge.

文とは何か

古賀　恵介

1. 三層構造論の系譜

　文（sentence）という言語単位は、文法的事象の考察において最重要概念の一つである。にもかかわらず、一体何をもって「文」というのか、という問題は極めてやっかいな問題である。それだけに、とりあえず「一まとまりの思想の表現」という漠然たる意味的規定で済ますか、「主語＋述語」や「一つの述語を中核とする語句のまとまり」といったような形式的特徴を挙げるか、あるいはその両方で何とか凌ぐ、という扱い方がこれまで多くなされてきた。(e.g. Sweet (1900), Jespersen (1924), Bloomfield (1933))

　しかし、その一方で、文を文たらしめるものをその意味の主観的側面の中に構造的に追求しようとする流れは早くから存在してきた。特に日本語は、その文末構造が(1)に示すような、《命題内容 ⇒ それに対する話し手の見方 ⇒ 聞き手に対する話し手の態度》、

　　(1)　a.　太郎は脚にケガをしている－ようだ－ね。
　　　　 b.　昨日の体育の時間にすりむいた－らしい－よ。

言い換えれば「客体的内容から主観的態度へ」という意味上の包摂的階層構造をきれいに反映する形態的特徴をもっている。そのため、日本語研究では、20世紀初めから半ばにかけて、既にこの階層構造を意識した概念が文の本質的規定として提出されていたのである。その流れをごく簡単にまとめると以下のようになる。まず、山田(1908)が、文の諸成分を全体として統括する話し手の主観の働き（「統覚作用」）を表すものとして「陳述」という概念を提起した。次に、時枝(1941)が、詞（客体的表現）・辞（主体的表現）の区別に基づいて「陳述」を用言（動詞・形容詞）の意味から分離して把握することを提唱した。戦後になると、金田一(1953)による、助動詞連鎖内部の分析に基づく客観的助動詞と主観的助動詞の区別が現れ、渡辺実による「叙述（展叙・統叙）」と「陳述」の区別、芳賀綏による陳述概念の更なる下位分類（「述定」と「伝達」）を経て、文の意味の三層を概念的に分離して把握する素地ができたのである。（詳しくは大久保(1982)、南(1993)を参照。）その後、南が従属節分析に基づく階層構造を提起し、仁田義雄や益岡隆志の階層構造論へと繋がっている。もちろん各論者により考え方や分類に異同はあるのだが、全体を大摑みに眺めてみると、客体描写・認識態度・表現態度の三層を文の意味構造の段階的区分として捉えよ

うとする流れが 20 世紀の日本語研究の歴史を通じて徐々に形成されてきたという事実を見て取ることができるであろう。

これに対して、英語研究では、文の意味の主観的側面が理論的に捉えられる契機となったのは Austin (1962) に始まる発話行為論であった。更に、その知見を取り込んだ生成意味論・遂行分析などを経る中で、文の意味の中に proposition、modality、speech-act の三層を捉える流れが現れたのだが（e.g. Traugott (1972)）、生成統語論の圧倒的影響下では、三層構造論が文法理論の主流になることはなかった。近年では、澤田(1993)、中右(1994)、Van Valin and LaPolla (1997)などがこの三層構造を組み込んだ本格的な文法論・意味論を展開しており、それぞれ、理論的立場・枠組、表現の分類の仕方などは異なっているものの、基本的な直観レベルでは共通したものを持っている。

本稿は、このような流れの延長上に立って、古賀(2004)で提案した三層構造仮説を組み込んだ認知文法（Cognitive Grammar）理論で、文の意味構造を原理的に考察しようとする試みである。ここに言う三層構造仮説とは、（文のみならず）語から文に至るすべての表現単位には客体描写・認識態度・表現態度という三層の意味領域が備わっており、どの表現単位もその一つまたは複数の領域にプロファイルを持つとする仮説である。これを図式化して表すと以下のようになる。

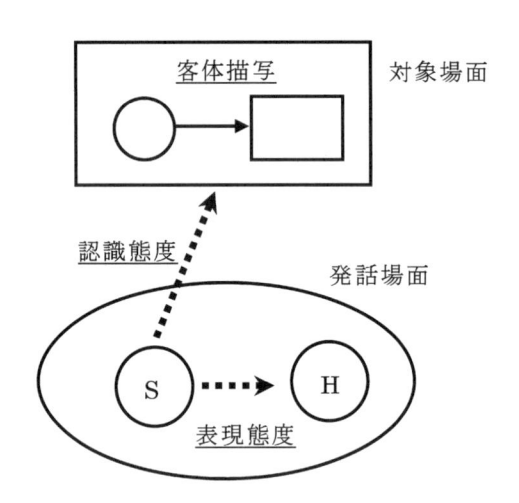

図の中で「対象場面（Objective Scene）」とは、語句の指示対象が存在する空間のことであり、この中の要素が語句の客体的な内容（客体描写）を構成する。S は話し手、H は聞き手であり、この双方を含む発話場面が Langacker のいう ground にあたる。認識態度・表現態度は発話に伴う話し手の心的態度の諸相であり、前者は、話し手が客体のあり方を認識する際の様々なあり方、後者は、聞き手や発話場面に対する話し手の様々な意識・態度・配慮などである。

認知文法理論では、すべての言語表現の意味は、それが直接的・明示的に表す部分（プ

ロファイル)とその概念的背景をなす暗示的な部分(ベース:base)により構成されていると仮定している。例えば、roof という単語がプロファイルするのは家の＜屋根＞部分であるが、その背景(ベース)には当然＜家＞全体(house)の認識が存在する。(何故なら、＜家＞概念を前提にしなければ＜屋根＞概念は存在しえないからである。)語句の意味の背景をなす認識は、＜家＞のようなそれ自体具体的な概念であることもあれば、＜空間＞・＜時間＞・＜五感＞・＜運動感覚＞のような非常に抽象的な認知領域(cognitive domains)であることもあり、原理的にはどのような認知領域でもベースを構成することができる(Langacker (1987; 1991))。それゆえ、三層構造仮説のように、すべての表現の中に主観性領域(認識態度・表現態度)があると仮定することも、認知文法の理論構成に何ら矛盾するものではない。実際、Langacker 自身も"the ground is not completely excluded from the meaning of any expression, however peripheral, extrinsic, and tenuous its role might be" (1991: 495-496) と、話し手・聞き手を含む発話場面認識である ground の概念的遍在性を認めている。ただ、従来の認知文法理論では、それがただ単なる部分的な提言に留まり、その深刻な意義が大きく取り上げられることがなかったのである。

そこで、古賀(2004)では、名詞や代名詞のような、客体描写のプロファイルを主とする単語の意味構造にあっても、客体(指示対象)認識の背景に、その対象に対する話し手の捉え方(認識態度)と、聞き手や発話場面に対する話し手の意識(表現態度)が暗示されている、ということを示す諸事実を取り上げて、主観性領域の概念的偏在性を主張した。また、Langacker (1991)の想定に反して、これらの主観性領域そのものをプロファイルする表現があると仮定し、その方がより言語直観に即した説明が可能になる事象が存在することを指摘した[1]。 そこで本稿では、その延長として、主観性領域プロファイルを端的に示す例として、文という言語単位の意味構造を取り上げることにしたい。

2．文の意味の三層構造

本稿は、日本語研究や英語研究で従来から主張されてきた「文の意味の三層構造」論を大筋において正しいと認め、それを継承するものである。また、本稿は認知文法理論をその理論的基礎とするものであるが、本稿の三層構造仮説が従来の認知文法理論と大きく異なるところは、文のプロファイルをその主観性領域に求める点にある。具体的には、文とは、表現態度の一種である発話態度(主張、発問、要請、etc.)をプロファイルする言語単位である、と考えるのである。Langacker (1991: Ch.6) は、英語の典型的な文の意味構造においては、動詞の表す事態概念(process)に対して動詞時制形や法助動詞により grounding が行われることで、全体が定形節(finite clause)としての資格を獲得する、との考え方を取っている。本稿も、英語の典型的な叙述文を文たらしめるものが時制形や法助動詞により表現されていると考える点は同じである。だが、Langacker とは異なり、動詞の表す事態に対する認識態度の三要素(次頁の(2)参照)と発話態度を理論的に区別し、

最終的には発話態度がプロファイルされることにより、文が独立的表現単位となる、というふうに考えるのである。

これを英語の平叙文で説明すると以下のようになる。

(2) a. The train arrived at the station on time.
b. 客体描写： 動詞 arrive の表す事態
認識態度： 中核事態の確定 ＋ 事実性判断 ＋ 時間的位置づけ
表現態度： 主張

(2b)は動詞時制形 arrived の意味の三層構造を表している。認識態度における中核事態の確定とは、文の客体描写の中核となる事態を確定するということである。（これは、Langacker (1991: 441) が複文構造を論じる中で viewing frame と呼んだ概念と実質的には同じものである。）これにより定形節の中核となる述語が決定されることになる。これに、事態に対する事実性判断と、時制本来の働きである事態の時間的位置づけが加わることで認識態度が完成し、それを更に平叙文の発話態度である＜主張＞が意味的に包摂することにより文の中核部分が完成する[2]。これをもう少し平たく言うならば、(2a)の過去時制形には

- arrive をこの文の内容の中核とする
- arrive は事実を表す
- arrive は過去の事態を表す

という三つの意味が含まれており、さらに全体が単独文として現れることで、「arrive を中核としたこの事態の出来を主張する」という話し手の発話態度が表現されている、ということである。

文の意味の主観性領域における認識態度層と発話態度層の中身についての詳細な展開は今後の課題であるが、ここではそのいくつかの側面を文副詞類（Greenbaum (1969) の言う離接詞 (disjunct)）の振る舞いを参考にしながら取り上げてみよう。これらの副詞は、本稿の立場から言うと、認識態度（特に事実性判断）や表現態度を修飾する要素であると考えられる。（この種のデータの詳細な考察については、澤田(1993)参照。）

(3) a. David probably plays chess.
b. The train has obviously been delayed.
c. Strangely, he answered the questions.
d. Frankly, he is not very clever.

probably や obviously のような法性副詞（modal adverbs）は事実性判断を緩和したり補強したりする。strangely のような評価副詞（evaluative adverbs）は、事実として受け止められた事態に対する話し手の評価を表す。これらは、いずれも認識態度修飾要素と言ってよいであろう。それに対して、frankly のような副詞は話し手の発言の仕方を具体的に示す働きをするのであり、発話態度を修飾する要素であると言えるであろう。これらの副

詞が認識態度・発話態度を修飾する要素であることは、その統語的出現環境にも反映されている。

(4) a. George will frankly/probably have amused the children by the time we get there.
b.?*George will have frankly/probably amused the children by the time we get there.

((a)・(b)Jackendoff (1977: 48))

(4)からも明らかなように、これらの副詞は、助動詞が連鎖している場合には、その中の定形のものに付随して現れるのである。これは、修飾相手との意味的な密接性を図象的（iconic）に反映する統語的制約だということができる。

法性副詞の中でもprobablyやobviouslyのように対応する形容詞形（probable, obvious）を持つものは、事実性判断に関して、その確実性の尺度上のある点をlandmarkにとっていると考えられる。それゆえ、その関係自体を客体化して主節に持ってきて仮主語構文で表現することもできる。（一般の形容詞の意味構造における trajector/landmark のあり方については、Langacker (1987: Ch.6)を参照のこと。）

(5) a. It is probable that he plays chess.
b. It is obvious that the train has been delayed.

それに対して、perhaps, maybe, indeed のように副詞用法しか持たないものは、話し手の主観的態度そのものをlandmarkとしているので、そのままでは仮主語構文にパラフレーズすることは出来ない。

(6) a. *It is perhaps that he plays chess.
b. *It is maybe that the train has been delayed.
(Cf. It may be that the train has been delayed.)

一方、strangely のような評価・感情を表す副詞の文を、対応する形容詞形を使って仮主語構文に書き換えた場合、補文は叙実性（factivity）を持つことになる。これは、この構文が補文事態の事実性を前提として、それに対する話し手の評価・感情を表しているからである。そして、その場合、いわゆる「感情のshould」を用いて更に書き換えることができる。

(7) a. It is strange that he should answer the questions.
b. *It is obvious that the train should be delayed.

この should は、事態をその事実性判断から切り離して取り出し、評価の対象とする、という話し手の認識態度を表している。それゆえ、事態に対する真偽性判断の度合いを表すだけのobviousのような形容詞は、補文にこのshouldを取ることができない。

本稿で詳しく取り上げることはしないが、歴史的に見ると、この「感情のshould」は、古英語期に今日よりもずっと広範囲の構文で用いられていた仮定法（接続法）の用法の一

つが法助動詞に置き換わったものである（児馬(1990)）。そして、このshouldは、現代英語の仮定法の諸用法や印欧諸語において広く見られる接続法（subjunctive）と共に、「中核事態の確定をするだけで、事実性判断を棚上げする」という認識態度をその意味の本質的な一部分として内蔵しているのである。それゆえ、＜中核事態確定＞と＜事実性判断＞を概念的に区別しないと、印欧諸語の接続法に共通する本質的な意味が理論的に説明できなくなってしまうのである。

　更に付け加えるならば、この「中核事態確定は行うが、事実性判断は棚上げにする」という認識態度は、定形（finiteness）と非定形（nonfiniteness）の中間的存在をなすものであると言える。そもそも、印欧諸語では動詞の定形と非定形が形態的にはっきりと分離し、典型的には直説法時制がこの中核事態確定と事実性判断を含んでいる。が、英語では、法助動詞がその歴史的発達を通じてこの両者の機能を吸収してしまい、定形のみを持つ特殊な動詞カテゴリーを形成することとなった。これが、英語において動詞時制形と法助動詞が定形節の中核をなす理由である。それに対して、非定形動詞形（不定詞・分詞・動名詞）は、中核事態確定と事実性判断がなされないので、独立した事態描写を行うことができず、何らかの上位述語に従属しなければ独立文を形成し得ないのである[3]。

　　(8)　a. *To arrive at the station on time.
　　　　b. *Arriving at the station on time.
　　　　c. He wanted to arrive at the station on time.
　　　　d. He gave up arriving at the station on time.

そして、ちょうどこれと同様に「感情のshould」も主節に現れることはない。事実性判断が棚上げされているので、独立した事態描写の発話を構成し得ないからである[4]。

　Langacker (1991: Ch.6) は、文（定形節）のプロファイルは動詞の表す事態の方であって、それをground化するgrounding relationshipそれ自体ではない、言い換えれば、文のプロファイルは事態描写であって、認識態度・発話態度はあくまで背景化された要素である、と考えているのだが、本稿では、文の意味の三層構造においては、認識態度は事態描写を、また発話態度は事態描写と認識態度をそのプロファイルの一部として包摂する、と仮定する。つまり、文のプロファイルというのは、直接には発話態度であるが、その具体的な中身は、客体描写とそれに対する認識態度によって具現化されている、と考えるのである。その理由は二つある。

　一つは、疑問文や命令文のプロファイル（つまりそれらが直接に表すもの）は何か、と考えてみた場合、それらが表す事態描写そのものである、とするよりも、その内容に関して発問したり、それの実現を求める発話態度そのものである、と考える方が我々の直観に即しているからである。平叙文の場合は、事態描写と認識態度の提示が主要機能であるので発話態度の存在がなかなか見えにくいのであるが、疑問文や命令文ではそれがはっきりしてくる。これらの文では問いを発したり事態の実現を求めることがその主眼なのだから、

その態度の方をプロファイルであると考えるのが自然である[5]。とすれば、それと平行して平叙文の場合も、「主張」という発話態度が文のプロファイルであると考えるのが理論上整合的である。

　第二の理由は、文の中には、述語を中核とする典型的な叙述文のほかに非叙述形式の文があり、それらの中には認識態度・表現態度のみをプロファイルするとしか考えられないようなものが存在するということである。例えば、挨拶言葉は、それ自体が一つの独立的な発話をなすという意味で一つの文と考えてもいい言語単位であるが、

　　(9)　a.　Hello.　Hi.　How do you do?　Howdy.　Good bye.　Bye.
　　　　 b.　Good morning.　Nice to meet you.　Thanks.　Long time no see.　Merry Christmas!　A happy new year!　Happy birthday!
　　　　 c.　How are you?　Thank you.　You're welcome.

(9a)のタイプのような挨拶言葉には事態のあり方どころか、客体的なものを直接に示すような部分は何もないと言ってよい。ただ＜挨拶する＞という話し手の発話態度をプロファイルするのみである。もちろんこれは、決して、挨拶言葉には客体的な内容の認識がまったく伴わないという意味ではない。挨拶をすべき場面に遭遇すれば、その客体的な状況の認識が話し手の中に当然存在するはずで、それが挨拶言葉の背景的認識（＝ベース）を構成しているはずである。ただ、それが客体描写のプロファイルという形では現れないというだけのことである。

　(9a)の中で How do you do? は一見英語の疑問文の体裁を整えてはいる。が、その文字通りの意味（相手の調子がどうかを尋ねる）と＜初対面の挨拶＞という本来の意味はかけ離れたものになっていて、客体的な内容がプロファイルされているとはとても言えない。それに対して、(9b)のグループは、ある程度客体描写的なものを残しているという意味で(9a)とは一線を画すると言ってもよい。しかし、通常の叙述文で見られるような完全な形の事態描写は存在せず、文の主眼も特定の場面に合わせた挨拶（＝発話態度）である。また、(9c)のグループは、一応定形節の形を持っていると言ってもいいかもしれないが、やはり、定型的挨拶表現としての性格が強い。それゆえ、(9b)や(9c)は、客体描写プロファイルを備えた通常の文と、(9a)のような客体的内容が背景にまったく隠れてしまっている文との中間的な存在と言っていいかもしれない。認知文法理論の初期（Langacker (1987)）から言われているように、プロファイルというのは程度性を含んだ概念なので、語句の表す概念内容の中でプロファイルされているかどうかが微妙であるような部分が出てくることがあったとしても何ら不思議なことではない。

　挨拶言葉は発話態度のみをプロファイルする表現であると考えられるが、次の(10)のような悪態言葉は、状況に対する話し手の感情（＝認識態度）とそれを吐露するという態度（＝発話態度）をプロファイルしていると考えるのが妥当であろう。

　　(10)　a.　Boy!　Gosh!　God!　Oh, my!

    b. Shit! Fuck! God damn! Gee! Jesus (Christ)!
    c. Bitch! Bastard! Son of a bitch!

これらの語句はいずれも何らかの元の（客体描写的な）意味を持っているのであるが、悪態言葉として用いられるときにはその元の意味はほとんど意識されず、話し手のある感情を吐き出すという機能しか持っていない（高増(2000)）。それゆえ、これらもまた、客体描写をプロファイルしているとは言えないのである。ただ、(10c)のグループの語句は二通りの使い方があり、単なる感情吐露を表す場合と特定の人物のことを罵って言う場合ではその意味構造が異なっている。前者には客体描写プロファイルは含まれていないが、後者では、語句が特定の人物の客体的な描写にもなっている。従って後者の場合は、叙述文と同じく、客体描写・認識態度・表現態度のすべてがプロファイルされている、と考えるべきであろう。ただし、これが＜事態＞の描写になっているかどうかは議論の余地のあるところではある。

　このほかに、下記のように、客体描写プロファイルを含んではいるが定形動詞を持たない文というのもある。

(11) a. Away with him! (= Take him away!)
    b. Upstairs with you! (= Go upstairs!)
    c. Out with it! (= Tell me about it!)   ((a)·(c), Quirk *et al.* (1985: 525))
(12) a. Guilty (= I pronounce you to be guilty.)
    b. Out (= I call you out.)   ((a)·(b), Austin (1962: 62))
(13)   European music happens to use a scale of eight notes, <u>hence the use of the term *octave*.</u>   (*Collins COBUILD English Dictionary*)
(14) a. How about a cup of coffee?
    b. Why not give him a call?
    c. Why tell him the truth?
    d. What if this doesn't work out?

(11)や(12)は、普通の命令文や平叙文に書き換えることはできるが、しかし、特定の動詞を使って書き換えた途端に統語・意味の両方の構造が変わってしまう。つまり、これらは単なる動詞の省略と言えるかどうか微妙なのである。また、hence は文のみならず名詞句を導くことのできる接続詞であり、(13)では the use が実質的に動詞の代わりをしている。それゆえ、これも動詞の省略とは言えない。(14)は疑問詞を使った定型的表現であるが、主節となる定形動詞を含んでいないという点で(11)·(13)と共通している。定形動詞を持たないこのような文も、本稿のように最終的なプロファイルが発話態度であるとして説明すれば何の問題も起きないが、Langacker (1991) のように、文のプロファイルを ground 化された事態 (grounded process) であると規定してしまうと、まったくの例外事象として扱わなければならなくなる。何故なら、これらには事態 (process) を表す動詞もそれを

ground化する表現（具体的には、動詞時制形・法助動詞）も存在しないからである。

　以上挙げた事実を本稿の立場からまとめてみるならば、文のプロファイルには次の３つのパターンがあるということである。すなわち、**客体描写・認識態度を補部として**（つまり、プロファイルの一部分として）持つもの、**認識態度を補部として**持つもの、**表現態度のみをプロファイルする**ものである[6]。

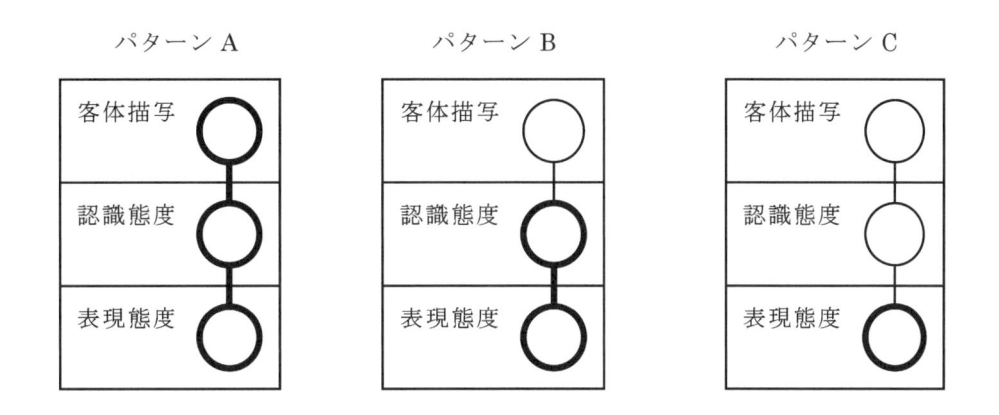

パターン A	パターン B	パターン C
客体描写●	客体描写○	客体描写○
認識態度●	認識態度●	認識態度○
表現態度●	表現態度●	表現態度●

パターンAは通常の叙述文や(11)・(14)のような客体的な内容を含む非叙述文である。パターンBに入るのは(10)のような感情吐露の表現、Cは挨拶言葉その他、ということになる。

３．発話態度の多様性

　前節では、文の認識態度・表現態度のあり方について、非叙述文の例を取り上げたが、本節では叙述形式の文についてごく大まかにではあるが考察してみたい。英語の叙述文は文法形式上は平叙文・疑問文・命令文・感嘆文の四つであり、これに典型的に対応する発話態度はそれぞれ＜主張＞・＜発問＞・＜要求＞・＜感嘆＞である。が、この典型的な対応関係から外れるような使い方も存在する。それは、人間が言語をコミュニケーションに用いる目的には絶対的な制限がなく、現実の言語使用においては、ある文形式を使うだけでは表しきれない微妙な意図を、別の文形式を転用することで表そうと様々な工夫を行うからである。その結果、それぞれの文形式が、その典型的な使い方を超えて、きわめて多様な用いられ方をすることになる。そして、そのうちのいくつかは繰り返しよく現れるパターンとして慣用的に定着してしまうことになる。

　その中でも、よく知られている例としては、ある種の疑問文が客体描写の内容についての発問というよりは聞き手への依頼や勧誘に用いられる、というのがある。

　　(15) a. Can you please lend me a dollar?　　　　　　　　　　　（山梨(1986: 91)）
　　　　 b. May I have your name, please?
　　　　 c. Why don't you come with us?

これらの文は形式上疑問文であり、発話態度に「発問」が含まれることは間違いないが、

それに加えて、Can you 〜、May I 〜、 Why don't you 〜 という形式自体が一種の固定化された構文として働き、「依頼」「勧誘」といった発話態度を同時に表している。つまり、発話態度が重層化しているのである。そのことは、please という「依頼としての発話の力を示す」(山梨(1986: 91))副詞がついていることからもわかる。please はそれ自体が「依頼」という表現態度をプロファイルする語であり、(15)のように発話態度修飾要素として用いられることもあれば、

 (16) a. Please, it's cold in here.
    b. Please, he's going to drown himself.

((a)·(b), 山梨(1986: 103))

のように、「何とかしてくれ」という発話態度プロファイルを表す独立文相当の表現となることもある。本稿は主観性領域のプロファイルを認める立場なので、このような現象も表現態度プロファイルの特殊例として何ら不都合なく説明することができる。

 命令文の発話態度は、典型的には「事態の実現を要求する」ということだが、下のように、実質的に条件節と同じ働きをすることがある。

 (17) a. Drive slowly and everyone else will pass you.
    b. If you drive slowly, everyone else will pass you.

((a)·(b), Langacker (1991:504))

(17a)は、drive slowly という事態の実現を本当に要求しているわけではなく、(17b)と同じように、その事態の発生を仮定するとどうなるか、を述べているのである。それゆえ、(17a)の drive slowly の発話態度は、事態の＜実現＞ではなく＜仮定＞を要求するということであり、しかも、この要求は次に来る帰結文に対して依存的である。その意味で、この命令文は従属節的な色合いを持っていると言える。ただ、本来の従属節とは異なって、文としての発話態度プロファイルを帰結文に譲ってしまうわけではないため、その従属性は完全なものにはならない。その結果、例えば、

 (18) a. Everyone else will pass you if you drive slowly.
    b. Everyone else will pass you, and drive slowly. (≠ (17a))

if 節は主節に後続することもできるが、仮定要求の命令文は帰結文に後続することはできない、ということになるのである。

 そもそも、英語では、定形の従属節は大きく分けて副詞節・関係節・補文の三種類があるが、どれも定形である以上、それ独自の認識態度・発話態度を備えている。ただ、従属節の従属節たる所以は、そのプロファイルが文の意味の合成過程で主節のプロファイルやベースに組み込まれてその一部を構成するというところにある。つまり、全体の中の一部分に格下げされてしまうのである。それゆえ、従属節の発話態度が文全体の発話態度になることは通常はない。

 (19) a. He studied electronic engineering while he was staying in the U.S.

    b. He fell in love with a woman who he met at the party last Saturday.
    c. He thought that his brother stole the money.

例えば、(19a)はhe was staying the U.S.ということを主張する文ではなく、あくまで、主節が表す事態（he fell in love with a woman）を主張する文であり、それゆえ文のプロファイルは主節の発話態度にある。(19b)・(19c)についても同様である[7]。

しかし、その一方で、プロファイルというのは程度性を備えたものであること、そして従属節の事態を主張する発話態度も局所的にプロファイルされているということを思い起こす必要がある。何故ならば、その局所的なプロファイルが全体の中の単なる一部分という役割以上の重みを獲得し、形の上では従属節であるものが一つの独立文なみの主張の強さを持つことが実際にあるからである。

(20) a. The evidence for a bribery conviction is overwhelming, although the senator is really innocent.
    b. You are not going to the movies, because I order you to stay in the barracks.
    c. It gives me great pleasure to say that I hereby christen this ship the USS Ambivalence.
    d. This car, which I promise to buy you when I can afford it, is a great value for the money.

((a)·(d), Langacker (1991: 500))

例えば、(20a)のalthough節では、主節に対立する内容が話し手独自の見解として提示されていて、これ自体が（局所的にではあるが）独立の主張をなしていると見なすことができる。また、(20b)・(20d)では従属節の中で遂行文（performative sentence）が用いられている。遂行文というのは、あらためて解説するまでもないが、話し手がこれから行う発話そのものを客体化して文として表現することで、その発話を通じて行おうとする行為を発言と同時に遂行してしまう文のことである[8]。（だからこそ、典型的な遂行文に用いられる動詞は、何らかの＜発言＞を表し、一人称単純現在形のものに限られるのである。）そして、遂行文が用いられているということは、その節が、単に文全体の一部分というに留まらない独自の発話行為を行っているということを示している。

ほかに、従属節の発話態度が単にある程度の独立性を持つのみならず、実質的に主節の発話態度に取って代わるという現象もある。それをよく示すのが、従属節に結びつく付加疑問である。

(21) a. I think Tom likes foreign beers, {*don't I?/doesn't he?}
    b. I don't suppose the Giants will lose, {*do I?/will they?}
    c. It doesn't seem to me like it's going to rain, {*doesn't it?/is it?}

((a)·(c)中右(1994: 167))

付加疑問は発話態度修飾表現の一種で、通常は文（つまり主節）の発話態度を修飾する。しかし、主節が中右(1994)の言う「モダリティ表現」として働いている場合には、従属節の発話態度が実質的に文全体の発話態度として働くので、付加疑問は従属節の方にかかることになる。ここで言う「モダリティ」表現とは、本稿の立場から言えば、節の認識態度・発話態度を修飾する要素ということである。発話時の話し手の態度のあり方を認識動詞（think, suppose, believe, etc.）・発言動詞（tell, say, etc.）やその他の述語などを用いて客体化して表す場合には、主節は、従属節の事態に対する認識・表現態度を明示化する部分として働くことになる。その結果、＜主節＞としての客体描写の重みを失ってしまうのである。(21)の現象はその一つの顕れである。また、更にこれが進んで、主節と従属節の統語的ステータスの逆転が起こり、主節が挿入節化することもある。

(22) a. Tom likes foreign beers, I think.
　　　b. The Giants won't lose, I suppose.
　　　c. It's not going to rain, it seems.

以上のような例を含めて、従属節プロファイルの独自性・独立性というのは、意味構造に真正面から取り組む文法理論にとって最重要考察対象の一つである。そこで出てくる問題のひとつひとつはそれだけで大部の考究を必要とするものなので、本稿ではごく大まかな方向性を指摘することしかできないが、少なくとも次のことだけははっきりしている。中右(1994)も指摘するように、言語の主観性領域を本格的に取り扱う理論でなければ、このような純粋統語論的には例外としか言いようのないような現象をうまく説明していくことは不可能である。

4．まとめ

本稿では、古賀(2004)で提案した三層構造仮説に基づいて、「文の意味とは何か」という問題に原理的な考察を加え、文のプロファイルを発話態度に求めるという考え方を取ることで、従来の認知文法理論では説明のしにくかった事象も理論の射程内に取り込んでいくことができる、ということを示した。そして、文のプロファイルの様々なあり方に関して、ごくごくスケッチ的・デモンストレーション的にではあるが、三層構造仮説の考え方を紹介した。その要諦を今一度ここにまとめておくならば以下のようになる：

- 文を含めたすべての言語単位は、その意味構造の中に客体描写・認識態度・表現態度の三層を持ち、そのうちの一つ或いは複数の認知領域にプロファイルを持つ。
- 文のプロファイルは表現態度の一種である発話態度である。文の典型である叙述文にあっては、客体描写・認識態度が発話態度プロファイルの中に取り込まれてその一部を構成する。それに対して、非叙述文では、客体描写や認識態度がプロファイルの一部とはならず、背景化してしまっているものがある。

- 複文構造において、従属節のプロファイルは、通常、主節の意味構造の一部分に格下げされているのだが、場合によっては、ある程度独立化したり、主従の逆転を起こしてしまうこともある。これは、プロファイリングというのが、結局のところは「概念的際立ち」という程度的な性格を持つものであるというところに起因する。

今後は、本稿の後半部分で取り上げた諸事象やその他の問題について、考察の深化と範囲拡大を行っていきたいと考えている。

註

[1] Langacker (1991: 94)は、viewing arrangement や stage model を用いて言語における主観性の構造を説明するにあたって、対象場面内（つまり客体領域）の要素のみがプロファイルとなり得、それを認識する話し手の側のあり方はプロファイルされない、と仮定している。

[2] 厳密に言うと、＜主張＞は最も無標（unmarked）な発話態度なので、英語では、それ自体を直接に表す専用形式（語句・構文）は存在しない。(2)は上りイントネーションで発音されれば、「主張」ではなく「発問」という発話態度を表すことになるからである。

[3] 本稿で詳しく取り上げることはしないが、厳密に言うと、英語における中核事態確定は「主語＋定形動詞」という構文そのものによって表されていると考えるべきであろう。というのも、英語の定形節は（特殊な例外を除けば）基本的に明示的な主語を必要とするが、非定形節（不定詞・分詞・動名詞）は必ずしもそうではないからである。

[4] 尤も、Palmer (1986: 120)の挙げる以下の例は、一見、単独の節に「感情の should」が用いられているように見える。
　　　(i)　　　That he should do such a thing!
だが、文頭に that が置かれていることからもわかるように、この文全体は that 補文であり、話し手の感情的評価を表す部分（主節）が省略されていると考えるのが妥当であろう。

[5] Langacker (1991: 494-506)も発話態度の問題を Speech-Act と題して取り上げ、いくつかの問題に関して簡単な議論を展開している。そして具体的諸問題に関する本稿との実質的な違いは、認識態度・表現態度に対するプロファイルを認めるか否か、ということに帰着するようである。

[6] ここにいう「補部」とは、ある表現のプロファイルの一部を具現化する別の表現ということで（Langacker 1987; 1991）、生成統語論でいうような統語的な概念（主要部の姉妹要素）ではない。とは言え、動詞や前置詞とその目的語の関係などの場合には、結果的に同じことになる。と言うのも、そもそも統語論で言う「補部」というのが、意味構造上の補完関係（ある関係概念の欠けた部分を補う、という関係）に関する言語直観を形式構造的に表したものだからである。

[7] ここでは、発話の前提（presupposition）と焦点（focus）の問題は棚上げしてある。これらは発話態度修飾表現の一種で、客体描写の一部分に、伝達情報としての重要性に応じた際立ちを与える＜焦点化＞という働きに関わる概念である。この問題については稿を改めて展開したいと思っているが、焦点化がモダリティの一種であるとする考え方については中右(1994)を参照のこと。

[8] 遂行文は、その意義が Austin (1962)により見出されて以来、数多くの研究の対象となってきた。その性質の詳細な分析については、山梨(1986)が詳しい。

参考文献

Austin, J.L. (1962) *How to Do Things with Words*.　the Clarendon Press, Oxford.
Bloomfield, Leonard (1933) *Language*.　Holt, Rinehart & Winston, New York.
Greenbaum, Sydney (1969) *Studies on English Adverbial Usage*.　Longman, London.
Jackendoff, Ray (1977) *X-bar Syntax: A Study of Phrase Structure*.　MIT Press, Cambridge, Massachusetts.
Langacker, Ronald (1987) *Foundations of Cognitive Grammar, vol. 1: Theoretical Prerequisites*.　Stanford University Press.
Langacker, Ronald (1991) *Foundations of Cognitive Grammar, vol. 2: Descriptive Applications*.　Stanford University Press.
Palmer, Frank (1986) *Mood and Modality*.　Cambridge University Press, Cambridge.
Quirk, Randolph, Sidney Greenbaum, Geoffrey Leech, Jan Svartvik (1985) *A Comprehensive Grammar of the English Language*.　Longman, London.
Sweet, Henry (1900) *A New English Grammar　Logical and Historical*.　The Clarendon Press, Oxford.
Traugott, Elizabeth (1972) *The History of English Syntax*, Holt, Rinehart and Winston, New York.
大久保忠利（1982）『増補版 日本文法陳述論』 明治書院
金田一春彦（1953）「不変化助動詞の本質」（上・下）再収『日本の言語学 3』（服部四郎・大野晋・阪倉篤義・松村明 編：1978） 大修館書店
古賀恵介（2004）「意味の三層構造について」『人文論叢』第 36 巻 第 1 号（福岡大学人文学部）pp. 107-135
児馬 修（1990）「仮定法構文」 中尾俊夫・児馬 修（編著）『歴史的にさぐる現代の英文法』 大修館書店 pp. 142-150
澤田治美（1993）『視点と主観性――日英語助動詞の分析――』 ひつじ書房
高増名代（2000）『英語のスウェアリング』 開拓社
時枝誠記（1941）『國語學原論』 岩波書店
中右 実（1994）『認知意味論の原理』 大修館書店
仁田義雄（1991）『日本語のモダリティーと人称』 ひつじ書房
益岡隆志（1991）『モダリティーの文法』 くろしお出版
南不二男（1993）『現代日本語文法の輪郭』 大修館書店
山田孝雄（1908）『日本文法論』 寶文館
山梨正明（1986）『発話行為』（新英文法選書 12）大修館書店
渡辺 実（1971）『国語構文論』 塙書房

文否定と構成素否定

西岡　宣明

1. 序

　文中に否定要素がある場合、文全体を否定のスコープとする文否定(sentential negation)と、否定のスコープが文全体には及ばない構成素否定(constituent negation)の場合がある。

(1) a. John did not eat the meal.

　　b. I have never seen so much rain.

　　c. John ate nothing.

　　d. We see such things nowhere.

(2) a. It rained not long ago.

　　b. One may expect results from him not unreasonably.

　　c. I bought it for nothing.

　　d. He will be back in no time.

(1)は、通例文否定を表し、(2)は、構成素否定を表すイディオマティックな例である。しかし、いずれとも解釈され、解釈上の曖昧性がある場合がある。次の(3a)の文は、(3b)の文否定、(3c)の構成素否定のいずれとも同義に解釈される。

(3) a. John would be happy with no job.

　　b. John wouldn't be happy with any job.

　　c. John would be happy without any job. (= John would be happy if he had no job.)

この2つの否定は、否定要素の前置に関し、違いがある。

(4) a. Nowhere do we see such things.

　　b. Not long ago it rained.

(5) a. With no job would John be happy.

　　b. With no job John would be happy.

文否定の場合、主語と助動詞の倒置が生じるのに対し((4)・(5)の(a)の文)、構成素否定では、それがない((4)・(5)の(b)の文)。さらに、否定要素が前置詞の目的語の場合、前置詞残置に関しても、違いがある。

(6) a. No job would John be happy with.

　　b. *No job John would be happy with.

本稿では、統語的視点から、2つの否定の違いを考察し、その分布の違いを説明することを試みる。特に、近年の統語理論研究の成果を取り入れた、ミニマリスト・プログラム的アプローチ法が有効であることを示す。具体的には、西岡 (2002, 2003)、Nishioka(2002)で提案された、節構造として TP の上に PolP を想定し、Pol と否定要素との Agree に基づくメカニズムが文否定の認可(licensing/encoding)に働くのに対し、構成素否定は、より局所的に Agree が適用することを主張する。

　本稿の構成は以下の通りである。まず、次節で先行研究として、Haegeman (1995, 2000)、Kato (2000)の分析を概観し、問題点を指摘する。3 節で、文否定の認可のための PolP 分析の概略を述べた後に、構成素否定の認可のメカニズムを論じる。そして、4 節で 3 節のメカニズムに基づき、2 節でみた事実がいかに説明でき、先行研究の問題点を克服できるかを論じる。5 節で Ota (1981) の事実観察が、本稿の分析でいかに説明できるかを論じ、本稿の分析の妥当性を支持する。6 節で論をまとめる。

2. 先行研究
2.1 Haegeman (1995, 2000)

Haegeman (1995, 2000)は、Haegeman and Zanuttini (1991)、Rizzi (1991)に基づき、(7)の NEG・基準(criterion)による分析を提案している[1]。

(7) a. A NEG-operator must be in a Spec-Head configuration with an X-[NEG].

　　b. An X-[NEG] must be in a Spec-Head configuration with a NEG-operator.

Haegeman (1995)は、(7)は普遍的に S・構造で満たされるべきであると主張し、否定文は NegP の機能投射をもつという仮定の下に(7)には、以下のような満たされ方があると論じている[2]。

(8) a. 否定辞が、NegP の指定部(Spec)に（基底位置として）ある。

　　b. 機能投射の指定部へ移動した否定語句により満たす。

　　c. NegP の指定部に否定語句と連鎖を成す非顕在的な虚辞演算子がある。（否定語句と非顕在的虚辞演算子との表示連鎖（representational CHAIN）による。）

　　d. 顕在的な Neg 主要部がその指定部に非顕在的否定演算子を認可する。

Haegeman (1995)は考察の対象として、オランダ語西フランダース方言(West Flemish)や英語のデータだけでなく、その他の西ゲルマン諸語、ロマンス諸語も含むが、英語についてのみみた場合にも、NEG・基準(7)には(8)の 4 つの満たされ方があると論じている。(9)-(12)の(a)の文は、(b)の S・構造に示されるように、それぞれ、(8a)-(8d)により(7)が満たされている例である。

(9) a. John does not eat chocolate. (Haegeman (1995:180))

　　b. John　does [$_{NegP}$ not Neg [$_{VP}$ eat chocolate]].

(10) a. On no account will I go there. (Haegeman (1995:180))

　　b. [On no account will[NEG]]I go there.

(11) a. He said nothing. (Haegeman (1995: 187))

　　b. He [$_{NegP}$ Op$_i$ Neg [$_{VP}$ said nothing$_i$]]

(12) a. John hasn't left yet.　(Haegeman (1995:189))

    b. John hasn't$_i$ [$_{NegP}$ OP [t$_i$] [left yet]]

(9b)のように not は、NegP の指定部に基底生成されることにより、(7)を満たすのに対し((8a))、(12b)に示されるように縮約形 n't は Neg 主要部として考えられている。すなわち、(12a)は、Neg 主要部 n't がその指定部に指定部－主要部関係を通して否定素性を付与し、非顕在的な否定演算子を認可すると考えられている((8d))。この場合、Neg 主要部 n't は T(I)へ移動しているので、NEG-基準は、厳密には Neg 主要部の移動連鎖の末尾要素（痕跡）と非顕在的演算子との間で、満たされていることになる。(11a)のような例が、(11b)に示されるように否定要素が NegP の指定部にある非顕在的な虚辞演算子と表示連鎖を成し、それが非顕在的な Neg 主要部との間で(7)を満たす例である((8c))。また、(10a)が序((4)(5))で述べた、構成素否定との対比を示す例である。文否定の場合、否定要素を前置すると主語・助動詞倒置が生じるが、Haegeman は、これを(7)に帰している((8b))。すなわち、Neg 主要部を経由した助動詞が Neg 主要部の否定素性をもち、前置した要素と指定部－主要部関係を作るために助動詞の移動がおこると考える[3]。他方、構成素否定は、文（主節）レベルで NEG-基準を満たす必要がないために、否定要素を前置しても主語・助動詞倒置は生じない。

　また、(6)にあげた前置詞残置に関する文否定と構成素否定の違いについては、Haegeman (2000)が明示的に論じている。

　(6) a. No job would John be happy with.
　　　b. *No job John would be happy with.

主語・助動詞倒置を生じさせる(6a)の文否定の場合、前置詞の目的語のみを前置した前置詞残置が許されるのに対し、主語・助動詞倒置のない(6b)の構成素否定の場合、前置詞残置が許されない。Haegeman (2000)は、文否定の場合の否定要素の前置は焦点化であり、構成素否定の否定要素の前置は話題化であり（従って、異なる機能投射に位置し）、焦点化はその痕跡と演算子－変項関係を形成するのに対し、話題化は演算子－変項関係を形成しないと論じ、否定の DP は本来的に変項を束縛しなければならないために話題化要素とはなりえないことに(6b)の非文法性を起因させている。

　以上のような Haegeman の分析にはいくつかの問題がある。そもそも、Haegeman は、NEG-基準(7)を S-構造で満たされるべきであると主張するが、近年のミニマリスト・プログラムの主張が正しいなら S-構造制約は存在しないはずである。また、(7)の満たし方に英語という一言語にすら、(8)のような様々な方法があるとする分析も否定文の統一的分析に成功しているとはいえない。さらに、(7)を S-構造制約として最も直接的に動機づける(10)の例に関しても問題がある。

　(10) a. On no account will I go there. (Haegeman (1995:180))
　　　b. [On no account will[NEG]] I go there.

(10)は否定要素の前置に伴い、否定素性をもつ助動詞が S-構造で(7)の NEG-基準を満たすために移動しなければならないとした(8b)に基づく(7)の満たし方の例であったが、何故、他の NEG-基準の満たし方が適用しないのかがそもそも不明である。否定要素の前置を伴わない(13a)の例は、(13b)に示されるように(8c)の表示連鎖に基づくはずである。そうであるとしたら、(10a)も(10b)ではなく、(14b)により NEG-基準を満たす可能性もあるはずである。

(13) a. I will go there on no account.

　　b. I will [NegP Opi Neg [go there on no accounti]]

(14) a. *On no account I will go there.

　　b. On no accounti I will [NegP Opi Neg [go there ti]]

しかし、そうだとすると(14a)を誤って文法的であると予測してしまう。従って、(7)は、表示連鎖の主要部(最も上部)で満たされねばならないというような独自の制約の必要性を示唆するかとも思われるかもしれないが、(12b)で述べたように移動連鎖が連鎖の末尾要素によってNEG・規約を満たすのであれば、表示連鎖にのみそのような制約が存在するのは不可解である[4]。

また、(6)の前置詞残置に関しても問題がある。

(6) a. No job would John be happy with.

　　b. *No job John would be happy with.

Haegeman(2000)は、否定DPは、本来的に変項を束縛する演算子であるために、焦点化による否定要素の前置である文否定(6a)の場合、変項を束縛でき文法的であるが、話題化による否定要素の前置と考える構成素否定(6b)では、変項を束縛できないために非文法的であるとした否定DPの演算子特性に基づく分析を出していることを先に述べたが、それでは(5)のような例においては、いかにその特性を満たしているのであろうか。

(5) a. With no job would John be happy.

　　b. With no job John would be happy.

文否定である(5a)は、(15a)に示されるように否定DP (no job)の否定（演算子）素性（特性）がPPまで浸透し、PP全体が演算子としてその痕跡を束縛している。他方、構成素否定(5b)では、否定DPの否定（演算子）素性（特性）は、(15b)のように移動によるか、あるいは(15c)のように表示連鎖により、前置したPP内部で満たされているはずである[5]。

(15) a. [PP with no job]i would John be happy ti

　　b. [PP with [no job]i ...ti] John would be happy

　　c. [PP with Opi ...[no job]i] John would be happy

PPを前置しない構成素否定の場合も同様に考えられる。

(16) a. John would be happy with no job. (= (3a))

　　b. John would be happy [PP with [no job]i ...ti]

　　c. John would be happy [PP with Opi ...[no job]i]

そうだとしたら、(6b)においても否定DPの演算子特性は(17a,b)のようにPP内部で満たされているはずであるのでHaegemanの説明は成立しない。

(17) a. [No job]i John would be happy [PP with t'i ...ti]

　　b. [No job]i John would be happy [PP with Opi ...ti]

また、Haegemanの分析は節頭に移動するDPと述語との関係を考慮していない点にも問題がある。(3b)の解釈での(3a)、(5a)、(6a)の文否定の場合、否定DPは、述語の項であり、その解釈は、「ジョンはどんな仕事にも満足しないだろう。」というものであるのに対し、(3c)の解釈での(3a)、(5b)、(6b)の構成素否定の場合、前置詞句は述語の付加詞であり、その解釈は、「ジョンは仕事が

なくても/なければ、幸せだろう。」である。同様の 2 つの解釈は否定 DP を伴わない以下の例にもある。

(18) a. John would be happy with this job.
b. This job John would be happy with.

(18a)は、this job が述語の項として解釈される「ジョンはこの仕事に満足するだろう。」と、with this job が付加詞として解釈される「ジョンはこの仕事があっても/あれば、幸せだろう。」の 2 つの解釈が可能であろう。しかし、(18b)は、焦点化、話題化いずれの解釈においても前者に対応する解釈しかない。すなわち、述語の項としての解釈をうける時に、前置詞を残置した DP の移動が許されるのであり、前置される DP の特性によるものではない。Haegeman の否定 DP の特性に基づく分析では、否定 DP を伴わないこの事実との並行性を捉えることができない。

以上のように Haegeman (1995, 2000)の NEG-規約に基づく分析には問題があり、不十分であると言える[6]。

2.2 Kato (2000)

Kato (2000)も(3)-(6)のような事例に対する説明を試みている。Kato (2000)は、Chomsky (1995)の枠組みにおいて否定文と否定対極表現を統一的に捉える試みであり、否定文に関して、(19)を提案している。

(19) Interpret the configuration P [... neg ...] as sentential negation, where P(olarity) is
(a) negative, (b) closest to neg, and (c) c-commands it.

ここで P は IP より上位にある CP 内の否定と肯定素性を持ちうる機能範疇であり、neg は not, no..., nothing 等の否定要素のもつ素性である。すなわち、Kato は、文否定が成立するために、否定要素は否定素性をもつ P に c-統御される位置になくてはならないが、構成素否定にはその要請がないと仮定する。従って、(16a)のような例における文否定と構成素否定の違いは、(20)に表されるように捉えられる。

(16) a. John would be happy with no job. (= (3a))
(20) a. [CP neg- [IP would [VP John be happy [PP+neg with no job]]]]

b. [CP Aff- [IP would [VP John be happy [PP+neg with no job]]]]

(20a)は、P 位置に否定素性が生じ、(19)に基づき文否定と解釈される場合であり、(20b)は、P 位置に肯定素性が生じ、構成素否定として解釈される場合である。そして、否定要素の前置に関する、文否定と構成素否定の違いとして、(19)から、(21)が導き出されている。

(21) A sentence-initial negative phrase is derived by Move in sentential negation, but by Merge in local (constituent) negation.

Kato は、否定要素が前置され、主語・助動詞が生じた場合も基本的に(20a)と同じであるが、C のもつ焦点化素性を照合するために移動が生じたものと考え、(22a)から否定要素と助動詞が移動した(22b)の派生構造をもつとするのである。

(22) a. [CP CF neg- [IP would [VP John be happy [PP+neg with no job]]]]
　　b. [CP [PP with no job] [C would] [IP John [VP be happy]]]

この時、Cの焦点化素性(CF)が否定要素の移動の駆動力であるが、助動詞の移動は、CPが指定部をもつためのI-to-C移動を前提条件であるとするChomsky (1995:391 n.118)の示唆に従い、Cの焦点化素性が適切に照合されるために生じると、Katoは論じている。他方、構成素否定の場合、否定要素は、素性照合により節頭に生じるものではないために、(23)に示されるように直接併合され、助動詞の移動も生じないとされる。

(23) [CP [PP+neg with no job] [IP John would [VP be happy]]]

前置詞残置に関しては、Katoは、文否定、構成素否定の構造をそれぞれ、(24b)、(25b)のように考え、直接DPが節頭に併合される(25a)では、その格が照合/付与されないために非文法的であるが、移動に基づく文否定の(24a)は、前置されたDPの格は移動の連鎖によりうまく照合/付与されると論じている。

(24) a. No job would John be happy with. (= (6a))
　　b. [[no job]$_i$ [would John be happy with t$_i$]]

(25) a. *No job John would be happy with. (= (6b))
　　b. [[no job] [John would be happy with]]

Kato (2000)の(19)に基づく分析は、次節で述べる本稿の分析と類似した部分もあり、否定文の統一的分析を試みるものであるが、文否定と構成素否定の違いに関しては以下のような問題がある。まず、第一に否定要素以外の焦点化による前置の場合、主語・助動詞倒置が生じないという事実を説明できない。

(26) a. This book he gave her.
　　b. [CP [this book]$_i$ CF [IP he gave her t$_i$]]

(27) a. This job he would be happy with.
　　b. [CP [this job]$_i$ CF [IP he would be happy with t$_i$]]

(26a)、(27a)の文は焦点化移動により生じた文と解釈できるが、主語・助動詞倒置は生じない。助動詞の移動(I-to-C移動)を焦点化移動の前提条件とする説明は正しくないことを示す。

また、格照合/付与に基づく前置詞残置の分析にも問題がある。(21)は否定要素に関してしか規定していないが、(19)の要請のない構成素否定となる付加詞句内の否定要素のみが節頭に生じる場合に、直接的併合を想定するのであるから、以下のような同様に(19)の要請のない否定要素以外の付加詞句内の要素が節頭に生じる場合も直接的併合によるものと考えられる。

(28) a. This lake, it is not allowed to camp beside in spring.
　　b. John, Mary will be happy to go to a movie with.

Katoの分析では、これらの例も格照合/付与の点から非文法的であることが誤って予測されることになろう。以上の点からKato (2000)の分析も十分であるとはいえない。

3. 代案

本節では、近年のミニマリスト・プログラムの成果をとりいれた代案となる分析を提出する。

否定文の統一的分析として、西岡 (2002, 2005)、Nishioka (2002)の一連の研究で出した分析を文否定の分析として支持し、構成素否定にも同様の、しかし、より局所的操作が働くとする分析が妥当であることを論じる。

3.1 PolP 分析

西岡 (2002, 2005)、Nishioka (2002)は、(30)(31)のような文に基づき、TP の上に PolP を想定する(29)の節構造を提案している。

(29) [CP C [PolP Pol [TP T　vP]]]

(30) a. Lee said [CP that [PolP at no time would [TP she agree to visit Robin]]].
　　　b. Lee wonders [CP why C [PolP in no way would [TP Robin volunteer]]]
(Culicover (1991:48,53))

(31) a. *Unless* [TP it rains tomorrow],…… (= If it does *not* rain tomorrow,….)
　　　b. Make haste *lest* [TP you (should) be late]. (=Make haste so that you should *not* be late.)

(30)では、否定要素を含む前置詞句と倒置した助動詞(T)が、典型的な C 主要部(that/wh 要素を指定部にもつ C 主要部)と TP の間に生じており、機能範疇の投射(PolP)の必要性を示す。(31)の文は、否定接続詞を含む文である。否定接続詞は TP に外部から否定値を与えているといえる。そして、否定文の統一的認可メカニズムとして、Chomsky (2000)の分析を援用した(32)を提案している。

(32) 英語の文否定は、(a) 否定接続詞により与えられるか、(b) Pol と TP 内の否定要素との
　　　 Agree により、Pol が[+NEG]素性を獲得することにより、認可される。

Agree とは解釈不可能な素性(probe:P)が一致する素性と照合し、解釈不可能な素性を削除するという Chomsky (2000, 2001a,b)で提案された素性照合のメカニズムである[7]。 (33)(34)がその操作のための技術的仮定である。

(33) a. Matching is feature identity.
　　　b. G must be in D(P) (the domain of P), which is the sister of P (i.e. c-command domain of P).
　　　c. The relation must satisfy the locality condition of closest c-command.
(adapted from Chomsky (2000:122))

(34) Goal as well as probe must be *active* for Agree to apply.[8]

(Chomsky (2001b:6))

すなわち、(32)において述べているのは、文否定は否定接続詞により表されるのでなければ、Pol と TP 内の否定要素との Agree に基づき認可されねばならないということである。さらに、否定文において Agree が働くために以下のことが仮定される。

(35) a. Pol は、解釈不可能な[NEG]素性(以下[uNEG])をもつ。(あるいは、Pol は語彙的に[+NEG]を否定接続詞から与えられる。)そうでない場合、Pol は解釈可能な[-NEG](=[+POS])素性をもつ。

b. 否定要素は、解釈可能な[+NEG]素性と解釈不可能な[neg](以下[uneg])素性をもつ。

(35b)の否定要素とは not だけでなく、no..., few...の否定数量詞(NegQ)や hardly, seldom 等の否定副詞を包括するものである。(35)の素性指定は Chomsky (2000:128)が wh 疑問文に対して示唆した(36)と並行的なものである。

　(36) a. C は解釈不可能な[Q]([uQ])素性と EPP 素性を持ち得る。
　　　b. wh-句は解釈可能な[+Q]素性と解釈不可能な[wh]([uwh])素性をもつ。

[+NEG]素性が Pol に存在することが否定文としての認可条件である((32))とすると、Agree を通して TP 内の否定要素の[+NEG]が Pol へ移動しなければならない。技術的にはいくつかの可能性が考えられるが、ここでは、以下便宜上 Pesetsky (2000)や Chomsky (2001a)で想定されている非顕在的句移動(covert phrasal movement)を想定し、PolP の指定部に[+NEG]があることを否定文の認可条件であると考える。(35)のメカニズムは否定要素がもつ演算子特性と文否定のもつスコープ特性を同時に捕えるものである。

　どのように否定文の認可が Agree を通して行われるかを具体的に示す。

　(37) a. John does *not* eat chocolates.
　　　b. John *never/seldom* eats chocolates.
　　　c. John ate *nothing*.

(37)の文はいずれも (38)に概略的に示される派生構造をもつ。(ここで NE は否定要素を表す。)

　(38)　　[PolP NE[+NEG][uneg] Pol[uNEG][EPP] [TP (...) t (...)]]
　　　　　　　　　↑_____|

Pol の[uNEG](probe)が、一致する[+NEG](goal)を探し、それが active であるが故に首尾よく Agree が適用され（註 8 参照)、また否定要素(NE)が非顕在的に[Spec, PolP]へ移動し、すべての解釈不可能な素性([uNEG], [EPP], [uneg])が削除され、収束派生へとつながる。この結果、Pol はその指定部に[+NEG]をもち、(37)の文はいずれも否定文として認可される ((32))。

3.2 構成素否定

　上で文否定は、否定要素と機能範疇 Pol との Agree により認可されることを述べたが、構成素否定はいかに認可されるのであろうか。序でみた構成素否定の例を再掲する。

　(2) a. It rained not long ago.
　　　b. One may expect results from him not unreasonably.
　　　c. I bought it for nothing.
　　　d. He will be back in no time.

　(3) a. John would be happy with no job.
　　　c. John would be happy without any job. (= John would be happy if he had no job.)

(2)と(3c)の解釈での(3a)は、すべて付加詞内に否定要素が含まれているので、文否定の認可条件として、Pol と否定要素との Agree を想定する本稿の枠組みでは、これらが文否定とならないことは付加詞が一般に移動の島であることから導出される[9,10]。従って、構成素否定は、より局所的に否定要素の演算子特性が満たされていると考えられ、構成素否定の定義を(39)のように考え

る。
　(39)　構成素否定は、主節の Pol に拠らずに否定の演算子特性を満たすものである。

構成素否定の中でも(2)の例は、(40)に示されるように、肯定的表現でパラフレーズされるイディオマティックな例であり[11]、それ自体に節の特性はなく否定要素に Agree が関与しているかどうか定かではない[12]。

　(40) a. not long ago = a short time ago
　　　 b. not unreasonably = reasonably
　　　 c. for nothing = (for) free
　　　 d. in no time = soon

他方、(3c)の解釈での(3a)では、with 句はいわゆる付帯状況を表し、(41a)によってパラフレーズされることから分かるように非顕在的な述語（動詞と非定型のＴ）をもつと考えられ、その構造に(41b)のように PolP が含まれる構造をもつと考えられる[13]。　そしてこの構造内で(41c)のように Agree が適用して、否定要素の演算子特性が満たされている。(Cf. (38))　その結果、with 句全体は、(40)のイディオマティックな例と同様に、否定の演算子特性を有しないといえる。

　(41) a. John would be happy with having no job.
　　　 b. [with [PolP Pol [TP T　V no job]]]
　　　 c. [with [PolP no job[+NEG][uneg] Pol[uNEG][EPP] [TP (...)　t (...)]]]

このように構成素否定といっても文否定との類似性において違いがあり、節の特徴を明示的に示している程((41a)、(3a)、(40)の順で)、構成素否定らしくなくなるが、(39)を有しているという点において文否定とは区別される。

４．文否定と構成素否定の前置に関する違い

　１節、２節で論じたように、文否定と構成素否定では、否定要素が節頭に生じた場合に主語・助動詞倒置が生じるか否か、否定要素が前置詞の目的語の時、前置詞を残置して否定要素のみが節頭に生じるか否かに関し違いがあった。本節では、前節で提案した本稿の分析がいかにこの問題を捕らえうるかを論じる。

4.1　主語・助動詞倒置

　否定要素が節頭に生じた場合の例を再掲する。(4b)(5b)のような構成素否定と違い、(4a)(5a)のような文否定では主語・助動詞倒置が生じる。

　(4) a. Nowhere do we see such things.
　　　b. Not long ago it rained.
　(5) a. With no job would John be happy.
　　　b. With no job John would be happy.

(42)のように(4a)(5a)の文否定の例は、否定要素が前置されなくて文否定を表しうるのであるから、Haegeman (1995, 2000)、Kato (2000) も想定しているように、前置の要因は焦点化にあるとい

える。
   (42) a. We see such things nowhere.
      b. John would be happy with no job. (=(16a))
従って、前置そのものは、以下のような焦点化移動と同じ要因に帰せられる。
   (43) a. This book he gave her. (=(26a))
      b. This job he would be happy with. (=(27a))
Nishioka (2004)では、否定文、wh-疑問文との並行性を捉えるために、(43)のような焦点化移動を伴う文は、(44)のような素性をもつことを示唆した。(Cf. (35)(36))
   (44) a. Pol は解釈不可能な[FOC]([uFOC])素性と EPP 素性を持ち得る。
      b. 焦点化要素は解釈可能な[+FOC]素性と解釈不可能な[foc]([ufoc])をもつ。
これに基づくと、(43)の文の派生構造は(45)のようになる。(FE は焦点化要素を表す。)
   (45) [PolP FE[+FOC][ufoc] Pol[uFOC][EPP] [TP (...) t (...)]]

また、Nishioka (2002)で論じたように助動詞の前置の要因は Pol あるいは C のもつ EPP 特性をもつ解釈不可能な T 素性であり([uT])、その[uT]は、極性素性と焦点化素性が共にある場合にのみ生じると仮定することにより、否定素性、あるいは焦点化素性の一方しかない (42) (43)では、助動詞の移動が生じないのに対し、(46)に示されるように両方の素性をもつ(4a)(5a)では助動詞が[uT]を照合するために移動することを正しく捉えうる。
   (46) [PolP NE[+NEG][uneg][+FOC][ufoc] T-Pol[uNEG][uFOC][EPP][uT] [TP (...) t... t (...)]]

wh-疑問文でも主語・助動詞倒置が起こるが、疑問素性は否定素性に還元されうること[14]、疑問素性は本来的に焦点的であることを考えれば、C のもつ[uQ]素性((36a))は、否定素性、焦点化素性の両方の特性を兼ね備えていると考えられ、[uT]が共起することは理解できよう。

   また、構成素否定の場合は、3.2 節で論じたように、否定要素の演算子特性はすでに局所的に満たされた結果、前置される要素はもはや否定特性をもたない。従って、(4b)(5b)では、前置要素は Pol の否定素性と Agree する可能性はなく、(故に、Pol に否定素性は仮定できず、) 主語・助動詞移動のための[uT]は想定できないのである。

   このように否定要素の前置に伴う主語・助動詞倒置は、2節でみた Haegeman (1995, 2000)、Kato (2000)の分析の理論的、経験的問題をもたずに少なくとも同様の記述ができる。

4.2　前置詞残置

   否定要素が前置詞の目的語の場合の前置詞残置に関する文否定と構成素否定の文法性の違い(6)も本稿の分析で説明することができる。
   (6) a. No job would John be happy with.
      b. *No job John would be happy with.
(6a)の文否定「ジョンはどんな仕事にも満足しないだろう。」の場合、前置された否定要素 no job

は述語の項である。他方、構成素否定の解釈「ジョンは仕事がなくても/なければ、幸せだろう。」を意図した(6b)では、no job は付加詞句内の要素である。従って、(6b)の非文法性は(Kato (2000)の主張に反し、)この場合にも移動が関与すると考えれば、(47)と同様に単純に付加詞句内の要素の取り出しを禁じる付加詞の島制約に帰せられる。(註9,10参照。)

(47) a. *To whom did you leave without speaking t?
b. *How did you leave before fixing the car t?

(Oba (2000:67))

(6b)を話題化であるとして、(焦点化と違い)変項の束縛ができないことにその非文法性を帰するHaegeman (2000)も、直接的併合により格付与/照合ができないことで説明を試みるKato (2000)のいずれの分析も、以下のような例の非文法性を捕らえるためには、別に移動の島制約を必要とする。

(48) a. *No clothes does Mary look attractive in.
b. *Not many years will Christmas fall on a Sunday in.

文否定の場合も構成素否定の場合も前置された要素は前置詞の目的語位置からの移動であると考える分析は、(48)の例も、(6b)(49)と同様に単純に付加詞の島制約により統一的に説明できる。

(49) a. *No clothes Mary looks attractive in.
b. *Not many years Christmas fall on a Sunday in.

5. その他の事例 ― Ota (1981)の事実観察

Pol と文中の否定要素との Agree に基づく本分析は否定要素が付加詞内にある場合、文否定とはならないことを正しく捉えるが、Ota (1981)が指摘するように、以下の例においては否定要素が付加詞内にあるにもかかわらず、文否定の解釈が可能である。

(50) John went to the movies with no one. = John didn't go to the movies with anyone.

(Ota (1981:19))

この事実は本稿の分析の反例となると思われるかもしれないが、そうではなく、単に付加詞の島制約がすべての付加詞に同様に働くのではないということを示しているにすぎない。その証拠に付加詞が随伴を表すこの場合は、前置詞の目的語のみの wh 移動も可能である。

(51) Who did John go to the movies with?

また、(52)のような場合も付加詞からの取り出しが可能であるが、それは(53)において文否定の解釈が可能であることと対応する。

(52) a. What did the gang open the safe [with t]?
b. What did John save the money [for t]?

(Takami (1992:10))

(53) a. The gang could open the safe with no tools.
　　(= The gang couldn't open the safe with any tools.)
b. John saved the money for no one.

Ota (1981)の以下の例も本稿の枠組みで説明できる。

(54) a. Fathers of few children have any fun.

b. *Fathers with few children have any fun.

(55) a. Reviewers of no books have any fun.

b. *Reviewers with no knowledge about the subject have any fun.

(Ota (1981:22))

これらは、否定要素が名詞内部に埋め込まれている場合、否定要素を含む句が名詞の補部の場合((54a)(55a))、文否定の解釈が可能であるが、否定要素を含む句が名詞の付加部の場合((54b)(55b))、文否定の解釈が不可能であることを示す。(そのことは、否定対極表現(NPI) any の認可の違いによる文法性の違いとして示される。) この違いは名詞内部の付加詞要素が外部の要素と Agree できないことによることに帰せられ、以下の取り出しに関する文法性の違いと同様に説明される。

(56) a. Which city did you witness [the destruction [of t]]?

b. *Which city did you meet [the man [from t]]?

(Chomsky (1986:80))

同様の wh 移動と文否定の可能性との並行性は、以下のような例にもみられる。

(57) a. I gave [pictures of no one] to anyone.

b. *I gave [Mary's pictures of no one] to anyone.

c. *I gave [certain pictures of no one] to anyone.

(Ota (1981:22))

(58) a. Who did you give [pictures of t]?

b. *Who did you give [Mary's pictures of t]?

c. *Who did you give [certain pictures of t]?

この並行性は、特定的な(specific)名詞句はその内部要素の外部要素との Agree を阻止すると仮定することにより、うまく捉えられる。

これまで、文否定と wh 移動との並行性がともに Agree に基づくとする本稿の分析でうまく捕らえられる事例をみたが、その並行性がない場合もある。

(59) a. [Nobody's consent to any proposal] surprised John/*anyone.

b. [Nobody's attendance at the party] surprised John/*anyone.

(60) [Nobody's proof of the theorem] satisfied anyone.

(Ota (1981:20))

NPI の認可の違いに反映されるように、(59)のような出来事を表す名詞句内に否定要素がある場合は、文否定とならない。これは、(60)のような行動(proving)の結果生じた産物である抽象的なモノ(abstract object)(Ota (1981:21))とは対比的である。他方、wh 移動に関しては名詞による違いはなく、(61a)(61b)ともに構成素否定に対応する局所的疑問の解釈はない。

(61) a. Whose attendance at the party surprised John?

b. Whose proof of the theorem satisfied the professor?

本稿の枠組みで(59)(60)の違いをいかに捉えるかの詳細は今後の研究に残すが、出来事を表す名詞の場合、それを含む構成素構造として、出来事項(cf. Davidson (1967))を束縛する TP 構造が想

定され、さらには、それを補部にとる PolP が想定されるのに対し、モノの場合にはそのような想定ができないためによることと考えられる。すなわち、(59)の場合、主語内部での Pol と否定要素間での Agree の適用の結果、否定要素の演算子特性は満たされ、構成素否定として解釈されるが、(60)の場合、主語内部での否定要素の Agree はないため、(主) 節の Pol と否定要素との Agree により、文否定として解釈されるのである。他方、疑問の C は主節以外は、主節述語に選択される場合にしか生じないため、主語名詞句内に生じるとは考えられない[15]。従って、名詞の種類に関係なく、その想定ができないために(61)の例はいずれも疑問文の解釈となると考えられる。

6. まとめ

以上、本稿では、文否定と構成素否定の違いを捉える枠組みとして、Haegeman (1995, 2000) の NEG-規約に基づく分析が妥当ではないこと、また Kato (2000)のミニマリスト分析にも問題があることを論じ、代案として、西岡(2002, 2003)、Nishioka (2002)の PolP 分析が妥当であることを主張した。文否定と構成素否定との違いは、否定要素のもつ演算子特性がみたされる領域の違いであり((39))、Agree に基づく本稿の分析は wh 移動との並行性も適切に捉える。その妥当性は、Ota (1981)が記述した事例をもうまく説明できることにより支持される。

註

[1] Haegeman (1995, 2000)は、WH-criterion, NEG-criterion は、FOCUS-criterion とともに(i)の AFFECT-criterion として一般化されることを示唆している。

   (i) a. An AFFECTIVE operator must be in a Spec-Head configuration

     b. An AFFECTIVE-X0 must be Spec-Head configuration with an AFFECTIVE operator.

[2] 西岡 (2000)参照。

[3] Haegeman (2000:26)は、Neg 主要部に言及せずに、単に前置された助動詞が否定素性をもつと仮定している。

[4] Haegeman (1997:116)は以下のような主語・助動詞倒置のない(ia)に対し、(ib)のイタリア語と同様に、(ii)のように考えられる空演算子による NEG-規約の満たし方を示唆している。

   (i) a. Nothing I read that I had not heard before.

    b. A nessuno Gianni ha parlato.

      To no one Gianni has talked

      'Gianni did not talk to anyone.'

   (ii) NE$_i$... [$_{NegP}$ Op$_i$ Neg...]

[5] PP 内での移動先、あるいは、虚辞演算子の位置は当議論に直接影響しない。

[6] その他の Haegeman (1995)の問題点については、佐藤(1997)、Kato (1997, 2000)、西岡(2000)を参照。

7 Move は、Agree と Merge と随伴(pied-piping)からなる合成的操作である。
8 Active であるとは、しかるべき解釈不可能な素性が存在するということである。
9 島制約のミニマリスト分析として、Oba (2000)参照。
10 但し、付加詞内の否定要素が文否定となる例外的事例については、4節参照。
11 Ota (1981), Rudanko (1982), Haegeman (1995)等参照。
12 Agree が関与する場合、Pol 以外の機能範疇を想定しなければならない。また、Agree が関与しない場合、イディオマティックな例においては否定要素のもつ[uneg]は随意的素性であると仮定しなければならない。
13 ここでは、PolP の上に CP は表されていないが、CP を想定しても本議論に影響しない。
14 Progovac (1984), van der Wouden (1997), 吉村(1999)等参照。
15 出来事を表す場合とモノを表す場合とでは、内部構造に違いがあるにしても主語全体としては、NP あるいは、DP であり、仮にその内部にCが生じてもその C は、述語に選択されることはない。

参考文献

Chomsky, Noam (1986) *Barriers*, MIT Press, Cambridge, MA.

Chomsky, Noam (1995) *The Minimalist Program*, MIT Press, Cambridge, MA.

Chomsky, Noam (2000) "Minimalist Inquiries: The Framework," *Step by Step: Essays on Minimalist Syntax in Honor of Howard Lasnik*, ed. By Roger Martin, David Michaels and Juan Uriagereka, 89-155, MIT Press, Cambridge, MA.

Chomsky, Noam (2001a) *Beyond Explanatory Adequacy, MIT Occasional Papers in Linguistics* 20. Cambridge, Mass.: MIT, Department of Linguistics and Philosophy, MITWPL.

Chomsky, Noam (2001b) "Derivation by Phase," *Ken Hale: A Life in Language*, ed. by Michael Kenstowicz, 1-52, MIT Press Cambridge, MA.

Culicover, Peter (1991) "Polarity, Inversion, and Focus in English," *Proceedings of the 8th Eastern States Conference on Linguistics*, 46-68, University of Maryland, Baltimore.

Davidson, Donald (1967) "The Logical Form of Action Sentences," *The Logic of Decision and Action*, ed. by Nicholas Rescher, 81-95, University of Pittsburgh Press, Pittsburgh.

Haegeman, Liliane (1995) *The Syntax of Negation*, Cambridge University Press, Cambridge.

Haegeman, Liliane (1997) "The Syntax of N-Words and the Neg Criterion," *Negation and Polarity*, ed. by Danielle Forget et al., 115-137, John Benjamins, Amsterdam.

Haegeman, Liliane (2000) "Negative Preposing, Negative Inversion and the Split CP," *Negation and Polarity: Syntactic and Semantic Perspectives*, ed. by Laurence R. Horn and Yasuhiko Kato, 21-61, Oxford University Press, Oxford.

Haegeman, Liliane and Raffaella Zanuttini (1991) "Negative Heads and the Neg-Criterion,"

Linguistic Review 8, 233-252.

Jackendoff, Ray S (1972) *Semantic Interpretation in Generative Grammar*, MIT Press, Cambridge, MA.

Kato, Yasuhiko (1997) "Review Article: *The Syntax of Negation*, by Liliane Haegeman, Cambridge University Press, Cambridge, 1995," *Language* 73, 391-394.

Kato, Yasuhiko (2000) "Interpretive Asymmetries of Negation," *Negation and Polarity*, ed. by Laurence R. Horn and Yasuhiko Kato, 62-87, Oxford University Press, Oxford.

Klima, Edward E (1964) "Negation in English," *The Structure of Language*, ed. by Jerry A. Fodor and Jerrold J. Katz, 246-323. Prentice-Hall Inc., Englewood Cliffs, N.J.

Lasnik, Howard (1972) *Analyses of Negation in English*, Doctoral dissertation, MIT.

西岡宣明（2000）「NEG・Criterion と照合理論」『言語文化論叢－縄田鉄男教授退官記念論文集』登田龍彦他編、171-192、縄田鉄男教授退官記念論文集刊行会、熊本.

西岡宣明（2002）「否定対極表現の認可と再構築現象について」*JELS* 19, 156-165.

Nishioka, Nobuaki (2002) "In Defense of PolP in English," 『文学研究』 99, 85-121、九州大学大学院人文科学研究院.

Nishioka, Nobuaki (2004) "Quantifiers and Negation: A Minimalist Approach to Partial Negation," to appear in *English Linguistics* 21.

西岡宣明（2005）「英語の否定対極表現と文否定の認可に関する統語分析」『英文学研究』81巻、17-40.

Oba, Yukio (2000) "Island Phenomena and Search Spaces of a Probe," *Linguistic Analysis*, 30, 67-92.

Ota, Akira (1981) "Semantic Interpretation of NP's Containing *No*," *Sophia Linguistica* 7, 13-28.

Pesetsky, David (2000) *Phrasal Movement and Its Kin*, MIT Press, Cambridge, MA..

Progovac, Ljiljana (1994) Negative and Positive Polarity: A Binding Approach, Cambridge University Press, Cambridge.

Rizzi, Luigi (1991) "Residual Verb Second and the Wh-Criterion," *Technical Reports in Formal and Computational Linguistics* 2, Geneva University, reprinted in *Parameters and Functional Heads: Essays in Comparative Syntax*, ed. by Adriana Beletti and Luigi Rizzi (1996) 63-90, Oxford University Press, Oxford.

佐藤英志(1997)「書評論文: *The Syntax of Negation*, by Liliane Haegeman, Cambridge University Press, Cambridge, 1995」『英文学研究』74巻、99-104.

Van der Wouden, Ton (1997) *Negative Contexts*, Routledge, London.

吉村 あき子（1999）　『否定極性現象』英宝社、東京.

近代英語における時の副詞節を導く No Sooner...But (or Than) 及びその類似表現

原口　行雄

I

　「何々するとすぐに」の意味を持つ「時の副詞節」を導く語句については、これまで内外の語法書ならびに文法書で基本的に必要な事項は扱われてきた。本格的にこのテーマを扱った先行研究として、小野捷の『英語時間副詞節の文法』(1984)がある[1]。これは散文作品を資料として17世紀後半から19世紀前半までの200年間を対象にしたものである。小論では、「何々するとすぐに」の意味を持つ「時の副詞節」を導く語句の種類とそのパターンに的を絞って、特に17世紀中期から18世紀末にかけての1世紀半に亘る変遷を、より詳細にその実態を調査、検討し、記述することに主眼をおいている。そこでコーパスとして、17世紀から18世紀末までの42の散文テキストを選んだ。この時代を調査対象に選んだのは、現代英語では見られない語句、例えば、'so soon as'、'no sooner...but'等が衰退へと向かうと同時に、'no sooner...than'、'the moment'等が台頭してくる時期だからである。本論に入る前に、現代英語で「何々するとすぐに」の意味を持つ「時の副詞節」を導く語句について概観しておく。

　現代英語には下記の4グループがある。

1　As soon as
2　a. No sooner ... than
　　b. Hardly ... before　　c. Hardly ... when　　d. Hardly ... than
　　e. Scarcely ... before　　f. Scarcely ... when　　g. Scarcely ... than
3　a. The instant　　b. The minute　　c. The moment
4　a. Directly　　b. Immediately　　c. Instantly

　第1グループは最も一般的な語句の'as soon as'である。第2グループは各々否定の副詞'no'、'scarcely'、'hardly'を持ち、主語と動詞の倒置が生じて、強意表現となることもある。この倒置が生じるのは、第2グループにおいてのみであり、他の3グループでは生じない。また、'scarcely...than'ないしは'hardly...than'という組み合わせが生じることもたまにあるが、これは'no sooner...than'からの類推による誤用とされている[2]。第3グループは定冠詞＋名詞の組み合わせから成り、'as soon as'に対し、簡潔で力強い

表現形式である。第4グループは18世紀末ないし19世紀初頭に口語表現としてイギリスに出現したと言われ、それぞれ接尾辞-lyを持つ単一副詞から成っている[3]。GreenbaumとWhitcutは'directly'と'immediately'はinformalであるからformal writingでは使用を避ける方がよいと述べている[4]。そして、Jespersenは'instantly'の使用は稀であると述べている[5]。

COBUILD [2] You'll never guess what happened <u>as soon as</u> I left my room; *COBUILD* [2] <u>No sooner</u> had he arrived in Rome <u>than</u> he was kidnapped; *COBUILD* [2] Bruce had <u>scarcely</u> shaken our hands <u>when</u> the phone rang; *COBUILD* [2] <u>Scarcely</u> had they left the university campus <u>before</u> soldiers armed with bayonets and rifles charged into the students; *CALD* <u>Hardly</u> had a moment passed <u>before</u> the door creaked open; *COBUILD* [2] He had <u>hardly</u> collected the papers on his desk <u>when</u> the door burst open; *COBUILD* [2] <u>Hardly</u> had he returned to London <u>than</u> an anonymous well-wisher called to say he was about to be raided by Customs & Excise; *CALD* I'll call you <u>the instant</u> I get home; *COBUILD* [2] <u>The minute that</u> the war started, everybody was glued to the television; *COBUILD* [2] <u>The moment</u> I closed my eyes, I fell asleep; *COBUILD* [2] I had bolted the door <u>the instant</u> I had seen the bat; *CALD* <u>Directly</u> he was paid, he went out shopping; *COBUILD* [2] <u>Immediately</u> I've done it I feel completely disgusted with myself; Curme *Syntax* <u>Instantly</u> the button is pressed the mine explodes.

II

17世紀中期から18世紀末にかけては、「何々するとすぐに」の意味を持つ「時の副詞節」を導く語句は下記の3グループから成る。

1　a. As soon as (ever)　　b. So soon as (ever)　　c. Soon as
2　a. No sooner ... but　　b. No sooner ... than
　　c. Hardly ... before　　d. Hardly ... ere　　e. Hardly ... when
　　f. Scarcely ... before　　g. Scarcely ... ere　　h. Scarcely ... when
　　i. Scarce ... before　　j. Scarce ... ere　　k. Scarce ... when
3　a. The instant (that)　　b. The minute (that)　　c. The moment (that)

現代英語で第4グループ所属の'directly'、'immediately'及び'instantly'はこの時代にはまだ現れない。なお、第1グループの'soon as'は'as soon as'と'so soon as'から先頭の'as'あるいは'so'が表記されない形式で、その使用は稀で、'as soon as'及び'so soon as'に対し、競合関係にはない。また、'as soon as'と'so soon as'に'ever'が続く形式は各々の強意形であるが、その使用頻度は低い。第2グループにおいて、'ere'は'before'の詩語ないし古語である。第3グループでは、'the very instant'、'the very moment'という強意形式が使用されることもたまにある。

　コーパスとして使用した散文テキストにおける第1グループに属する語句の出現回数を下記の表1に示している。'as soon as'は1610年代から登場し、18世紀末までほぼ連続して比較的頻繁に現れる。また、現在時制、過去時制、現在完了、過去完了いずれの時制とも共起するが、過去時制と共起する比率が極めて高い(620回中404回、65.2%)。一方、'so soon as'は17世紀中期に漸く登場するものの、17世紀後半も'as soon as'の出現回数の方が多い(50：15)。18世紀では27の内の3テキスト *The Adventures of Ferdinand Count Fathom*、*The Wealth of Nations*、*The Monk* に現れるのみで、その出現回数はわずか計15回である[6]。また、現在時制、過去時制、現在完了、過去完了いずれの時制とも共起している。出現回数の極めて多い'as soon as'は18世紀中には主流を占めているのに対し、'so soon as'の方はその使用回数が極端に少なく、次第に衰退へと近づいていると言えよう。'soon as'については、18世紀後半の *The Adventures of Ferdinand Count Fathom*(9回)、*The Life and Opinions of John Buncle*(1回)、*The Castle of Otranto*(1回)、*The Monk*(1回)計12回のみ現れるだけである。なお、強意形'as soon as ever'、'so soon as ever'が使用されている場合、上段の数値が'as soon as'、'so soon as'の数を表し、下段の数値が強意形の数値を表しており、下段の数値は上段の数値には含まれない。

表　1

発行年　著者　タイトル	AS SOON AS (+ ever 下段)				SO SOON AS (+ ever 下段)			
	現在時制	過去時制	現在完了	過去完了	現在時制	過去時制	現在完了	過去完了
1611 *The Holy Bible*	14	25	0	10	0	0	0	0
1649 Colonel Norwood: *A Voyage to Virginia*	0	3	0	5	0	0	0	0
1650 Thomas Hobbes: *The Elements of Law Natural and Politic*	1	0	0	0	0 1	0	0	0
1653 Izaak Walton: *The Compleat Angler Part I*	1	0	0	0	0	0	0	0
1666 Margaret Cavendish: *The Blazing World*	2	3	0	2	0	0	0	0
1668 Thomas Sprat: *An Account of the Life and Writings of Mr. Abraham Cowley*	0	1	0	0 1	0	0	0	0
1676 Charles Cotton: *The Compleat Angler Part II*	0	0	0	0	4 2	0	1	0
1678 John Bunyan: *The Pilgrim's Progress Part I*	0	2	0	0	1	2	0	2
1682 John Bunyan: *The Holy War*	0	1	0	1	0	1	0	1
c1688 Aphra Behn: *Oroonoko*	2	11	0	1	0	0	0	0
1690 John Locke: *An Essay concerning Human Understanding*	9 3	2	0	0	0	0	0	0
1693 William Penn: *Some Fruits of Solitude*	2	0	0	0	0	0	0	0

1695 William Congreve: *Love for Love*	21	0	1	0	0	0	0	0
1698 Aphra Behn: *The Unfortunate Happy Lady*	0	1	0	1	0	0	0	0
1711-12 Joseph Addison & Richard Steele: *Days with Sir Roger de Coverley*	0	5	0	0	0	0	0	0
1719 Daniel Defoe: *The Further Adventures of Robinson Crusoe*	1	31	0	4	0	0	0	0
1726 Jonathan Swift: *Gulliver's Travels*	2	9	1	0	0	0	0	0
1743 Henry Fielding: *A Journey from This World to the Next*	2	5	0	0	0	0	0	0
1744 Sara Fielding: *The Adventures of David Simple Part 1*	1	18	0	3	0	0	0	0
1744 Sara Fielding: *The Adventures of David Simple Part 2*	1	51	0	0	0	0	0	0
1748-49 John Cleland: *Fanny Hill*	0	24	0	8	0	0	0	0
1753 Tobias Smollett: *The Adventures of Ferdinand Count Fathom*	0	9	0	0	0	5	0	0
1753-54 Samuel Richardson: *Sir Charles Grandison*	10	38	3	10	0	0	0	0
1756 Thomas Amory: *The Life and Opinions of John Buncle, Esq.*	4	101	3	4	0	0	0	0
1759 Samuel Johnson: *Rasselas*	1	0	0	0	0	0	0	0
1763 Frances Brooke: *The History of Julia Mandeville*	5	0	0	0	0	0	0	0
1764 Horace Walpole: *The Castle of Otranto*	0	7	0	1	0	0	0	0
1766 Oliver Goldsmith: *The Vicar of Wakefield*	0	10	0	0	0	0	0	0
1767 Frances Sheridan: *Memoirs of Miss Sidney Bidulph*	12	19	0	2	0	0	0	0
1768 Laurence Sterne: *A Sentimental Journey through France and Italy*	0	0	0	3	0	0	0	0
1776 Adam Smith: *The Wealth of Nations*	11	2	3	1	9	0	0	0
1786 William Beckford: *Vathek*	1	1	0	1	0	0	0	0
1788 Watkin Tench: *The Expedition to Botany Bay*	2	0	0	0	0	0	0	0
1790 Ann Radcliffe: *A Sicilian Romance*	0	2	0	0	0	0	0	0
1791 Mrs. Inchbald: *A Simple Story*	4	31	0	4	0	0	0	0
1793 *The Autobiography of Benjamin Franklin*	0	14	1	1	0	0	0	0
1794 Susanna H. Rowson: *Charlotte Temple: A Tale of Truth*	0	3	0	0	0	0	0	0
1796 Matthew Lewis: *The Monk*	4	29	0	9	0	1	0	0
1796 Fanny Burney: *Camilla*	74	281	21	4	0	0	0	0
1796-1817 *Jane Austen's Letters to Her Sister Cassandra and Others*	121	6	1	1	0	0	0	0
1798 Mary Wollstonecraft: *Maria or The Wrongs of Woman*	0	1	0	1	0	0	0	0
総　計	1139	4022	151	771	143	90	10	30

The Holy Bible Then Martha, <u>as soon as</u> she heard that Jesus was coming, went and met him;

Camilla As soon as ever my dear uncle Relvil says good night, I'll come home again; *The Holy War* So soon as Apollyon had made an end of speaking, Diabolus began to blow out his own malice; *The Elements of Law Natural and Politic* so neither doth the effect cease which the object hath wrought upon the brain, so soon as ever by turning aside of the organ the object ceaseth to work; *The Adventures of Ferdinand Count Fathom* and soon as he found himself in a condition to travel, he gave notice to his benefactor; *The Monk* Soon as that name was heard, the Woods Shook off their snows

次にコーパスとして使用した散文テキストにおける第2グループに属する語句の出現回数を次頁の表2に示している。先ず、'no sooner ... but'は、17世紀中は1610年代からほぼ連続して使用されているが、18世紀になると散発的にしか現れず、出現しているのは21の内6テキストである[7]。一方、'no sooner ... than'は、17世紀中は殆ど使用されず、*Oroonoko*と*The Unfortunate Happy Lady*に各々2回見られるだけである。だが、18世紀になると、ほぼ連続的に使用され、その数の多さ（188回）からして、この第2グループで主流を占めるようになってくる。'no sooner ... but'の方は現在時制、過去時制、過去完了の3種類の時制と共起し、他方'no sooner ... than'は現在時制、過去時制、現在完了、過去完了いずれの時制とも共起し、特に過去時制（143回、76%）ならびに過去完了（43回、22.9%）と共起する比率が高い。前者は18世紀になると出現頻度（18回）が減少し、後者'no sooner ... than'（184回）が取って代わりつつある。次に'hardly ... before'は1690年代に、一方'hardly ... when'は1710年代末にやっと登場するが、それ以降両者共に散発的にしか現れない（各々7回と13回）。また、どちらも現在時制、過去時制、過去完了の3種類の時制と共起している。第3のペア'scarcely ... before'と'scarcely ... when'は各々1760年代前後に漸く出現するものの、それ以降は第2のペア同様散発的にしか現れない（各々7回と22回）。また、いずれも過去時制、過去完了とのみ共起する。第4のペア'scarce ... before'と'scarce ... when'は各々1690年前後に出現するが、それ以降18世紀末までやはり散発的にしか現れない（各々11回と20回）[8]。前者には現在時制と共起する例が1つあるが、第4のペアは両者共に過去時制、過去完了と共起するのが普通のようである。'hardly'、'scarcely'、'scarce'のいずれも、'when'との組み合わせの方が'before'との組み合わせよりも出現回数が多い（各々13回、65%; 22回、75.9%; 20回、64.5%）。接続詞'before'の代わりに詩語ないし古語の'ere'が用いられる形式はごく稀にしか生じない。'hardly ... ere'は*The Unfortunate Happy Lady*と*Camilla*に各1回、'scarcely ... ere'の例は皆無、'scarce ... ere'は*The Castle of Otranto*に1回、*A Sentimental Journey through France and Italy*に2回生じるだけである。この第2グループにおいて、出現回数の多さでは'no sooner ... but'と'no sooner ... when'のペアが他の3つのペアを圧倒的に凌駕し

ている。

　下段に倒置例の出現回数を示しているが、各数値は上段に含まれる。'no sooner ... but' で 18 回、'no sooner ... than' で 50 回、'hardly ... when' で 1 回、'scarcely ... when' で 5 回、'scarce ... before' で 2 回、'scarce ... ere' で 1 回 [*The Castle of Otranto* 下記の例参照]、'scarce ... when' で 2 回倒置している。倒置例の出現率も 'no sooner' で始まるペアが一番高い (but: 49 回中 18 回、36.7%; than: 188 回中 50 回、26.6%)。

表　2

発行年　著者　タイトル	no sooner ... but (下段は倒置回数)				no sooner ... than (下段は倒置回数)			
	現在時制	過去時制	現在完了	過去完了	現在時制	過去時制	現在完了	過去完了
1611 *The Holy Bible*	1	0	0	0	0	0	0	0
1612 John Smith: *A Map of Virginia*	0	1	0	0	0	0	0	0
1649 Colonel Norwood: *A Voyage to Virginia*	1 1	5 4	0	2 2	0	0	0	0
1650 Thomas Hobbes: *The Elements of Law Natural and Politic*	1 1	0	0	0	0	0	0	0
1666 Margaret Cavendish: *The Blazing World*	0	2 1	0	4 2	0	0	0	0
1678 John Bunyan: *The Pilgrim's Progress Part 1*	1	0	0	0	0	0	0	0
1682 John Bunyan: *The Holy War*	0	2 1	0	1 1	0	0	0	0
c1688 Aphra Behn: *Oroonoko*	0	5	0	4	0	2	0	0
1690 John Locke: *An Essay concerning Human Understanding*	4 1	0	0	0	0	0	0	0
1698 Aphra Behn: *The Unfortunate Happy Lady*	0	0	0	0	0	1 1	0	0
1711-12 Joseph Addison & Richard Steele: *Days with Sir Roger de Coverley*	0	3	0	0	0	0	0	0
1719 Daniel Defoe: *The Further Adventures of Robinson Crusoe*	0	1	0	0	1	0	0	0
1743 Henry Fielding: *A Journey from This World to the Next*	0	0	0	0	0	13	0	0
1744 Sara Fielding: *The Adventures of David Simple Part 1*	0	0	0	0	0	1 1	0	2
1744 Sara Fielding: *The Adventures of David Simple Part 2*	0	0	0	0	0	4	0	2 1
1748-49 John Cleland: *Fanny Hill*	0	4 3	0	1	0	1	0	0
1753 Tobias Smollett: *The Adventures of Ferdinand Count Fathom*	0	0	0	0	0	54 1	0	7
1753-54 Samuel Richardson: *Sir Charles Grandison*	0	2 1	0	1	0	1	0	3
1756 Thomas Amory: *The Life and Opinions of John Buncle, Esq.*	0	0	0	0	0	1 1	0	0
1759 Samuel Johnson: *Rasselas*	0	0	0	0	0	1	0	0

発行年 著者 タイトル								
1764 Horace Walpole: *The Castle of Otranto*	0	0	0	0	0	1	0	3
1766 Oliver Goldsmith: *The Vicar of Wakefield*	0	2	0	0	0	2	0	0
1767 Frances Sheridan: *Memoirs of Miss Sidney Bidulph*	0	0	0	0	0	3	0	1
1776 Adam Smith: *The Wealth of Nations*	0	0	0	0	0	1	0	0
1786 William Beckford: *Vathek*	0	0	0	0	0	7 5	0	3 3
1791 Mrs. Inchbald: *A Simple Story*	0	0	0	0	0	8 8	1 1	4 3
1793 *The Autobiography of Benjamin Franklin*	0	1	0	0	0	0	0	0
1794 Susanna H. Rowson: *Charlotte Temple: A Tale of Truth*	0	0	0	0	0	0	0	1
1796 Matthew Lewis: *The Monk*	0	0	0	0	0	17 12	0	9 7
1796 Fanny Burney: *Camilla*	0	0	0	0	0	24 4	0	8 2
1798 Mary Wollstonecraft: *Maria or The Wrongs of Woman*	0	0	0	0	0	1	0	0
総　　計	8 3	28 10	0 0	13 5	1 0	143 33	1 1	43 16
発行年　著者　タイトル	hardly...before (下段は倒置回数)				hardly...when (下段は倒置回数)			
1690 John Locke: *An Essay concerning Human Understanding*	1	0	0	0	0	0	0	0
1719 Daniel Defoe: *The Further Adventures of Robinson Crusoe*	0	0	0	0	0	0	0	1
1748-49 John Cleland: *Fanny Hill*	0	1	0	1	0	0	0	0
1753-54 Samuel Richardson: *Sir Charles Grandison*	0	0	0	0	0	0	0	2
1756 Thomas Amory: *The Life and Opinions of John Buncle, Esq*	1	0	0	0	0	0	0	0
1767 Frances Sheridan: *Memoirs of Miss Sidney Bidulph*	0	1	0	0	0	0	0	0
1788 Watkin Tench: *The Expedition to Botany Bay*	0	0	0	0	1	0	0	2
1790 Ann Radcliffe: *A Sicilian Romance*	0	0	0	0	0	0	0	2
1793 *The Autobiography of Benjamin Franklin*	0	0	0	0	0	0	0	1
1796 Fanny Burney: *Camilla*	1	1	0	0	0	1	0	3 1
総　　計	3 0	3 0	0 0	1 0	1 0	1 0	0 0	11 1
発行年　著者　タイトル	scarcely...before (下段は倒置回数)				scarcely...when (下段は倒置回数)			
1759 Samuel Johnson: *Rasselas*	0	0	0	0	0	0	0	1
1766 Oliver Goldsmith: *The Vicar of Wakefield*	0	0	0	1	0	1	0	2
1786 William Beckford: *Vathek*	0	0	0	1	0	0	0	0
1788 Watkin Tench: *The Expedition to Botany Bay*	0	0	0	0	0	0	0	2
1790 Ann Radcliffe: *A Sicilian Romance*	0	0	0	0	0	1	0	4
1791 Mrs. Inchbald: *A Simple Story*	0	1	0	0	0	1	0	0
1796 Matthew Lewis: *The Monk*	0	0	0	1	0	2 1	0	4 4
1796 Fanny Burney: *Camilla*	0	1	0	0	0	0	0	1
1796-1817 *Jane Austen's Letters to Her Sister Cassandra and Others*	0	0	0	2	0	1	0	1

発行年　著者　タイトル								
1798 Mary Wollstonecraft: *Maria or The Wrongs of Woman*	0	0	0	0	0	1	0	0
総　計	0	2	0	5	0	7	0	15
	0	0	0	0	0	1	0	4
発行年　著者　タイトル	scarce ... before (下段は倒置回数)				scarce ... when (下段は倒置回数)			
c1688 Aphra Behn: *Oroonoko*	0	0	0	0	0	0	0	1
1695 William Congreve: *Love for Love*	1	0	0	0	0	0	0	0
1743 Henry Fielding: *A Journey from This World to the Next*	0	0	0	1	0	0	0	0
1744 Sara Fielding: *The Adventures of David Simple Part 1*	0	0	0	1	0	0	0	0
1748-49 John Cleland: *Fanny Hill*	0	4	0	2	0	4	0	1
		2						
1753 Tobias Smollett: *The Adventures of Ferdinand Count Fathom*	0	0	0	0	0	0	0	4
1753-54 Samuel Richardson: *Sir Charles Grandison*	0	0	0	0	0	0	0	1
1763 Frances Brooke: *The History of Julia Mandeville*	0	0	0	0	0	1	0	0
1768 Laurence Sterne: *A Sentimental Journey through France and Italy*	0	0	0	1	0	1	0	2
1791 Mrs. Inchbald: *A Simple Story*	0	0	0	0	0	0	0	2
1793 *The Autobiography of Benjamin Franklin*	0	0	0	1	0	1	0	0
1796 Matthew Lewis: *The Monk*	0	0	0	0	0	0	0	2
								2
総　計	1	4	0	6	0	7	0	13
	0	2	0	0	0	0	0	2

The Vicar of Wakefield He was <u>no sooner</u> alighted, <u>but</u> he was in haste to be gone; *The Further Adventures of Robinson Crusoe* we were <u>no sooner</u> got clear of those difficult seas <u>than</u> we found our ship had sprung a leak; *Fanny Hill* She had <u>hardly</u> finished her report <u>before</u> I fainted away; *The Unfortunate Happy Lady* but she had <u>hardly</u> put on anything more than her Night-gown, <u>e're</u> the Lady *Beldam* herself came in her *Dishabille*; *Camilla* She had <u>hardly</u> quitted the parlour, <u>when</u> the distant sound of a carriage roused Sir Hugh from his fears; *Vathek* He <u>scarcely</u> had read these words <u>before</u> the mountain against which the terrace was reared trembled; *The Expedition to Botany Bay* We had <u>scarcely</u> bid each other welcome on our arrival, <u>when</u> an expedition up the Bay was undertaken by the Governor and Lieutenant-Governor; *A Sentimental Journey through France and Italy* The lady had <u>scarce</u> warm'd herself five minutes at the fire <u>before</u> she began to turn her head back; *The Castle of Otranto* But <u>scarce</u> had she felt a mother's pangs <u>ere</u> she heard the fatal rumour of her Lord's death, and the succession of Ricardo; *A Simple Story* He had <u>scarce</u> left the breakfast room <u>when</u> an officer waited upon him charged with a challenge from lord Frederick

コーパスとして使用した散文テキストにおける第3グループに属する語句の出現回数を

下記の表3に示している。先ず、'the instant'は1740年代に漸く登場するものの、それ以降18世紀末まで散発的にしか現れない(18回)。現在時制、過去時制、現在完了、過去完了いずれの時制とも共起し、特に過去時制と共起する比率が高い（12回、66.7％）。'the minute'は *Memoirs of Miss Sidney Bidulph* に1回現れるだけである[9]。従って、'the minute'は18世紀においては超少数派である。'the moment'は1690年代に登場して以来18世紀末までほぼ連続して使用されている(203回)。現在時制、過去時制、現在完了、過去完了いずれの時制とも共起し、特に現在時制（53回、26.1％）や過去時制（135回、66.5％）と共起する比率が高い。出現回数で、'the moment'は他の2つを圧倒的に凌駕している。いずれにせよ、なお、強意形'the very instant'、'the very moment'の使用は極めて稀であり、前者は *Camilla* に2回、後者は *Gulliver's Travels*、*The Adventures of Ferdinand Count Fathom* と *Camilla* に各1回、計3回現れるだけである。また、'the moment that'と'that'を伴う形式は、*The Wealth of Nations* と *Camilla* に各1回、*The Monk* に4回、計6回生じるだけである。それから、'the moment'に'very'と'that'の両方が付加された'the very moment that'という形式が2回 *The Monk* に現れる。さらに、*The Wealth of Nations* には'the moment in which'という形式が同一センテンス中に2度現れる [次頁の例参照]。

表　3

発行年　著者　タイトル	the instant				the minute				the moment			
	現在時制	過去時制	現在完了	過去完了	現在時制	過去時制	現在完了	過去完了	現在時制	過去時制	現在完了	過去完了
1690 John Locke: *An Essay concerning Human Understanding*	0	0	0	0	0	0	0	0	1	0	0	0
1726 Jonathan Swift: *Gulliver's Travels*	0	0	0	0	0	0	0	0	1	0	0	0
1743 Henry Fielding: *A Journey from This World to the Next*	0	1	0	0	0	0	0	0	0	7	0	0
1744 Sara Fielding: *The Adventures of David Simple Part 1*	0	1	0	0	0	0	0	0	0	1	0	0
1744 Sara Fielding: *The Adventures of David Simple Part 2*	0	0	0	0	0	0	0	0	3	26	0	1
1753 Tobias Smollett: *The Adventures of Ferdinand Count Fathom*	0	0	0	0	0	0	0	0	1	0	0	0
1753-54 Samuel Richardson: *Sir Charles Grandison*	0	2	0	0	0	0	0	0	23	49	1	1
1756 Thomas Amory: *The Life and Opinions of John Buncle*	0	0	0	0	0	0	0	0	5	3	0	1
1763 Frances Brooke: *The History of Julia Mandeville*	0	0	0	0	0	0	0	0	2	2	0	0
1764 Horace Walpole: *The Castle of Otranto*	0	0	0	0	0	0	0	0	0	0	0	1
1766 Oliver Goldsmith: *The Vicar of Wakefield*	0	0	0	0	0	0	0	0	2	1	0	0

1767 Frances Sheridan: *Memoirs of Miss Sidney Bidulph*	1	0	0	1	0	1	0	0	0	0	0	0
1768 Laurence Sterne: *A Sentimental Journey through France and Italy*	0	0	0	0	0	0	0	0	1	7	0	0
1776 Adam Smith: *The Wealth of Nations*	0	0	0	0	0	0	0	0	3	0	0	0
1786 William Beckford: *Vathek*	0	1	0	1	0	0	0	0	1	0	0	0
1791 Inchbald: *A Simple Story*	0	2	0	0	0	0	0	0	1	9	1	1
1793 *The Autobiography of Benjamin Franklin*	0	0	0	0	0	0	0	0	1	0	0	0
1794 S.H. Rowson: *Charlotte Temple: A Tale of Truth*	0	0	0	0	0	0	0	0	1	2	0	0
1796 Matthew Lewis: *The Monk*	0	0	0	0	0	0	0	0	1	5	0	0
1796 Fanny Burney: *Camilla*	1	5	1	1	0	0	0	0	4	18	0	6
1796-1817 *Jane Austen's Letters*	0	0	0	0	0	0	0	0	0	1	0	0
1798 M. Wollstonecraft: *Maria or The Wrongs of Woman*	0	0	0	0	0	0	0	0	2	4	0	2
総　　計	2	12	1	3	0	1	0	0	53	135	2	13

A Journey from This World to the Next <u>the instant</u> they entered the room, according to the instructions of our host, they bowed and smiled; *Camilla* And <u>the very instant</u> the cloth was removed, she rose, unable to constrain herself any longer, and ran up stairs to her own room; *Memoirs of Miss Sidney Bidulph* Mr. Ware quitted the room <u>the minute</u> he saw my father; *The Adventures of David Simple Part* 2 but <u>the Moment</u> they were reconciled, and embraced each other, they both burst into a Flood of Tears; *The Monk* <u>The very moment that</u> I produced myself in Madrid, I knew that I should be surrounded by Admirers; *The Wealth of Nations* But <u>the moment in which</u> war begins, or rather <u>the moment in which</u> it appears likely to begin, the army must be augmented, the fleet must be fitted out, the garrisoned towns must be put into a posture of defence

III

以上、17世紀後半から18世紀末にかけて、「何々するとすぐに」の意味を持つ「時の副詞節」を導く語句について検討してきた。簡単にまとめると下記のようになるであろう。この時期に用いられる語句は第1グループ：a.'as soon as (ever)'［620回］、b.'so soon as (ever)'［30回］、c.'soon as'［12回］、第2グループ：a.'no sooner ... but'［49回］、b.'no sooner ... than'［188回］、c.'hardly ... before'［7回］、d.'hardly ... ere'［2回］、e.'hardly ... when'［13回］、f.'scarcely ... before'［7回］、g.'scarcely ... when'［22回］、h.'scarce ... before'［11回］、i.'scarce ... ere'［3回］、j.'scarce ... when'［20回］、第3グループ：a.'the (very) instant'［18回］、b.'the minute'［1回］、c.'the (very) moment (that)'［203回］の16種類である。

先ず、'as soon as' は1610年代から18世紀末までほぼ連続的に出現するのに対し、'so soon as' は17世紀中期に漸く現れるが、それ以降散発的にしか出現せず、次第に衰退へと近づいていると言えよう。なお、'soon as' は18世紀後半にごく稀に出現するだけである。また、'as soon as' と 'so soon as' にはそれぞれ 'as soon as ever' 'so soon as ever' という強意形があるが、その出現回数は各々13回、3回とわずかでしかない。次に、'no sooner . . . but' は17世紀にはほぼ連続して出現するが、18世紀になると散発的にしか現れず(18回)、その為1690年前後に漸く出現し、18世紀に連続して現れる 'no sooner . . . than' (184回) に取って代わられつつある。'hardly . . . before' が1690年代に、一方 'hardly . . . when' が1710年代末に出現するものの、それ以降両者共に散発的にしか現れない。'scarcely . . . before' と 'scarcely . . . when' は1760年前後に漸く登場するが、両者共にそれ以降はやはり散発的にしか現れない。'scarce . . . before' と 'scarce . . . when' は両者共に17世紀末に登場するものの、それ以降同じく散発的にしか現れない。なお、'hardly'、'scarcely'、'scarce' の三者共に 'before' よりも 'when' との組み合わせで現れる比率が高い [各々13回 65%; 22回 75.9%; 20回 64.5%]。'hardly . . . ere' [2回] と 'scarce . . . ere' [1回] の使用はいずれも少数派でしかない。従って、第2グループで主流を占めているのは 'no sooner . . . than' である。また、倒置が生じる比率も高い（188回中50回、26.6%）。第3グループに関しては、'the moment' は1690年代に出現して以来、1720年代以降18世紀末までほぼ連続して202回現れるのに対し、'the instant' は1740年代に漸く登場するが、それ以降散発的に18回現れるだけである。また、'the minute' は18世紀後半に1度現れるのみである。従って、第3グループ中で主流を占めているのは 'the moment' である。'the instant' と 'the moment' には各々 'the very instant'、'the very moment' 'the very moment that' という強意形があるが、その出現回数は共にわずかで、それぞれ2回、3回、2回である。さらに、'the moment' には 'the moment that' (6回) 'the moment in which' (2回) という形式もある。

注

1　小野捷『英語時間副詞節の文法』(1984) 参照。
2　大塚高信『新英文法辞典』(1970: 147) 及び八木林太郎『副詞・接続詞・間投詞』(1965: 90) 参照。Curme states about these three adverbs in his *Syntax* (1931: 273) as follows: "Directly, immediately, instantly are largely confined to British usage."
3　大塚高信『新英文法辞典』(1970: 147) 参照。*Longman Guide to English Usage* (1993: 158) には次の記載がある："The chiefly British use of immediately for 'as soon as' has been established in English since early in the 19th century"
4　See *Longman Guide to English Usage* s.v. directly; immediately.
5　See Jespersen (1986: 352). *A Modern English Grammar* Part V Syntax (Fourth Volume).

6 'so soon as' は例えば、Shakespeare の *CYM* と *WIV* に各 2 回、*ROM*、*TIM*、*TN*、*WT* に各 1 回現れるので、17 世紀中期が初出というわけではない。

7 'no sooner . . . but' は例えば、Shakespeare の *AYL* に 5 回、*MAC* に 2 回、*1H4*、*H5*、*2H6*、*HAM*、*TGV*、*TIT*、*TRO* に各 1 回現れるので、*KJV* が初出というわけではない。

8 'scarce . . . when' は例えば、Shakespeare の *R3* に 1 度現れるので、*Oroonoko* が初出というわけではない。

9 'the minute' は例えば、Shakespeare の *PER* に 2 回出現する関係上、18 世紀後半まで例がないわけではない。

Selected Bibliography

Burchfield, R. W. (1998). *The New Fowler's Modern English Usage* Revised Third Edition. Oxford: Oxford U. P.

Curme, George O. (1978). 'Clause of time and its conjunctions.' *Syntax*. Boston: D. C. Heath and Company, Rep. of 1931, 266-277.

Drabble, Margaret. Ed. (1987). *The Oxford Companion to English Literature* Fifth Edition. Oxford: Oxford U. P., Rep. of 1985.

Evans, Bergen and Cornelia Evans (1957). *A Dictionary of Contemporary American Usage*. New York: Random House.

Gilman, E. Ward (1989). *Webster's Dictionary of English Usage*. Springfield, MA: Merriam-Webster Inc.

Greenbaum, Sidney & Janet Whitcut (1993). *Longman Guide to English Usage*. Harlow, Essex: Longman, Rep. of 1988.

Jespersen, Otto (1986). *A Modern English Grammar* Part V Syntax (Fourth Volume). Tokyo: Meicho Fukyu Kai, Rep. of 1949.

Ousby, Ian. Ed. (1988). *The Cambridge Guide to Literature in English*. Cambridge: Cambridge U. P.

Poutsma, H. (1929). 'Adverbial Clauses of Time.' *A Grammar of Late Modern English* Part I The Sentence Second Half The Composite Sentence. Groningen: P. Noordhoff, 661-680.

Quirk, Randolph et al. (1985). *A Comprehensive Grammar of the English Language*. Harlow, Essex and New York: Longman.

Sinclair, John et al. (1990). 'Time Clauses.' *Collins COBUILD English Grammar*. London: Colllins, 344-348.

Swan, Michael (1998). *Practical English Usage* New Edition. Oxford: Oxford U. P., Rep. of 1995.

The Oxford English Dictionary. (1992). Second Edition. CD-ROM.　Oxford: Oxford U. P.

安藤貞雄・山田政美（編著）(1995)　『研究社現代英米語用法事典』　研究社

井上義昌 (1972)　『英米語用法辞典』縮刷版　開拓社、Rep. of 1960.

大塚高信（編）(1970)　『新英文法辞典』改訂増補版　三省堂

大塚高信・小西友七（共編）(1973)　『英語慣用法辞典』改訂版　三省堂

小野捷(1984)　『英語時間副詞節の文法』　英宝社

田島松二（責任編集）(1998)　『わが国における英語学研究文献書誌 1900-1996』　南雲堂

Franz, Wilhelm (1994).　斉藤静・山口秀夫・太田朗共訳「接続詞」『シェークスピアの英語─詩と散文─』訂正増補版　篠崎書林、Rep. of 1982, 726-812.

八木林太郎 (1965)　「51.「時」の副詞節を導く接続詞」　英文法シリーズ第 17 巻　『副詞・接続詞・間投詞』　研究社、Rep. of 1955, 84-92.

渡辺藤一 (1985)　「48.「時」の副詞節を導く接続詞」　現代英文法講座第 5 巻　『前置詞・接続詞・間投詞』　研究社、Rep. of 1958, 120-126.

デーンロー地域での言語使用について

松瀬　憲司

1．はじめに

　デーンロー［Danelaw］地域での古英語［Old English］（以下 OE）と古ノルド語［Old Norse］（ON）の存在に関しては[1]、Leith（1997[2]:24）が、"Perhaps the linguistic relations between the two languages can best be described as a continuum, ranging from a relatively unmixed Scandinavian at one end of the scale to a relatively uninfluenced English speech at the other." と述べており、ノールズ（1999:52-53）も、「デーンローの住民の大部分は、英語化したノルド語からデンマーク語の影響を受けた英語に至る、混合したアングロ・ノルド方言を話していたに違いない。...最後に支配的なタイプとなって現れたのはデンマーク語の影響を受けた英語である」と指摘しているように、当時の両言語話者の接触状況と実際に使用されていた、そのアウトプット言語[2]に対する興味は尽きないものの、残念ながら（ある意味当然でもあるが）現存する限られた資料のみからは、その姿を完全に明らかにすることはできていないのが現状である[3]。だが、Matthew Townend は、果敢にも *Language and History in Viking Age England: Linguistic Relations between Speakers of Old Norse and Old English*（2002）でこの問題に取り組んだ。そこで、本稿では、この Townend（2002）を中心として、さらには「接触言語論［Contact Linguistics］」（Winford 2003）の枠組み、および「複雑（適応）系［Complex Adaptive Systems］」（Ritt 2003[2]）といった考え方をも組み込みながら、靄のかかった遙か遠い OE 時代のデーンロー地域における言語使用状況の一端に想像の翼を広げてみたい。

　Townend（2002）におけるキーワードは、ズバリ、両言語間における「語用論的理解可能性［Pragmatic Intelligibility］（PI）」（p.183）である。したがって、本稿の構成は次のようになる。次節では、まず OE と ON の起源について取り上げ、その系統性を確認した上で、続く3節で、その両言語間の PI の度合いが当時どの程度のものであったのかを Townend（2002）によって検証する。そして、4節では、その PI について、接触言語論と複雑（適応）系の視点による検討をも加え、最後に5節で、全体の議論をまとめることにする。

２．OE と ON の起源

　両言語がいわゆる印欧祖語から派生したゲルマン語［Germanic］(Gmc)[4]に属するということが、その語派に特徴的な「グリムの法則」・単語の第一音節に強勢を固定すること・歯音接尾辞の付加によって過去時制形を創り出す、弱変化動詞の存在などを根拠にして、現代言語学の黎明期に明らかにされたが(Baldi 1983:124-134, Nielsen 1989:30-31, Bammesberger 1992:38, Voyles 1992:36, Beekes 1995:130, Szemerényi 1996:17-18 参照)、Townend(2002:21)は、まず、Gmc 自体も地理的・時間的・社会的に変容し得たとして、これを "a linguistic phase and a linguistic complex with the usual dimensions of language rather than a uniform parent language ideally existing at a given time prior to the 'break-up' and the emergence of 'daughter languages'"(Keller 1978)と捉える[5]。そして、この言語複合体である Gmc がさらに東・西・北方言へと分化し、後二者からそれぞれ OE と ON が派生する道筋を辿るのである[6]。ただ、この Gmc 三方言においては、東方言(ゴート語がその代表)と西・北方言間の差異が特に際だっており、アングロ・サクソン人たちが大陸のユトラント半島や北ドイツ・フリースラントなどからイングランドに移住する 5 世紀頃までに刻印されたルーン碑文を見ても、むしろ後二者はかなりの統一性を持っていたことが明らかにされている(Kufner 1972:96, Robinson 1992:250-251, Henriksen & van der Auwera 1994:4, 松瀬 2000b:241 参照)。つまり、

(1)　Gmc 西方言に属する OE と Gmc 北方言の ON は、Gmc の中でも特に共通の言語的基盤を持っていた(北西 Gmc 連続体)。

この大前提(1)は両言語間の PI を問題にするとき、非常に重要であると言っていい。

　さらに、OE 話者の故郷と ON 話者のそれとの符合をも考え合わせると、もともと両言語間に高い近接性があったとしても十分頷けるし(松瀬 2000a:49 および松瀬 2001:45 参照)、移住後からデーン人ヴァイキング[7]襲来までの間、(アングロ・サクソン人というよりもむしろ)アングル人とデーン人との間に交易による接触が多少あったことを示す考古学的証拠の存在は、両言語間の PI に関して、重要な示唆を与えるかもしれない(Townend 2002:29-30)。

　上記のような背景は認めるにしても、しかしながら、OE 話者となるアングロ・サクソン人たちが大陸を離れ、ブリテン島に渡ったことで、彼らが後にヴァイキングとして「再接触する」相手である ON 話者とは「地理空間的に」隔離されることになり、それぞれの言語がそれぞれの地域で独自の発展・成長を遂げることになった 2～3 世紀ほどの時間は決して短くはなかった。Townend(2002:33-40)によれば、移住前に存在した北西 Gmc 連続体の統一された母音体系は、OE 側においては、「割れ［Breaking］」、「後方向母音変異」、「ｉウムラウト」などの条件変化

により変質したし、一方 ON 側においても、「割れ」や「i ウムラウト」に加えて、「a ウムラウト」や「唇音ウムラウト」といった条件変化などによる母音体系の変質は避けられなかった。また、子音体系に関して言えば、母音ほどの大がかりな変化は見られないものの、OE のみに起きた、軟口蓋閉鎖無声音/k/および有声音/g/の「口蓋化[Palatalization]・擦音化[Assibilation]」(の結果、ON の硬音に対応する、接近音/j/[OE "giefan/jievən/"]、摩擦音/ʃ/["shirt"]、および破擦音/tʃ/["church"]を生み出したこと)は特筆すべき点であろう。

だが、それでも、Townend は "many of the divergent sound-changes that had occurred were of a regular, and therefore potentially predictable nature." (p.41)と述べ、両言語の音韻体系が両言語間に抱える差異にはある種の「規則性」が発見されることから、その度合いを彼ら当事者は「方言適合性[Dialect Congruity]」(Milliken & Milliken 1993)で処理したと捉え、さらにそこには「転換コード[Switching-code]」(Hockett 1987)の方略が働いていたとして[8] (いわゆる「コード転換[Code-switching]」ではないことは、後で触れる)、当時 OE・ON 間に存在したであろう PI の可能性を探っていくのである。

3．OE・ON 両言語間の「語用論的理解可能性」(PI)の検証

Townend の議論を見ていく前に、まず「語用論的理解可能性」(PI)という用語をここで確認しておこう。この PI とは、同族同系統の言語(方言)である OE・ON 話者が、Lingua Franca のような混合言語を用いずとも、お互いに第一言語である「自分の母語」を使ってコミュニケーションできる可能性の度合いを指しており、特に「聞き手」の側が、相手の方言の音韻体系を自分の方言のそれに、半ば自動的に「置き換えて／適応させて／引きつけて理解する」(よって「転換するコード」なのである)といった心理メカニズムのことである。

Townend (2002)は、『アングロ・サクソン年代記』に記されている西暦 787 年のデーン人襲来に始まり[9]、1042 年のデーン王朝崩壊で終わる「ヴァイキング時代のイングランド」における OE・ON 間の PI を以下の(2a)～(2c)について検証した。

(2)　a. デーンロー地域 OE 地名の ON 化(スカンディナヴィア化)現象
　　 b. OE・ON 間の接触を読みとることができる 3 種の OE 文献
　　　 (*The Old English Orosius* から "The Voyages of Ohthere and Wulfstan"[9 世紀後半]、
　　　 Æthelweard の手になるラテン語の *Anglo-Saxon Chronicle* [10 世紀後半]、
　　　 Wulfstan 改作の Ælfric's Catholic Homily から *De Falsis Diis* [10 世紀後半])
　　 c. OE・ON 間の接触を読みとることができる散文物語「サガ[Saga]」の内容とイングランド王の宮廷でのスカールド詩[Skaldic Poetry]詠唱

まず、(2a)から見ていくことにする。Townend は Fellows-Jensen による ON 話者定住地の地名に関する研究から[10]、分析対象となり得る、ON 化が検証可能な地名（かつて OE 地名であったことが証明されるもの）のみを慎重に抽出した。そして、これらの ON 化は、ON 話者が「耳で遭遇した」特に同族語としてその意味（の一部）を理解できる OE 地名を、より自分たちの発話慣習に適する「音形」に捉えなおした結果であると結論付けている。つまり、そこでは、ON 話者が方言適合性や転換コードの方略を十分に発揮することによって、OE・ON 間の PI を高めていたのであり、さらにこのことはただ単に語彙レベルの問題に留まらず、この音韻対応を媒介にすることで、発話内容全体の理解に深く関わっていたと主張するのである。以下にいくつか例を挙げよう（括弧内には地域を示している）。

(3) a. Kirkham(ランカシャー) < ON Kyrkham < OE Chircheham

　　　[OE *cirice* "church" replaced by cognate ON *kirkya*: OE /tʃ/--ON /k/]

　　b. Skelton(ヨークシャー・西ライディング) < ON Skeltun < OE Sceltune

　　　[OE *scelf* "shelf, ledge" replaced by cognate ON *skjálf*: OE /ʃ/--ON /sk/]

　　c. Stainburn(カンバーランド) < ON Steinburn < OE Stanburne

　　　[OE *stan* "stone" replaced by cognate ON *steinn*: OE /ɑ:/--ON /ei/]

　　d. Cottingwith(ヨークシャー・東ライディング) < ON Cotingwith < OE Cottingwic

　　　[OE *wic* "farm" replaced by ON *viðr* "wood:" OE */k/--ON /ð/]

　　e. Withern(ランカシャー) < ON Withern < OE Widerne

　　　[OE *widu/wudu* "wood" replaced by cognate ON *viðr*: OE /d/--ON /ð/]

Townend は上記(3)のような ON 化した地名 228 例を抽出・分析した結果、実に 84.2%にあたる 192 例が、それに対応する OE 同族語をその古名に持っていたことを突き止めた。問題となっている音韻対応としては、(3a)・(3b)・(3e)では子音の例を、(3c)では母音の例を見ることができるが、(3d)では、面白い現象が観察される。存在すべき音韻対応は(3e)に見られる「OE /d/--ON /ð/」であるはずだが、実際には無声音の OE /k/に対して有声音の ON /ð/が使用されているのである。Townend はこれを説明していないが、おそらく、単語間の意味連想（"farm" と "wood"）に加えて、widu/wudu の場合、(3e)のように、地名の第一要素として生起する場合が多く、また第二要素で生起する場合も、語末の母音により本来あるべき音韻対応が容易に観察されたのであろうが、-wic の場合は、(3d)のように第二要素として生起することが多いため、最後尾の子音/k/があいまいになり、類似した発音を持つ viðr で置換することになったのだろう。

　さらに、Townend は OE 古名とは意味的な関連が全くない、音韻のみの対応関係

を持つ ON 化地名も 36 例挙げているが（下例(4)）、これらはむしろ積極的な音韻対応使用の結果であり、このことは両言語間の PI を高めるために作用しこそすれ、意味対応の欠落からくる極端な PI の低下には繋がらなかったのではないかとしている（確かに、OE 側に同音異義語が存在する場合、両言語間に意味対応が必ずあるとは言い切れないし、そもそも地名というものは、それが表すものが必ずしも意味的に透明でなくてもよいのである）。

(4) a. *Hoth*am（ヨークシャー・東ライディング）＜ OE hod "shelter"
　　b. Salt*marske*（ヨークシャー・東ライディング）＜ OE mersc "marsh"
　　c. *Case*wick（ランカシャー）＜ OE cese "cheese"　　［イタリック部分が ON 対応形］

すなわち、同族語でない場合にも、(4a)の OE /d/--ON /ð/、(4b)の OE /ʃ/--ON /sk/、(4c)の OE /tʃ/--ON /k/といった両言語間に特徴的な音韻対応をまず優先して捉えることによって、ON を話す入植者側での発話全体を理解する行為における PI 値はかろうじて保持し得たと推測される[11]。

次に、(2b)の論点を検証する。ここで Townend は、PI をもう少し巨視的視点から眺めるために、OE・ON 間の接触「そのもの」について、当時の記録を記載している OE 文献や、当時の様子を伝えていると読みとることができる OE 文献を精査した。最初に取り上げるのは、地理歴史書として OE に翻訳された『オロシウス』の冒頭に組み込まれた部分で、ノルウェー人航海者であるオフトヘレ[Ohthere][12]が宮廷で、スカンジナヴィアの地理などをアルフレッド大王に「ON で」記述した事柄と、アングル人航海者であるウルフスタン[Wulfstan]が記述するスカンジナヴィアでの航海記録である。彼らの記述は逐一アングロ・サクソン人の書記によって記録された。Townend は、そこに現れる ON の地名や人名を分析し、両言語間で同族語がある場合には、転換コードが起こり、そうでない場合には、できる限り忠実にその ON 音声を転写しようとしたという結論を出した。例えば、

(5) a. Westsæ "west sea" ＜ ON Vestmarr　（オフトヘレの記述）
　　b. Læland ＜ ON Láland　　　　　　（ウルフスタンの記述）

(5a)の west(ON vest)は、スカンジナヴィアから見た方角を指しており、これを OE 話者の書記は、現在の「北海」のようにイングランドに引き寄せて解釈するのではなく、同族語による転換コードにより Westsæ と表現したと考えられるし、また、(5b)は、第一要素の部分に同族語の対応がないために、より原音に近い OE /æ:/--ON /ɑ:/という音韻対応のみで処理された例と考えられる。ウルフスタンはアングル人なので、実際には/e:/と発音した可能性もあるが（すなわち、"*Leland"[Hogg 2002:126 参照]）、書記はウェセックス人だったので、それに対応する/æ:/で処理された。さ

らには、この記述がなされたのが、デーン人ヴァイキングらが大量にデーンロー地域に入植してからまだ僅かに 20 年程しか経っていない頃だったということは、OE・ON 間の理解可能性の高さを十分に物語っているとするのである (p.109)。

次に、州長官であったエセルウェァルド [Æthelweard] の手によるラテン語版『アングロ・サクソン年代記』だが、彼はその執筆にあたり、これまで英語化されて記載されていた ON 人名・地名をできる限り正確に元の ON 形に直すことに努めた。Townend は彼のこうした姿勢を、イングランドで第二の現地語として「実際に耳にしている」ON に対する、学僧としてではなく、一般人・政治家としての意識の現れであったと解釈する (p.127)。つまり、OE 話者側からの ON への積極的アプローチの片鱗を感じることができるということである。

また、驚くことに、このエセルウェァルドは、アングロ・サクソン王家の家系図上の表記にまでも北欧神話にその原点を求めて手を加えている。これまでケント王家は、Woden を始祖とし、Wicta (Wihta)、Witta という順番で記述されていたが、彼はまず始祖 Woden を Vuothen (< ON Óðinn [北欧神話の最高神]) と表記し直し、さらにその息子は Vuithar (= OE Witta, < ON Víðarr) であることから、三代目と二代目を入れ替えてしまった。すなわち、Vuothen--Vuithar--Vuicta (=OE Wicta) と表記したのである。おそらくこれは、当時 ON 話者の間で実際に取り沙汰されていた Víðarr のことに聞き及び (音の類似性も大いに働き)、また伝承的にもこれまで曖昧模糊としていた Witta 王に対して、北欧神話から得られる正当性を与えることができると考えたからであろうと Townend は言う (p.124)。

残る最後の文献は、ヨーク大司教、ノーサンブリア人ウルフスタン [Wulfstan] が改作したアルフリック [Ælfric] のカトリック説教集から『異教の神々について』である。そこに次のような一節がある。

(6) a. he is Óðon geháten oðrum naman on *Denisc* [...] Uen[us] gehaten, and Fric[g] on *Denisc*

"by another name he is called Óðinn in *Danish* [...] called Venus, and Frigg in *Danish*"

b. he is Oðon gehaten oðrum naman on *Denisce wisan*

"by another name he is called Óðinn in *the Danish idiom*"

(6a) はアルフレッドの原典、(6b) はウルフスタンの改作なのだが、彼らは、Jupiter や Venus などの古典の神々がデーン人たちの言語である ON によって名前を与えられていることについて「意図的に」言及しているとされる。つまり、OE とは区別できる「異教徒の」言語としての ON、という側面を前面に押し出すことによって (Green 1998:236-253 および Blair 2003[3]:167 参照)、OE 話者のキリスト者としての正当性を際だたせるという方略を、説教者である彼らは使用したのだと Townend は指

摘する (pp.138-139)。ここでは、前出のエセルウェァルドとは全く逆向きの ON に対する意識（敵対意識）を見いだすことができるだろう。だが、いずれの場合も、それだけ ON がヴァイキング時代のイングランドに「ある種の土着語」として定着していたことを示す証左となり得るし、そしてそこには確実に両言語使用者間に PI が存在し、お互いを理解可能であったからこそ、アルフレッドもエセルウェァルドもことさらに ON に拘ったと考えられるのである。

　最後に、(2c)のサガとスカールド詩から汲み取られる論点を挙げる。特に、アイスランドの詩人グンラウグル［Gunnlaugr］が 11 世紀にエセルレッド［Æthelred］の宮廷に滞在したことを伝える *Gunnlaugs saga ormstungu* が OE・ON 両言語間の関係について大きな示唆を与えてくれる。そこで彼は、「イングランドの言語はノルウェーやデンマークのそれと同じものであったが、征服王ウィリアム以降変化した」と述べているのである (p.150)。このことは、当然当時の、通訳や bilingualism の状況の想定を排除することに繋がると言える。ただ、実は、このような OE・ON 両言語間の関係についての言及はこのサガにしか見られないのである。他のサガでは、例えば、ウェンド語やアイルランド語などの（明らかに系統の違う言語の）話者が登場する際には、ON 話者には理解不能であることが必ず言及されるが、OE に関しては何の言及もないという (p.152)。しかし、逆に、何の言及もない（沈黙している）ということは、「とりたてて言及する必要そのものがない」とも解釈できるわけで、それだけ両言語間の PI があったということになるのではないか。つまり、*Gunnlaugs saga* の方が「例外的に」両言語間の類似性を記述していると考えた方がよいのではないか、ということである。したがって、スカールド詩についても、それが宮廷で詠唱された時には、通訳を介さずとも OE 話者に理解可能であっただろうと十分想像されるのである[13]。

　このように、Townend は両言語間に存在したと考えられる PI によって、デーンロー地域における OE・ON 話者はともに「母語での」コミュニケーションが十分可能であっただろうと結論する。つまり、これまでの言説の主流であったように、彼らは Leith やノールズなどが指摘する「OE・ON ピジン（或いは、Winford 2003:20-21 が定義する、Extended Pidgin や Simplified Language とする方が適切か）」を接触当初から主に使用していたというよりもむしろ、実際には、暫くの間は両言語間の方言適応性をうまく利用してコミュニケーションしていたのではないか（つまり Individual Bilingualism ではなく、Societal Bilingualism が発生していた）、という見解である。ただ、歴史的事実としては、デーンロー地域での ON は母語としてそのまま生き残ることなく、辺境地域での僅かな使用を除き、デーン王朝崩壊に続くノル

マン・コンクェスト（1066年）以降衰退の道を辿ることになる。これは元来 ON 話者であったデーン人ヴァイキングがノルマンディーに入植した時のように、いわゆる Language Shift（定義としては、"the partial or total abandonment of a group's native language in favor of another"［Winford 2003:15］）が起こり、現地語（である OE）が最終的に母語として採用されたということに他ならないことになる。では、なぜこのような事態に立ち至ったのか。この辺りの事情に関して、Görlach (1995:29) は、ON・OE 間の言語的 "closeness" をその原因のひとつとして指摘しているが、Townend は、屈折語尾の曖昧化・脱落と OE リテラシーへの適応をも挙げて説明している（pp.189-201）。

　Gmc に広く見られる、第一音節に強勢を固定する傾向は、屈折語尾等の弱音節部の発音を急激に弱め、最終的には脱落に至らしめることもあった。この状況は、語幹では類似しているが、機能的語尾の部分でかなり相違する両言語を使用する話者たちにとって、ある意味都合のよいものであっただろう。このような両言語の「音韻的歩み寄り」とも言える現象に加えて、ルーン文字を持ってはいるものの、キリスト教化されていなかったために、読み書きの分野では大きく後れをとっていた、デーンローの ON 話者は、（むしろ「渡りに船」といった形で）「OE そのものを文字も含めて受け入れる」ことでそれを補おうとしたのではないか[14]、とも考えられるのである。したがって、あの有名なオールドバラ [Aldbrough] 碑文（下例(7)）の中で、ON 系代名詞 hanum "himself" が使用されていることは、OE・ON 混合言語の（文章語の）存在を裏付ける証拠と言うよりもむしろ、ON からの「借入語」が OE 文章中に使用されている例がたまたま発見されたと考える方がより適切ではないかと Townend (2003:191) は主張する。

(7)　VLF [HE]T ARÆRAN CYRICE FOR H[A]NUM 7 FOR GVN[*WARA] SAVLA[15]

　　　"Úlfr ordered the church to be erected for *himself* and for Gunnwaru's soul"

(7)の ON 話者起草者は、文意を明らかにするために、前置詞 for の後に対格再帰形を持ってきたかったのだろうが、元来 OE では再帰形と通常の代名詞の区別がなく、加えて当時、単数対格形 hine の単数与格形 him への合流が起こりつつあった状況では、him を使った場合、そこにはどうしても曖昧さが生じてしまう。さらに都合の悪いことには、三人称複数与格形もまた、him なのである（heom という異形もあるにはあったが）。そこで「形の上で」両者をはっきり区別できる ON の三人称単数与格形 honum を流用（「移植 [Transfer]」）したと考えられるのである。

4．接触言語論と複雑（適応）系の視点

　新興の接触言語論の分野から、Winford (2003:79-83) は、単なる語彙借入ではなく、

「重い」構造拡散（借入）[Structural Diffusion/Borrowing]の一例として、デーンロー地域でのOE・ON間の接触を取り上げ議論している。まず、Winford が引用する、Thomason & Kaufman（1988）では[16]、中英語（ME）の北部方言に散見される ON 起源の文法的特徴は 57 項目（全体の 20 %）に上るとしており、その中には they--their--them といった代名詞、minne "less" や seer "various" などの数量詞、til "to" や fraa/froa "from" などの前置詞が挙げられているが、このような構造拡散が可能になった背景には、OE・ON 間にある密接な類型論的類似性があり、それが両言語話者間の密接な接触により強化され、広範な bilingualism をもたらしたとしている。しかし、このデーンロー地域において、「個人レベル」での bilingualism が当初から広く浸透していたという考えに関しては、前述のように Townend は否定的であり（p.202 など）、むしろこの場合は、両言語間の PI でコミュニケーションが可能な societal bilingualism と見なすべきだという主張をしていた。Winford も、彼が "The massive diffusion of ON grammatical features into Northern OE is not what we expect if the agents of change were speakers of OE importing ON features into their speech. A more feasible explanation is that both ON and OE speakers continued to speak their own varieties to each other, and that generations of bilingual or bidialectal speakers (especially children) forged a compromise language, as tends to happen in so many situations of contact"（pp.82-83）と言う場合の重要性は、その両言語話者は、いきなり何らかの（コイネー[Dawson 2001][17] または OE・ON ピジンのような）compromise language を創出したのではなく、数世代の間はそれぞれの母語が使用され（Blair 2003³:304 も参照）、彼らは転換コードの方略などを利用して両言語間の PI に頼りながらコミュニケーションをとったであろうということにあるのだ。それは、また、いわゆる bilingual な個人が時に見せる、「コード転換(the alternate use of two languages (or dialects) within the same stretch of speech, often within the same sentence [Winford 2003:14])」である必要さえもなかったのである。コード転換は、Downes（1998²:80-87）によれば、「会話的・状況的・比喩的」コード転換に三分され、「コード混合」と「コード変化」に細分されることもあるが、いずれにしても、これは、相手の／第二言語と第一言語を「併用する」という意味においてまさに "bilingual" なのであり、Townend や Winford が指摘しているのは、そもそもその必要性自体がなく、お互いが monolingual として第一言語を使用することでも、かなりの程度コミュニケーションが取れたのではないかということなのである。

　ちなみに、OE・ON の接触によって最終的にアウトプットされた compromise language としか言いようがない（北部・東中部）ME をいわゆる "creole" と見なしてよいか否かという議論が 1980 年代に起こったが、結局当時は、creole 自体の定義が不

明確だということで、「ME=creole論」は棄却された[18]。この点に関して、接触言語論では、creoleは言語的特徴によってではなく、"creoles are simply contact languages that emerged primarily in plantation settings in various European colonies throughout the world"（Winford 2003:308）という風に社会／歴史学的に定義されているので、やはりMEをいわゆる"creole"と呼ぶことは今もなお難しいようである。

　ところで、MEは「creole的」compromise languageであるという議論において、これまでしばしば注目されてきた重要なポイントの一つは、OEの三人称複数代名詞系列 hie--hier(r)a--him に替わって、前出の ON系三人称複数代名詞男性形系列 þeir--þeir(r)a--þeim（=they--their--them）の英語への移入であった（Gordon & Taylor 1957²:294 および Winford 2003:81 参照）。Ritt（2003²）は、これを新たに進化生物学の観点から説明しようと試みる。つまり、それは進化論的「最適化[Optimisation]」理論や「複雑（適応）系[Complex Adaptive Systems]」による説明であり、Rittの論点を整理すると次のようになる。

(8) a. 標記ON系代名詞群の英語への移入は、言語内および言語外的要因を組み合わせたシナリオで表面的（比喩的）には説明可能だが、いわゆる古典的な「科学理論」としては「予測可能ではない」という点で欠陥がある。

　　b. 形態論的自然性[Morphological Naturalness]に関わる機能的説明によれば、ON系代名詞群は特に「信号卓立[Sign Prominence]」のパラミタ（音韻的評価基準、すなわちOEの/h/系列対ONの/θ・ð/系列）において、OE系代名詞群よりも優位にあると言えるのであり（その優位である方を選択することを「最適化」と呼ぶ）、ここでは単に単数代名詞群との両義性を排除できるだけでなく、「知覚のし易さ」がクルーシャルな点となる。
　　（この点は、Trudgill 2001:185 が指摘する、"natural form" の優位性とも関連すると思われる。）

　　c. 上記の優位点である音韻的前景化（Vennemann 1988）は話し手の側よりもむしろ聞き手の側での信号解析において効力を発揮する[19]。

　　d. 言語体系の構成素は、コミュニケーションや言語獲得を通じて自己を複製するが、遺伝子複製ほどの精度はないため、言語共同体内でかなり高い確率でその変異種が生じ、費用・利益の観点から自動的に選別される。そして生き残ったものは、何度も繰り返して使用され、「安定」を得ることができる。つまり、言語はその環境に適応することを可能にする複雑（適応）系と見なすことができる。

　　e. しかし、この複雑（適応）系では、複製され、最終的に生き残る要素は必

ずしも「最適な[Optimal]もの」とは限らないし、その複製作業に利益があると判断するのに十分な臨界点そのものは「予測不可能」なのである。Ritt は、このように、言語体系を複雑(適応)系と見なすことを「株式市場」に喩えて次のように表現する、"the price of shares does not simply reflect a company's value at a given point of time, but to a great extent also investors' prediction of the behaviour of other investors, so does the status of any particular linguistic constituent within a speech community not reflect merely its communicative efficiency and effectiveness, but to a great extent also the status of that particular item within other systems"(p.301)。

オルムは 12 世紀後半にリンカンシャーで『オルムの書[Ormulum]』を執筆したとされているが、そこには 200 を越す ON 借入語が見られるし、三人称複数代名詞としては ON 系の þeʒʒ--þeʒʒre--þeʒʒm が多用されている(Townend 2002:208)。Ritt はこれらの内、斜格形の ON 系 þeʒʒm と OE 系 hemm が生起する場所を調査し、前者は母音で終わる単語の後に現れ、後者は子音で終わる単語の後に現れることを指摘している(pp.291-293)。この場合、複製を決定付けるような特別な環境がある言語共同体内に立ち現れ、それが他の環境での安定的使用にも波及していったという説明は当を得ているように思える。

5．おわりに

今から千年以上も前、デーンロー地域では、OE 話者と ON 話者が生活を共にしていた。そこでは、彼らは必ずしも bilingual にならなくても、かなりの程度自身の母語を使ってコミュニケーションをとることができたようだ。それは、多くが両者ともゲルマン語であるという共通の言語系統および語用論的方略によるものであったが、Downes(1998²:26)も指摘しているように、当事者の他者に対する「態度[Attitude]」といった心理的側面も当時大きく関与していたに違いない。そしてコミュニケーション時における、特に「聞き手」(や「Language Shift を起こす側である ON 話者側」)の態度が重要なポイントであることを、Townend("from the standpoint not of the speaker but of the hearer"[p.43])も、Winford("source language agentivity"[p.80])も、Ritt("listener-centered variants"[p.295])も一様に指摘しているのである。

我々は、言語変化を論じる際には、まさにその当該言語「使用者」(特に「聞き手」)の存在に注目すべきことを、デーンロー地域での言語使用は実に雄弁に物語っていると言える。

註

1) 「デーンロー地域」には、ウェセックスのアルフレッド大王（在位 871-899）の許可を得て、デーン人が大挙して移住した、チェスターからロンドンに至るウォトリング街道を境界線とする、その北部〜東部地域（南東中部、ノーサンブリア、イースト・アングリア）及びヨークと5自治都市（スタンフォード、リンカン、ダービー、レスター、ノッティンガム）を中心とする諸州が含まれている（Zaluckyj 2001:245）。なお、本稿では、デーンロー・ヴァイキングの言語を指す言葉として ON を使用するが、この ON は特に古アイスランド語と古ノルウェー語を含む "Old West Scandinavian" を指すこともある（Faarlund 1994:38）。ただ、このように ON を東西で分けるのは、東 ON で起こった「二重母音の短母音化」によるのだが、コミュニケーション上はさほど重要ではなかったので、意識としては相変わらず「共通 ON」であっただろうとカーカー他（2001:16）は述べている。

2) 松瀬（2000a:53）でも議論したように、当時の言語連続体で主体となっていたのは、デーン人の順応性を考えれば、「英語化したノルド語」というよりもむしろ「ノルディック英語」だったろう。

3) van Kemenade（1994:114）が指摘しているように、分析対象である資料そのものの多寡もその一因であるが、Townend（2002:183-184）は、"It is, I think, not yet possible to attempt a full history of the Old Norse language in England, as so many aspects are unknown and so much work remains to be done." と指摘し、まず中英語（ME）における ON 借入語のより徹底した調査分析が必要だとしている。

4) 「ゲルマンの部族言語は、おそらく最初のうちはいずれも本質的な違いはなかったであろう思われる。しかし、青銅器時代と鉄器時代に個々の部族がその定住地を変えるにつれて、事情は違ってきた。…この時代のさまざまなゲルマン諸部族間のコミュニケーションには、言語的に共通の基盤があったので、おそらくさほど深刻な障害はなかったと考えられる」（シルト 1999:15-16）。

5) R. E. Keller, *The German Language*, (London: Faber, p.45.) しかしながら、Plomé（1972:45）は、"…, to picture PGmc. as 'a simple unified speech community' may also be oversimplification" と述べ、この点については懐疑的である。

6) なお、Gmc 西方言における OE の下位区分占有位置については、古サクソン語（OS）と古フリジア語（OFris）の処理を巡って、「アングロ・フリジア語」とするか、「北海ゲルマン語（NSGmc）」とするかで議論が分かれるところだが、Nielsen（2003）は、母音体系では、OE/OFris・OS 間に NSGmc 的共通性がかなり見られるものの、子音体系においては、いくつかの重要な違いが両者間に観察されるとしている（Dyen et al. 1992 も参照）。だが、筆者は、基本的に、松瀬（2000b:240）で述べたように、第2次ゲルマン子音推移との関係から、三者とも「低地ドイツ語[Low German]」として一括する捉え方の方が分かり易いと考えている。

7) アングロ・サクソン人は、大陸からイングランドに来襲するヴァイキングのことを、その出身地（デンマーク・スウェーデン・ノルウェー）に関わりなく「デーン人[Danes]」と呼ん

だ (Sawyer 1982:80)。

8) M. E. Milliken & S. R. Milliken, "System Relationship in Dialect Intelligibility," preprint, 1993 International Language Assessment Conference, Horsleys Green および C. F. Hockett, *Refurbishing Our Foundations*, Current Issues in Linguistic Theory, 56, Amsterdam: Benjamins, (Townend 2002:45.)

Milliken & Milliken の言う「方言適合性」には、その方言自体にある「固有の学習可能性 [Inherent Learnability]」が大いに関わっているだけでなく、Hockett は「転換コード」と相補的に用いられる心理的方略として、「ゲシュタルト知覚 [Gestalt Perception]」も重要である点を指摘している (Townend 2002:44-46)。

9) Briggs (1999³:44) が "The earliest raids were not carried out by Norsemen we know as Danes but Norwegians" と述べているように、6年後の793年に起きる有名なリンディスファーン修道院略奪の記述では、「ノルウェー人」と記されている (Cf. 前記註7)および松瀬 2000a:42&53)。

10) Gillian Fellow-Jensen; *Scandinavian Settlement Names in Yorkshire* (Copenhagen: Akademisk forlag, 1972,) *Scandinavian Settlement Names in the East Midlands* (Copenhagen: Akademisk forlag, 1978,) and *Scandinavian Settlement Names in the North-West* (Copenhagen: Reitzels, 1985,) [Townend 2002:52.]

11) 逆の現象である、OE 話者による ON 地名の OE 化に関しては、それほど多くの事例が発見されていない。これは、ON 話者側の方から OE を主体とした言語へ移行したこと (Language Shift) を如実に物語っている (Townend 2002:89)。

12) 現代英語 (PDE) では /ouθi:rə/ と発音する。

13) Townend (2002:153) は、"Clearly there is a great difference between being able to understand conversation, with its social rules and pragmatic non-verbal aids, and being able to understand skaldic verse as it is recited" と述べ、スカールド詩「そのもの」の理解というよりも、その言語としての理解可能性が OE 聴者側にどの程度あったかについて議論しているのである。

14) Frank (1989:53) も "When English-Scandinavian became literate it was in English; the coinage, inscriptions, sculpture, even poetry of the first Scandinavian settlers show them striving to be more Christian and English than the English" と述べており、この考えは支持されている。

15) (7)で<*W>という表記になっている部分は、実際には「ウュン [Wynn]」と呼ばれるルーン文字で刻印されている。本稿では、当該のフォントがないので、<*W>と表記した。

16) Sarah G. Thomason & Terrence Kaufman, *Language Contact, Creolization and Genetic Linguistics*, Berkeley: Univ. of California Press.

17) Hope Dawson, "The Linguistic Effects of the Norse Invasion of England," Unpublished MS, Dept. of Linguistics, Ohio State Univ, (Winford 2003:82.)

18) ME は creole ではないと結論する、Görlach (1986) の議論は、単純化や混交などはどの言語にも大なり小なり見られるものであるから、これを主な評価基準として creolization を認定することはできない、というものである (Townend 2002:198)。だが、たしかに古高地ドイツ語から幾分か単純化され、言語混交も見られる現代標準ドイツ語を creole と呼ぶには無理があ

るかも知れないが、現代ロマンス諸語や ME（ひいては、PDE）が持つ creole 的特徴はそれとは比べものにはならないと言えるのではないか。["Middle English--a Creole?" in *Linguistics across Historical and Geographical Boundaries in Honour of Jacek Fisiak on the Occasion of His Fiftieth Birthday*, eds. by D. Kastovsky & A. Szwedek, vol.1, 329-344, Berlin: Mouton de Gruyter.]

19) Theo Vennemann, *Preference Laws for Syllable Structure and the Explanation of Sound Change*, Amsterdam: Mouton de Gruyter.

参考文献

Baldi, Philip (1983) *An Introduction to the Indo-European Languages*, Southern Illinois Univ. Press, Carbondale, IL.

Bammesberger, Alfred (1992) "The Place of English in Germanic and Indo-European," *The Cambridge History of the English Language*, vol. 1, ed. by Richard M. Hogg, 26-66, Cambridge Univ. Press, Cambridge.

Beekes, Robert S. P. (1995) *Comparative Indo-European Linguistics: An Introduction*, John Benjamins, Amsterdam.

Blair, Peter H. (2003) *An Introduction to Anglo-Saxon England*, 3rd edition, Cambridge Univ. Press, Cambridge.

Briggs, Asa (1999) *A Social History of England*, 3rd edition, Penguin, Harmondsworth.

Downes, Williams (1998) *Language and Society*, 2nd edition, Cambridge Univ. Press, Cambridge.

Dyen, Isidore, Joseph B. Kruskal & Paul Black. (1992) *An Indoeuropean Classification: A Lexicographical Experiment*, The American Philosophical Society, Philadelphia.

Faarlund, Jan Terje (1994) "Old and Middle Scandinavian," in König & van der Auwera (eds.,) 38-71.

Frank, Roberta (1989) "Did Anglo-Saxon Audiences Have a Skaldic Tooth?" *Anglo-Scandinavian England*, eds. by John D. Niles & Mark Amodio, 53-68, Univ. Press of America, Lanham.

Gordon, E. V. & A. R. Taylor (1957) *An Introduction to Old Norse*, 2nd & revised edition, Clarendon Press, Oxford.

Görlach, Manfred (1995) *New Studies in the History of English*, Universitätsverlag C. Winter, Heidelberg.

Green, Dennis H. (1998) *Language and History in the Early Germanic World*, Cambridge Univ. Press, Cambridge.

Henriksen, Carol & Johan van der Auwera (1994) "The Germanic Languages," in König & van der Auwera (eds.,) 1-18.

Hogg, Richard M. (2002) *An Introduction to Old English*, Edinburgh Univ. Press, Edinburgh.

Karker, Allan, Brigitta Lindgren, & Ståle Løland, eds. (1997) *Nordens Språk*, Novus forlag, Oslo.
（＝カーカー、アラン他編．山下泰文他訳．『北欧のことば』東京:東海大学出版会、2001年．）

Knowles, Gerry (1997) *A Cultural History of the English Language*, Arnold, London.
（＝ノールズ、ジェリー．小野茂・小野恭子訳．『文化史的に見た英語史』東京:開文社、1999年．）

König, Ekkehard & Johan van der Auwera, eds. (1994) *The Germanic Languages*, Routledge, London.

Kufner, Herbert L. (1972) "The Grouping and Separation of the germanic Languages," in van Coetsem & Kufner (eds.,) 71-97.

Leith, Dick (1997) *A Social History of English*, 2nd edition, Routledge, London.

松瀬憲司 (2000a)「言語接触と言語変容--古英語・古ノルド語間の接触について--」『熊本大学英語英文学』43, 41-55.

松瀬憲司 (2000b)「R 音転換再考」『熊本大学教育学部紀要』人文科学編 49, 237-252.

松瀬憲司 (2001)「初期英語における文法上の新しい仕掛け--古ノルド語からの『贈り物』--」『熊本大学教育学部紀要』人文科学編 50, 41-53.

Nielsen, Hans F. (1989) *The Germanic Languages: Origins and Early Dialectal Interrelations*, The Univ. of Alabama Press, Tuscaloosa.

Nielsen, Hans F. (2002) "The Old English Sound System from a North-Sea Germanic Perspective," *Essays on Medieval English*, eds. by Yoko Iyeiri & Margaret Connolly, 17-38, Kaibunsha, Tokyo.

Plomé, Edgar C. (1972) "Germanic and the Other Indo-European Languages," in van Coetsem & Kufner (eds.,) 43-69.

Ritt, Nicholaus (2003) "The Spread of Scandinavian Third Person Plural Pronouns in English: Optimisation, Adaptation, Evolutionary Stability," *Language Contact in the History of English*, 2nd & revised edition, eds. by Dieter Kastovsky & Arthur Mettinger, 279-304, Peter Lang, Frankfurt am Main.

Robinson, Orrin W. (1992) *Old English and Its Closest Relatives: A Survey of the Earliest Germanic Languages*, Stanford Univ. Press, Stanford.

Sawyer, P. H. (1982) *Kings and Vikings*, Methuen, London.

Schildt, Joachim (1991) *Kurze Geschichte der deutschen Sprache*, Volk und Wissen Verlag, Berlin. (=シルト、ヨアヒム．橘好碩訳．『ドイツ語の歴史』東京：大修館、1999 年．)

Szemerényi, Oswald J. L. (1990) *Einführung in die vergleichende Sprachwissenschaft*, 4th edition, Wissenschaftliche Buchgesellschaft, Darmstadt. (=*Introduction to Indo-European Linguistics*. Oxford: Clarendon Press, 1996.)

Townend, Matthew (2002) *Language and History in Viking Age England: Linguistic Relations between Speakers of Old Norse and Old English*, Brepols Publishers, Turnhout.

Trudgill, Peter (2001) "Third-person Singular Zero: African-American English, East Anglian Dialects and Spanish Persecution in the Low Countries," *East Anglian English*, eds. by Jacek Fisiak & Peter Trudgill, 179-186, D. S. Brewer, Cambridge.

van Coetsem, Frans & Herbert L. Kufner, eds. (1972) *Toward a Grammar of Proto-Germanic*, Max Niemeyer Verlag, Tübingen.

van Kemenade, Ans (1994) "Old and Middle English," in König & van der Auwera (eds.,) 110-141.

Voyles, Joseph B. (1992) *Early Germanic Grammar: Pre-, Proto-, and Post-Germanic Languages*, Academic Press, San Diego.

Winford, Donald (2003) *An Introduction to Contact Linguistics*, Blackwell, London.

Zaluckyj, Sarah (2001) *Mercia: the Anglo-Saxon Kingdom of Central England*, Logaston Press, Almeley.

Cognitive Domains and the Prototype in the Resultative Construction

Haruhiko Murao

1. Introduction

The Unaccusative Hypothesis proposes that the class of intransitive verbs is not homogeneous, but consists of two classes, the unergative verbs and unaccusative verbs. The former describe volitional activities or non-volitional physiological phenomena and the latter denote non-volitional events such as change of location, change of state, etc. Some scholars have tried to argue for this hypothesis by observing various constructions as diagnostic tests, but not all members of a given verb class show consistent syntactic behaviors (cf. Rosen (1984), Levin and Rappaport Hovav (1995), Arad (1998a, b), Takami & Kuno (2002) among others). It may be difficult to use a particular construction as a diagnostic test for a particular verb class because of various factors. In contrast to a verb semantic approach however, there are studies advocating construction-based approach which take constructions as basic and important and claim that the whole sentence as well as a verb plays a crucial part in deciding the acceptability of the construction (cf. Langacker (1987, 1991), Goldberg (1995), Croft (2001, 2003) among others).

In this paper, I examine the resultative construction in terms of the construction-based approach. The construction is often used as a diagnostic test for unaccusative verbs.[1] My analysis on the construction is based on a complex model, which is introduced in Murao (2004). This model draws on complex matrix model (Langacker (1987, 1991, 2000)), prototype theory (Lakoff (1987), Taylor (1995[2])), and a semantic map model (Croft (2001, 2003), Haspelmath (2003)).[2]

2. Complex Matrix Model

In Cognitive Grammar, linguistic meanings are a function of both the conceptual content evoked and the construal (i.e. cognitive processes) imposed on that content. The content is based on the cognitive domain, which is any coherent area or product of conceptualization, relative to which semantic structures can be characterized. An expression invokes a set of cognitive domains (multiple domains) as the basis for its semantic characterization. This set of cognitive domains is called a 'complex matrix.' The complex matrix has varying degrees of centrality. Some domains are central to an expression and are more likely to be activated, while others are more peripheral and less likely to be accessed. But, the degrees of centrality of domains accessed can be varied depending on the context. Thus, an expression has a typical ranking of domains for centrality, but the ranking can be flexible.

Constructions also invoke multiple domains for their characterization. A construction has a particular set of cognitive domains and invokes some central domains for its characterization, and other peripheral domains are less likely to be accessed. Verbs also have multiple domains and the central domains to be highly accessible. The domains relevant to constructions and verbs are: volitionality; telicity; punctuality; affectedness; causality; mode; affirmation among others. A construction profiles some portion (i.e. construal) in its central domains (i.e. content) in its prototypical use.[3] When a prototypical verb type found in the construction occurs, the central domains accessed and the portion profiled in the domains typically for characterizing the verb type correspond to those of the construction. I call this the prototypical mapping in Murao (2004).

In the non-prototypical use of the construction, we often find verb types other than the one found in the prototypical use of the construction. I call the situation non-prototypical mapping (Murao (2004)).

Verb classes are categorized following the prototype model of categorization. Each verb class consists of its prototype members and other peripheral members, which form a prototype category. In the complex matrix model given above, I assume prototype members of a verb class are determined not inherently but depending on what kinds of domains a given construction invokes as central domains and what portions the construction profiles in the domains. The verb class that occurs in the construction forms a category based on the prototype. We would predict that if non-prototypical members of a verb class occur in a construction (i.e. the non-prototypical mapping), the construction is accepted under some restriction in its form and meaning, in which elements other than the verb play an important role and those elements and the verb collaboratively contribute to the semantics of the construction. In some cases where a member of the verb class is so far removed from the prototype, the construction would be unacceptable.

In the next section, I consider the resultative construction and its central domains. In Section 4, I demonstrate that the central domains determine the structure of prototype category of a verb class in the resultative construction.

3. Central Domains of the Resultative Construction

We examine what functions the resultative construction has and consider central domains for the construction in this section. Typical examples of this construction are illustrated as follows:

(1) a. The silversmith pounded the metal flat.
　　b. John loaded the wagon full with hay.
　　　　　　(Levin and Rappaport Hovav (L & R. henceforth) 1995:41)
　　c. They broke the window to pieces.
　　d. She froze the jerry solid.
　　e. She polished the mirror to a brilliant shine.
　　　　　　(Kageyama 2001:156, 161)
　　f. He pushed the door open.

I claim that the domains concerning the resultative construction are telicity, punctuality, volitionality, affectedness and causality. In what follows, we look at what the construction profiles in these five domains.

Telicity

I claim that the resultative construction (not the participating verb) profiles a telic portion in the telicity domain. The construction does not care about the telicity of the participating verb as shown in (2). The verbs in (2a)-(2d) are atelic and those in (2e)-(2g) are telic. But, the construction per se must denote bounded events as illustrated in (3).

(2) a. He pushed the door open. (=1f)
  b. Dora shouted herself hoarse.   (L&R 1995:35)
  c. She slept her wrinkles away.   (L&R 1995:63)
  d. The door rolled open.   (L&R 1995:156)
  e. They broke the window to pieces.
  f. She froze the jerry solid.
  g. The cook burned the saucepan dry.
              (Kageyama 2001: 161)

(3) a. He pushed the door {for/ *in} 10 minutes.
  b. He pushed the door open {*for/ in} 10 minutes.
              (Horita 1995: 168)

This is supported by the End-of-Scale Constraint proposed by Goldberg (1995), which stipulates that "the resultative adjective denote the endpoint of a scale." She also claims that the construction is interpreted as telic, even though the resultative adjective itself does not have a clearly delimited lower bound, giving the following examples:

(4) a. He ate himself sick.
  b. He talked himself hoarse.

Thus, the construction profiles telicity in its domain, though the verb does not necessarily profile telicity.

Punctuality

Next, the resultative construction describes an event in which the object undergoes a change of state as a result of the action denoted by the verb. This is equivalent to the event type of accomplishment verbs such as *break*. Goldberg (1995) also argues that the resultative such as (5a) "necessarily implies that the agent's continuous eating made him sick":[4]

(5) a. He ate himself sick.   (Goldberg 1995: 194)
  b. John shot him dead.

Thus, many cases are non-punctual events. There are, however, a few cases such as (5b) which describe a punctual event. I conclude from this that the typical resultative profiles 'non-punctual' in the punctuality domain, though some constructions permit the punctual event, which does not instantiate the prototypical event structure of the accomplishment verbs.

Volitionality

Next, we consider the domain of volitionality. The resultative construction prototypically takes a volitional agent as its subject as shown in (6), but it does not necessarily require a volitional subject in the cases of (7):

(6) a. The silversmith pounded the metal flat. (=1a)
    b. He pushed the door open. (=1f)
                                              (Jackendoff 1997: 550)

(7) a. The wind blew the papers away.   (Jackendoff 1997: 550)
    b. She coughed herself sick.
    c. She slept herself sober.
                                                  (Goldberg 1995: 193)
    d. She slept her wrinkles away.   (L&R 1995:63)
    e. The river froze solid.
    f. The bottle broke open.
                                                  (L&R 1995: 39)
    g. The saucepan burned dry.   (Kageyama 2001:161)

The construction requires a volitional agent as its subject in many examples. When non-volitional subjects appear in the construction, either a limited range of verbs are used (7a), or the construction takes some form different from the typical examples, i.e. reflexive pronoun, inalienable possessive nominal, intransitive verb as illustrated in (7b)-(7g).

Thus, I claim that the prototypical resultatives profile 'volitional' in the volitionality domain.

Affectedness

The resultatives undergo passivization as follows:
(8) a. Willie wiped the table clean.
    a′ The table was wiped clean by Willie.
    b. Cathy cooked the pot dry.
    b′ The pot was cooked dry by Cathy.
                                                  (Jackendoff 1997: 544)

Furthermore, the postverbal NP is the patient in the resultative according to the result of the *do to NP* test.

(9) a. What Willie did to the table was wipe it clean. (cf. (8a))
    b. What Cathy did to the pot was cook it dry. (cf. (8b))

(Jackendoff 1997: 545)

We may conclude from these facts that the resultatives involve affectedness, but note that the intransitive resultatives such as (10) behave differently:

(10) a. Tara talked us into a stupor.
    a′. We were talked into a stupor by Tara. (Jackendoff 1997: 544)
    b. Wally walked the soles off his shoes.
    b′. The soles had been walked off Wally's shoes by the time he finished the Walk for Hunger. (Jackendoff 1997: 544)
    c. The thirsty workers drank the teapot dry.
    c′. The teapot was drunk dry by the thirsty workers.

(L & R 1995:44)

    d. Dora shouted herself hoarse.
    d′. *Dora was shouted hoarse (by herself).
    e. She slept her wrinkles away.
    e′. *Her wrinkles were slept away (by her).
    f. The girl cried herself to sleep.
    f′. *The girl was cried to sleep (by herself).
    g. He ate himself sick.
    g′. *He was eaten sick (by himself).
    h. He danced himself tired.
    h′. *He was danced tired (by himself).
    i. He talked himself blue in the face.
    i′. *He was talked blue in the face (by himself).

As these examples show, non-prototypical resultatives such as intransitive resultatives do not necessarily require the post-verbal NP to be affected, though the prototypical resultatives do. The resultative, therefore, profiles 'affected' in the affectedness domain in the prototypical constructions.

Causality/ manner

Finally, we examine causality and manner in the resultative construction.

We find the resultatives involving causation by looking at the sentences in (12), paraphrased from examples in (11).

(11) a. Willie wiped the table clean.
b. Cathy cooked the pot dry.
c. I coughed myself awake.

(12) a. Willie caused the table to become clean by wiping (it).
b. Cathy caused the pot to become dry by cooking (in it).
c. I caused myself to become awake by coughing.

(Jackendoff 1997: 544-545)

Also, Goldberg (1995) proposes that "the action denoted by the verb must be interpreted as directly causing the change of state." Furthermore, psychological verbs, touch verbs and some other verbs that do not involve causality cannot appear in the construction even if they are transitive verbs:

(13) a. *John loves Mary happy.
b. *The man patted the dog angry.
c. *She touched the vase into pieces.
d. *Fido licked the bone shiny.
e. *Mary used the sheet of paper crumpled.
f. *He watched the TV broken.
g. *He believed the idea powerful.

(Goldberg 1995: 181)

Though all these facts show that the construction involves causality, we must note that there also are intransitive resultatives such as (14) as we have seen:

(14) a. The river froze solid.
b. The bottle broke open.
c. The door rolled open.
d. The gate swung shut.
e. The saucepan burned dry.

These sentences may not involve causality in the same way as transitive resultatives. Thus, the resultative construction involves causality in the prototypical cases and it does not in other peripheral cases.

As for the manner, the resultative construction does not usually describe the manner of the activity, but it is not unacceptable, even if the meaning of manner of activity is included:

(15) John hammered the metal flat hot.

This sentence has the secondary predicate implying manner as well as the one implying the resultant state. This leads us to the conclusion that the manner is not crucial in deciding whether the construction is acceptable or not. The manner may be excluded from the central domains of the resultative construction.

We have examined central domains in the resultative construction in this section. I summarize what I have discussed as below:

Table: Central Domains of Resultative Construction[5]

Telicity	+	Volitionality	+(−)	Causality	+(−)
Punctuality	−(+)	Affectedness	+(−)	Manner	N/A

4. The Resultative Construction and its Prototypical Verb Class

As we have summarized, the central domains of the resultative are Telicity, Volitionality, Affectedness, Causality, Punctuality and these domains form a complex matrix of the construction as given in (16a):

(16) a. Central Domains in Matrix of Resultative Construction

　　　[+Telicity, +Volitionality, +Affectedness,

　　　+Causality, −Punctuality]

　　b. Causative (Transitive) Verb: break, bake, freeze, polish . . .

(cf. Hopper and Thompson (1980))

In this complex matrix the resultative construction profiles 'telic' in the telicity domain, 'volitional' in the volitionality domain, 'affected' in the affectedness domain, 'causal' in the causality domain, and 'non-punctual' in the punctuality domain. I claim that constructions that have this matrix are prototypical resultative constructions.

A verb class that reflects the matrix of this construction most strongly would be transitive verbs indicating a change of state as illustrated in (16b). I, therefore, assume this to be the prototypical verb class for the resultative construction. This verb class corresponds to the matrix without recourse to any other elements within the construction. This is a case of the prototypical mapping. We present some examples below:

(17) Prototypical Resultative Construction

　　a. They broke the window to pieces.

    b.   She froze the jelly solid.

    c.   The cook burned the saucepan dry.

    d.   She polished the shoes to a brilliant shine.

(Kageyama 1996, 2001)

Here in prototypical mappings, the verbs alone fully reflect the matrix of the construction and the secondary predicates simply specify a resultant state of the object nominals described by the verbs (cf. Kageyama (1996, 2001)).

  In a non-prototypical mapping, the verbs deviate from the matrix of the construction and cannot reflect it for themselves. Elements other than the verb play an important part and reflect the matrix of the construction collaboratively with the verb in order to make the construction acceptable. In what follows, we examine the cases of non-prototypical mapping and propose that the construction is acceptable under some restriction in its form and meaning in the case of non-prototypical mapping. We find that the construction is not accepted at all in cases where a verb class is too distant from the prototypical verb class.

  First, let us look at the following examples:

(18) a.   The silversmith pounded the metal flat. (cf. The silversmith pounded the metal.)

      b.   Pat kicked Bob black and blue. (cf. Pat kicked Bob.)

      c.   He pushed the door open. (cf. He pushed the door.)

The verbs in these examples focus on an act by an agent and do not imply a change of state in an object nominal. These verbs deviate from the prototypical verb class such as (16b) in causality. Also, *push* is not telic, while *kick* is punctual. The secondary predicate plays a very important role in these examples and collaborates with a verb to indicate a change of state by an action. The verb denotes an action and the secondary predicate describes a resultant state by the action. The event structure that these two elements form is equivalent to an accomplishment verb such as *break* (cf. Pustejovsky (1991), Nakano and Inada (1995)). The secondary predicate is no longer an element that simply specifies a resultant state of an object nominal that a verb implies.

  Next, look at the examples in (19):

(19) a.   Dora shouted herself hoarse. (cf. *Dora shouted hoarse.)

b. She slept her wrinkles away. (cf. *She slept away.)
c. He danced himself tired. (cf. *He danced tired.)
d. The girl cried herself to sleep. (cf. *The girl cried to sleep.)

The verbs in these examples and the ones in (10) are unergatives, which are not telic. Object nominals in these verbs are not affected as we have seen in (10). Furthermore, some unergatives such as *sleep* do not necessarily imply volitionality. As for causality, they do not have 'external cause' but 'internal cause' in terms of Levin and Rappaport Hovav (1995). A prototypical verb for resultatives like the transitive *break* has external cause. I claim that unergatives lack causality in this respect. On the other hand, unergative verbs denote manner unlike the prototypical verb class. The verbs in (19) are different from the prototype in these respects, but a verb, an object nominal and a secondary predicate collaboratively form the event structure of accomplishment verbs to fulfill the matrix of the construction. This case deviates from the prototype more than the case in (18), which is reflected in the form of a verb, i.e. an intransitive, and an object nominal, i.e. a fake reflexive nominal or an inalienable possessive nominal.[6]

The verbs in the following examples lack volitionality and causality, since they are ergatives that profile a change of state of the subject:

(20) a. The river froze solid. (cf. *The window broke itself solid.)
b. The bottle broke open. (cf. *The bottle itself open.)
c. The crystal ball cracked to pieces. (cf. *The crystal ball cracked itself to pieces.)
d. The laundry dried crisp. (cf. *The laundry dried itself crisp)

(Kageyama 2001: 161)

Ergatives do not profile the agent's act even if it implicitly exists. An event denoted by ergatives would be punctual, since the event structure is not accomplishment but achievement in that it consists of only a change of state without an activity. The verbs in (20) also are different in the forms from the prototype in that they are an intransitive. These verbs deviate so much from the prototype in their form and meaning that they cannot be compensated with other elements in order to meet the matrix of the resultative construction. So, resultatives such as (20) are apparently not acceptable. But, the fact is that they are grammatical. I assume that this is because ergatives have a change of state, implying a resultant state, and the sentences in (20) are acceptable without the secondary predicate:

(21) a. The river froze.
    b. The bottle broke.
    c. The crystal ball cracked.
    d. The laundry dried.

The secondary predicates in (20) simply specify a resultant state implied by the verbs as in the case of (17).

On the other hand unaccusatives cannot occur in the resultative construction unlike ergatives as given in (22):

(22) *The Loch Ness monster appeared famous.   (L&R 1995: 61)

Unaccusatives profile non-volitional, non-affected, non-causal and punctual in each domain. They, therefore, deviate so much from the prototypical verb class. This situation is almost the same as the case of ergatives. But, in the case of unaccusatives, they do not imply a change of state. Thus, the verbs and the secondary predicates are not in relationship in which the secondary predicates simply specify a resultant state implied by the verbs.

Finally, we consider another case in which verbs are so deviant from the prototype that they cannot be accepted in the resultative construction:

(23) a. *The dog smelled the flower bed bare.
    b. *The teacher hated the pupils angry.

(Levin 1993: 100)

    c. *John loves Mary happy.
    d. *She touched the vase into pieces.
    e. *Fido licked the bone shiny.
    f. *Mary used the sheet of paper crumpled.
    g. *He watched the TV broken.

(Goldberg 1995: 181)

These verbs profile atelic, non-affected and non-causal. Furthermore, some of them are not volitional.

Thus, we have seen that the prototypical verbs in the resultative construction are determined according to the complex matrix of the construction. The verb class that appears in the resultative is categorized based on the prototype members. As the verbs deviate from the prototype, they need more help from other elements within the construction to make the construction acceptable. But, if the verbs are too distant from the prototype and the construction cannot have a support from elements other than the verbs, it is not acceptable.

5. Conclusion

In this paper, we have explored the resultative construction in terms of a construction-based approach, which takes constructions as basic and important and claims that the whole sentence as well as a verb plays a crucial part in the acceptability of the constructions.

I have proposed that the resultative construction is characterized in terms of central domains and profiling, which determine the prototypical members of a verb class that appears in the construction. The verb class is categorized based on the prototype. This means that there are no verb classes that are inherently determined and behave consistently within and across constructions.

Actually, we have observed that if non-prototypical members of the verb class occur in the resultative construction, the construction is accepted under some restriction in its form and meaning, in which elements other than the verb play an important role and those elements and the verb collaboratively contribute to the semantics of the construction. We also have seen that the construction is not acceptable in cases where a member of the verb class is too deviant from the prototype and other elements in the construction cannot support the verb.

Our model in this paper follows the cognitive typological theory (cf. Croft (2001, 2003)) and predicts that the prototypical resultative construction shows the least variable across languages, while the peripheral constructions show variations across languages (cf. Washio (1997), Kageyama (2001)). We may leave the details to Murao (in preparation).

Notes

* I would like to express my gratitude to Rick Lavin and Joseph Tomei for acting as informants. My thanks go especially to Joseph Tomei for his helpful suggestions including stylistic ones. Remaining inadequacies are of course my own.

1. In the subsequent sections, we call the type showing causative alternation such as *break* an ergative verb, distinguishing it from the type not showing causative alternation such as *arrive*, which we call an

unaccusative verb, though we have used 'unaccusative' for both of them in this section following Levin and Rappaport Hovav (1995).

2. This paper focuses on complex matrix model and prototype theory and does not deal with the construction in terms of a semantic map model.

3. In the case of the domain of volitionality, for instance, one construction profiles the portion of the highest degree of volitionality, while the portion of lower degree of volitionality is profiled in another construction.

4. Goldberg cites this example in order to propose the constraint that "the change of state must occur simultaneously with the endpoint of the action denoted by the verb."

5. '+'(or '−') indicates profiling (or not profiling) in each domain in the typical examples. For instance, '+' in the telicity domain indicates that the construction profiles telic. '(+)' (or '(−)') indicates profiling (or not profiling) in each domain in the peripheral cases. 'N/A' means that a given domain is not relevant to the acceptability of the construction.

6. There are cases in which an object nominal is neither a fake reflexive nominal nor an inalienable possessive nominal, though the verb is not transitive:

(i)   a. Tara talked us into a stupor.
      b. The joggers ran the pavement thin.

These are not different from the cases in (17) and (18) in the form of the object nominal, but I assume that these are more peripheral cases than (19). Unergatives have internal cause and an event described by the verb is induced by the subject's act on it. It is comparatively easy to profile the subject itself or some part of it as a target of the action and elaborate it as an object nominal. But, in the case of (i), despite the fact that the object nominals are completely distinguished from the subject nominals, the sentences in (i) are accepted. These are idiosyncratic in this respect. Nakano and Inada (1995) propose that the examples in (i) are not derived directly from the constructions in (17) or (18) but derived indirectly by way of the constructions in (19) by the requirement of discourse condition.

References

Arad, Maya. (1998a) "VP-structure and the syntax −lexicon interface," *MIT Occasional Papers in Linguistics* 16.

Arad, Maya. (1998b) "Are unaccusatives aspectually characterized?," *MIT Working Papers in Linguistics* 32, 1-20.

Croft, W. (2001) *Radical Construction Grammar*. Oxford University Press, Oxford.

Croft, W. (2003) *Typology and Universals Second Edition*. Cambridge University Press, Cambridge.

Goldberg, A. (1995) *Constructions*, University of Chicago Press, Chicago.

Haspelmath, M. (2003) "The geometry of grammatical meanings: semantic maps and cross linguistic comparison," *The New Psychology of*

Language Vol. 2, ed. by Michael Tomasello, 211-242, Lawrence Errbaum Associates, Publishers, London.

Hopper, P. and S. Thompson (1980) "Transitivity in Grammar and Discourse," *Language* 56, 251-299.

Horita, Y. (1995) "A Cognitive Study of Resultative Constructions in English," *English Linguistics* 12, 147-172.

Jackendoff, R. (1990) *Semantic Structures*. MIT press, Cambridge, MA.

Jackendoff, R. (1997) "Twistin' the Night Away," *Language* 73-3, 534-559.

Jackendoff, R. (2002) *Foundations of Language*, Oxford University Press, Oxford.

Kageyama, T. (1996) *Doshi Imiron* (Verb Semantics), Kurosio Publishers, Tokyo.

Kageyama, T. (2001) "Kekka Kobun (Resultative Construction)," *Nichiei Taisho Doshi no Imi to Kobun* (Verb Semantics and Constructions: A Contrastive Study of English and Japanese), 154-181. Taishukan, Tokyo.

Kajita, M. (1977) "Toward a Dynamic Model of Syntax," *Studies in English Linguistics* 5, 44-76.

Lakoff, G. (1987) *Women, Fire, and Dangerous Things*, The University of Chicago Press, Chicago.

Langacker, R. (1987/1991) *Foundations of Cognitive Grammar*, Vol. 1/2, Stanford University Press, Stanford.

Langacker, R. (2000) *A Course in Cognitive Grammar*, ms., UCSD.

Levin, B. (1993) *English Verb Classes and Alternations*, The University of Chicago Press, Chicago.

Levin, B. and M. Rappaport Hovav (1995) *Unaccusativity*, MIT Press, Cambridge, MA.

Miyakoshi, K. (2001) "Structure Sharing and Resultative Constructions: A Cognitive Grammar Approach," Paper Presented at 7th International Cognitive Linguistics Conference.

Murao, H. (2003) "Directionality of Extension in Transitive / Intransitive Constructions," *Gengogaku kara no Chobo 2003* (The View from Linguistics 2003), 259-273, Kyushu Daigaku Shuppankai, Fukuoka.

Murao, H. (2004) "Cognitive Domains and Constructions: the case of V-*te iru* construction in Japanese," *Journal of Hokkaido Linguistics* 3.

Murao, H. (in preparation) *Cognitive Domains and the Prototype in Constructions.*

Nakano, Y. and T. Inada (1995) "Eigo no Kekka Kobun to Henshu no Kakucho (Resultative Construction in English and its Extension to Varieties)," *Kyudai Gengogaku Kenkyushitsu Hokoku* 16 (Kyushu University Papers in Linguistics), Kyushu University, Fukuoka.

Oya, T. (2002) "Shintai e no koi to Kekka Kobun (Act on Body Parts and the Resultative Construction)," *Jisho to Gengo Keishiki* (Events and the Form of Language), 145-175, Sanshusha, Tokyo.

Perlmutter, D. and P. Postal (1984) "The 1-Advancement Exclusiveness Law," *Studies in Relational Grammar* 2, ed. by D. Perlmutter and C. Rosen, 81-125. The University of Chicago Press, Chicago.

Pustejovsky, J. (1991) "The Syntax of Event Structure," *Cognition* 41.

Rosen, C. (1984) "The interface between semantic roles and initial grammatical relations," *Studies in Relational Grammar* 2, ed. by D. Perlmutter and C. Rosen, 38-77, The University of Chicago Press, Chicago.

Takami, K. and S. Kuno (2002) *Nichieigo no Jidoshi Kobun* (Intransitive Constructions in Japanese and English), Kenkyusha, Tokyo.

Taylor, J.R. (1995^2) *Linguistic Categorization*, Clarendon Press, Oxford.

Talmy, L. (1988) "Force Dynamics in Language and Cognition," *Cognitive Science* 12, 49-100.

Vendler, Z. (1967) *Linguistics and Philosophy*, Cornell University Press, Ithaca.

Washio, R. (1997) "Resultatives, compositionality and language variation," *Jornal of East Asian Linguistics* 6, 1-49.

香りの世界の共感覚比喩

山田　仁子

1．はじめに

　町を歩いていてふと何かの香りが鼻孔をくすぐる時、人はどう反応するだろうか。多くの人は、「あ、沈丁花でも咲いているのかな」とか、「うなぎ屋が近くにあるのかな」と、「香りを発する物が何なのか」をまず無意識に探り当てようとするのではないだろうか。

　香り、あるいは匂いは、その刺激を発する物と結びつけられることが多い。匂いを嗅げばその匂いを発する物が想起される。自分の嗅いだ匂いを他人に説明するにも、匂いを発する物の名を指し示すと、効率よく相手に伝えることができる。

　さまざまな匂いを生き生きと感じさせるパトリック・ジュースキントの小説『香水』も、匂いが発する物を示し、更には匂いを発する物の状況を精密に描写することで、匂いを読者に伝えている。例えばこの小説の舞台である18世紀のフランスの町の悪臭に満ちた様子は、次のように描写される。

(1)　通りはゴミだらけ、中庭には小便の臭いがした。階段部屋は木が腐りかけ、鼠の糞がうずたかくつもっていた。台所では腐った野菜と羊の油の臭いがした。風通しの悪い部屋は埃っぽく、カビくさかった。寝室のシーツは汗にまみれ、ベッドはしめっていた。
(Süskind, pp. 8-9)

「小便」「腐りかけの木」「鼠の糞」「腐った野菜」「羊の油」「埃」「カビ」「汗」「しめったベッド」と、匂いを発する物とその状況を次々に数え上げることにより、匂いに満ちた世界を描き出している。

　匂いそのものの性質を、物との結びつきなしに表現するのは、容易なことではない。「におい」を研究するある科学者はこう言う。

(2)　桜の花の香りはどんな香りですかと質問されても答えようがありません。そこで、β-フェニルエチルアルコールとクマリン（桜餅の香り）とが混ざった香りだと答えてい

ます。においは言葉で説明することが非常に困難なのです。ですから成分名で答えざるを得ません。　　　　　　　　　　　　　　　　　　　　　　　　　（荘司, p. 8)

(2)では匂いをその成分にまで分解してはいるが、成分もまた物であり、ここでも結局は匂いを、それを発する物の名で説明していることに変わりはない。もっともこの場合、成分名を挙げられても化学の知識がない者にはその匂いは理解のしようがなく、その一成分の匂いが「桜餅」に似たものであるという、再び物の名に頼る説明により、わずかに類推するだけである。

匂いの質を物との結びつきなしに表現することができるはずの、嗅覚における感覚経験を直接表す語彙は、実に数少ない。英語、日本語においては次の(3)(4)に挙げたわずかなものくらいである。英語の "pungent" は嗅覚経験を表すが、語源的には「突き刺す」という意味の本来触覚経験を表す語彙であるため、ここでは省いた。嗅覚の領域に属するわずかな語彙は、更に、匂いの質を限定することはほとんどない。「わるい匂い」「いい匂い」程度の内容しか伝わらない。具体的な匂いの質はこうした語彙だけでは分からないままである。

(3)　fragrant
(4)　くさい、かぐわしい、かんばしい、ふくいくとした

匂いの質を限定して表現するために残された方法は「比喩」である。香水ガイドブックを書いたルカ・トゥリンという人物は、その作業が「匂いを比喩へと置き換える」ことだったと言う。

(5)　... I had written a perfume guide, I'd written smells into the metaphors of language
　　　...　　　　　　　　　　　　　　　　　　　　　　　　　　　　（Burr, p. 304)

香水に興味を持つ人たちに対して、嗅いだことのない香りの質を伝える必要のある香水の世界では、香水の香りの魅力、特質を伝えるために、豊かな比喩が用いられる。本稿では、香水のカタログなどを主な資料に、香りを表す豊かな比喩の世界を探っていきたい。なお、以下に扱う資料は英語の文献より収集した。

2. 嗅覚経験を表す共感覚比喩表現

一つの感覚領域における経験を他の感覚領域に属する語彙で表す表現を共感覚比喩表現という。Ullmann (1959) や Williams (1976) をはじめとする共感覚比喩表現の研究でも、本来他の感覚領域に属する語彙（特に形容詞）が嗅覚による経験を表すことは指摘されてきた。次の図(6)に示すように、Williams では「味覚」の語彙が「嗅覚」経験を表すと論じられた。また山田 (1992) (1993) (1994) は共感覚比喩表現を分析することにより、言語レベルの感覚が「五

感」と言われる5種にとどまらないことを論じ、山田（2001）では、次の図(7)が示すように、「味覚」に加え、「触覚」と、「次元」と「動静」という感覚領域の語彙が「嗅覚」経験を表すとまとめた。

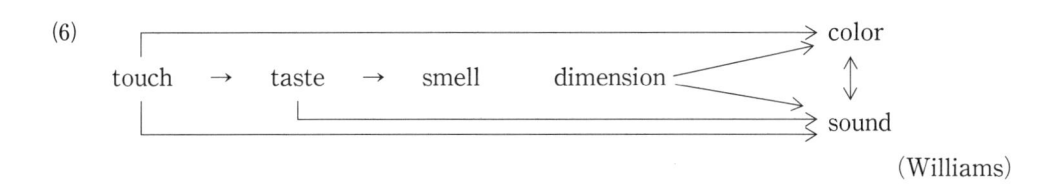

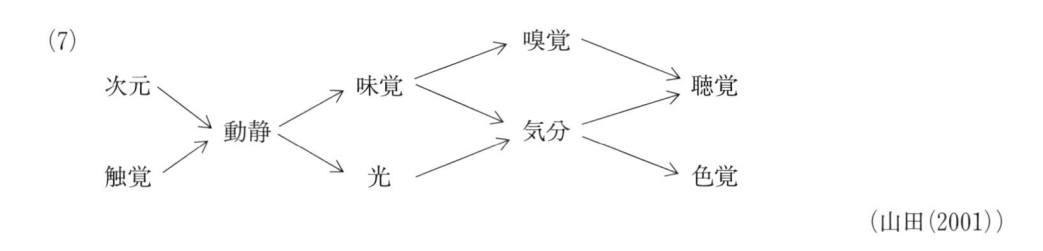

(6)
```
touch → taste → smell   dimension → color
                                    ↕
                                  → sound
```
(Williams)

(7)
```
次元 ↘
      動静 → 味覚 ↘ 嗅覚 ↘ 聴覚
触覚 ↗       ↘ 光    気分 → 色覚
```
(山田(2001))

本稿では以下、これまでに嗅覚経験を表すと指摘された感覚「触覚」「味覚」「次元」「動静」に加え、「光」「聴覚」「色覚」の語彙による嗅覚経験の表現も検討していく。(7)の図に含まれる「気分」については、今回調査した資料では、ほんのわずかな特殊なものだけしか見いだされなかった。「気分」を表す語彙により嗅覚経験を表すことは困難であるのかもしれないが、わずかな例はその可能性を示すものとも考えられる。この領域については、また機会を改めて検討したい。今回以下に検討する感覚の順序は(7)の図の左に登場するものからとする。また、共感覚に関する研究には形容詞のみを扱うものも多いが、本稿では形容詞に限らず、幅広く用例を集め検討していきたい。

3．触覚からの共感覚比喩

"harsh" "sharp" "soft" "hot" "heavy" "light" といった形容詞は本来「触覚」の領域に属する語彙でありながら、嗅覚経験を表す "smell" という名詞に結び付けて用いることができる。「触覚」から「嗅覚」への共感覚比喩は山梨や山田で論じられている。

香水に関する文献では、上の形容詞の他にも「触覚」の語彙が嗅覚経験を表す例が多く見られる。「触覚」の中でも特に「手触り」を表す語彙が用いられる例を、以下に下線を施して示した。(8)-(11)の "harsh" "rough" "soft" "smooth" "mellow" "sticky" "sharp" といった基本的な形容詞の他に、(9)(12)の "velvety" "silky" という布地に喩える形容詞や(13)の "punchy" という動作を含む形容詞が見られた[1]。更に形容詞にとどまらず、(11)では "soften" という動詞、(14)では "has the plush texture" という句の形で香りを表している。

(8) <u>Harsh</u>. A crude, unbalanced, <u>rough</u> pungent odour.　　　　(perfumersworld)

(9) <u>Velvety</u>. A <u>soft</u>, <u>smooth</u>, <u>mellow</u> fragrance without <u>harsh</u> chemical notes.

(Ibid.)

(10) <u>sticky</u> vanilla in the base.　　　　(Irvine, p. 85)

(11) A summer scent with an excellently balanced top note of <u>sharp</u> lemon sherbet <u>softened</u> by melon with a tinge of orange blossom and the coolness of rosewood.

(Ibid., p. 76)

(12) almost <u>silky</u> rosewood and cool cedar.　　　　*(Ibid.,* p. 88)

(13) <u>punchy</u> herbaceous green notes　　　　*(Ibid.,* p. 85)

(14) It <u>has the plush texture</u> of dusky cabbage roses …　　　　*(Ibid.,* p. 57)

「触覚」から「嗅覚」への比喩はまさに生きた比喩として多様に表現される。「触覚」の領域の語には限定する語を加えたり、形容詞、名詞、動詞、句と形も自由に用いられる。新鮮な触感を呼び起こすことにより、香りの微妙な質も生き生きと伝えられている。

　"sharp" という語も以下の例(15)–(17)のように、さまざまに形を変えて用いられる。(15)では "razor" という語を加えることにより、香りを鼻に吸い込んだ時の刺激の鋭さが生々しく伝えられる。(16)ではその鋭さが "edge" という明確な形を得る。またその鋭さは変化する。(17)の "sharpen" や(15)の "round" といった動詞はその変化を表している。

(15) Sicilian lemons come tumbling out of the bottle golden and <u>razor-sharp</u> eventually <u>rounded</u> by a little grapefruit.　　　　(Irvine, p. 70)

(16) If a blend seems to <u>have too many sharp edges</u>, try adding some rose.

(Aftel, p. 154)

(17) Narcotic orange flower <u>sharpened</u> with green rose and jasmine …

(Irvine, p. 53)

　(18)でアルデヒドの匂いは "angularity" という名詞により鋭い形を得て、それが "pierce" という動詞が示すように香り全体に変化を与えている。(19)の "prick"、(20)の "puncture" という動詞は新たに登場してくる香りの鋭さを示している。

(18) Suave top note <u>pierced</u> by the <u>angularity</u> of aldehydes.　　　　(Irvine, p. 106)

(19) The overall cuddly effect of all these edibles with demure flowers is <u>pricked</u> by an intriguing peppery backnote.　　　　*(Ibid.,* p. 81)

(20) The fruity green top note is <u>punctured</u> by <u>hot</u> pepper and <u>cool</u> cardamon.

(Ibid., p. 112)

匂いには「乾湿さ」も感じられる。(21)の "dry"、(22)の "damp" がこれを示す。

(21) Vetiver : rich, dry, earthy and rough ...　　　　　　　　　　(Irvine, p. 19)
(22) Oakmoss : sea-like ; creamy damp and very sensual.　　　　　(*Ibid*., p. 19)

匂いにはまた「温度」も感じられる。(20)、(23)-(26)の形容詞 "hot" "cool" "chilly" "icy" "warm"、(27)(28)の名詞 "heat" "warmth"、(28)の動詞 "warm" は全て、本来は温度を表す語彙でありながら、比喩的に匂いの質とその変化を表している。

(23) Cool Herbaceous notes　　　　　　　　　　　　　　　　　(perfumersworld)
(24) Thrillingly strict and chilly.　　　　　　　　　　　　　　　(Irvine, p. 103)
(25) Icy freshness cedes to lathery cleanness ...　　　　　　　　　(*Ibid*., p. 89)
(26) Amber. A heavy full bodied powdery warm fragrance note.
　　　　　　　　　　　　　　　　　　　　　　　　　　　　　(perfumersworld)
(27) Civet : ... dropped in minute proportion into a floral bouquet, it metamorphoses, adding radiant heat and sexiness.　　　　　　　　　　(Irvine, p. 18)
(28) Soon warms into a more musky, chocolaty warmth sweetened with flowers.
　　　　　　　　　　　　　　　　　　　　　　　　　　　　　(*Ibid*., p. 67)

「触覚」には「重さ」の感覚も含まれるが、これも匂いの質を表現するのに用いられる。(29)(30)の "light"、(30)(26)の "heavy" といった重さを表す基本的な語に加え、(31)(32)に見られるように、"featherweight" "airy" など軽さを強調した語も匂いの質を表現する[2]。

(29) You might choose a light, energizing fragrance when you are setting off to work ...
　　　　　　　　　　　　　　　　　　　　　　　　　　　　　(Irvine, p. 8)
(30) Each family opens with the lightest, freshest version of the family, and gradually works through to the richest or heaviest version.　　　(*Ibid*., p. 12)
(31) A featherweight floriental that quickly vanishes.　　　　　　(*Ibid*., p. 18)
(32) Airy, soft and herbal with camomile mid-notes ...　　　　　　(*Ibid*., p. 88)

以上の考察より、さまざまな種類の「触覚」の語彙が匂いの質を生き生きとした共感覚比喩で表すことが明らかになった。「触覚」から「嗅覚」という共感覚比喩は確かに生きていると言えるだろう。

4．次元からの共感覚比喩

　「次元」に関しては、一つの独立した感覚として扱わず、「視覚」という枠に「光」や「色」とともに含めてしまう研究が多い[3]。しかし「次元」「光」「色」を表す語の共感覚比喩における用いられ方はそれぞれに大きく異なる。「次元」を表す語は他の多くの感覚経験を表すことができるが、「色」を表す語は他の感覚経験を表すのには用いられにくい。本稿でもそれぞれ別個に検討していくこととする。

　「次元」の領域の語は実際に用いられる際、実は「触覚」での感覚を伝えていることが多い。前節で論じた「触覚」からの共感覚比喩の例でも、「次元」を表す語が登場していた。(15)の"round"、(16)の"have too many sharp edges"、(18)の"angularity"はどれも次元における物の形である「まるみ」や「突起」や「角」を示すことにより、その形の物に触れた時の触感を伝えていた。こうした表現は形式的には「次元」の領域の表現だが、上の例において共感覚比喩として働く際には、「触覚」の表現として機能していると考えられる。「次元」の語が「触覚」の感覚を伝え、更に共感覚比喩を通して「嗅覚」の経験を表現しているのである。

　「触覚」につながらない「次元」の語彙が嗅覚経験を形容する例も見られる。次の(33)に含まれる"well-rounded"は「次元」の語彙としても、「触覚」の語彙としても機能していると感じられるが、続く"full"は「触覚」の意味合いは持ちにくく、単に「次元」の語彙である。

(33)　a fragrance that is well-rounded or full.　　　　　　　　(perfumersworld)

　以下の(34)-(40)の例では「次元」の語彙が「触覚」を全く介さずに香りという嗅覚経験を表現している。"low" (34)、"flat" (35)、"deep" (36)、"thin" (37)、"thick" (38)、"sheer" (39)といった形容詞に加え、"depth" (37)といった名詞、"deepen" (40)という動詞も用いられている。

(34)　Solvents. Refers to materials that have a low odour (odourless?) in a perfume or materials that are added not for their smell but for other purposes. Anti-oxidants, colours, solubilisers.　　　　　　　　(perfumersworld)
(35)　Flat. Uninteresting, lacking in lift, diffusion or distinction.　　　　　　　　(*Ibid*.)
(36)　Rich florals : deeper than sweet florals …　　　　　　　　(*Ibid*.)
(37)　Thin. When a perfume lacks complexity or depth. Lacking in body.
　　　　　　　　(*Ibid*.)
(38)　A true oriental, dense and caressing as a fur coat, thick with the hypnotic odour of full-blown, dark red roses.　　　　　　　　(Irvine, p. 137)
(39)　Sheer, soft florals …　　　　　　　　(*Ibid*., p. 34)
(40)　Sweet but fresh, then deepens into an ambery base accord that's very 1980s.
　　　　　　　　(*Ibid*., p. 53)

香りが「次元」として捉えられるとはどういうことなのか、その一つの答えが次の文章(41)に見られる。"oudh" という香料を嗅いだルカ・トゥリンはその香りの "dimension"（次元、広がり）に驚く。広大、無限であり、豊かな香りの層が石切り場のように深く複雑に重なっていると感じるのである。この例は「次元」から「嗅覚」への共感覚比喩が感覚として生きていることを示している。

(41)　The *oudh* is unbelievable. Incredibly strong, first of all. ... But its vast dimension is what astonishes : a huge smell, spatially immense, and incredibly complex, a buttery layer as deep as a quarry ...　　　　　　　　　　　　　　　　　　　　(Burr, p. 286)

5．動静からの共感覚比喩

　「動き」を表す語彙も共感覚比喩により「嗅覚」の経験を表すことができる。香水の香りを説明する(42)-(46)の中の下線部はこれを示している。

(42)　Beautifully balanced ; quiet.　　　　　　　　　　　　　　　　　　　(Irvine, p. 71)
(43)　The heart note is serene, undefinable flowers wrapped in soothing vetiver and woods.　　　　　　　　　　　　　　　　　　　　　　　　　　　(*Ibid*., p. 44)
(44)　Sparkling, almost fizzy.　　　　　　　　　　　　　　　　　　　　(*Ibid*., p. 109)
(45)　Warm, vibrating amber base.　　　　　　　　　　　　　　　　　　(*Ibid*., p. 129)
(46)　It opens quite violently with a flood of lemony-orange bergamot .... But it's full of movement at this stage : already the patchouli and vetiver of the mid-note are complimenting the citrus ...　　　　　　　　　　　　　　　　　　　(*Ibid*., p. 139)

　共感覚比喩の研究において、「動静」という感覚が一つの独立した感覚として扱われることは少ないが、(42)-(46)のような例は、共感覚比喩において「動静」という感覚が確かに存在し、機能していることを示している。

6．味覚からの共感覚比喩

　「味覚」と「嗅覚」の結びつきは強い。何かを食する時、この2つの感覚は同時に働いている。また、食べ物の味と匂いは一致することが多い。甘いクッキーを焼くと甘い匂いがたちこめるし、酢は嘗めても嗅いでも酸っぱい。その結びつきの強さゆえに、「味覚」の語彙が匂いを表す際には、それが比喩によるものなのか、換喩によるものなのかの区別が難しい。匂いだけを判断して「甘い」というのであれば、それは比喩だが、匂いからその発生源の物の味を「甘そう」と想像しているのなら、それは換喩となる。こうした比喩と換喩は、同時に起きていることも多いと思われる。

しかし、香水の香りを描写する場合、これは食べ物の匂いを描写する場合とは異なり、換喩的要素はかなり排除される。香水の香りを描写する場合の「味覚」から「嗅覚」への共感覚比喩の例を次に挙げる。(47)と(48)は甘味、(49)-(52)は酸味、(53)は甘味と苦味、(54)は塩辛さ、(55)はおいしさ、という味を表す語が香りを表現している。

(47) levo-citronello, a molecule that occurs naturally in geraniums and has a warm, sweet, slightly green rosy scent ...　　　　　　　　　　　　　　　　(Burr, p. 71)

(48) *57 for Her* is a sad little thing, an incongruous dried-prunes note with a metallic edge that manages the rare feat of being at once cloying and harsh.
　　　　　　　　　　　　　　　　　　　　　　　　　　　　　　　　(*Ibid.*, p. 40)

(49) there's a slightly sour green whiff as it dies ...　　　　　　　(Irvine, p. 47)

(50) Acid, mint, then soapy.　　　　　　　　　　　　　　　　　(*Ibid.*, p. 105)

(51) acidulous and resinous fresh notes　　　　　　　　　　　　(*Ibid.*, p. 115)

(52) Tart, fizzy fruit opener, with detectable kumquat—an original fruit note.
　　　　　　　　　　　　　　　　　　　　　　　　　　　　　　　(*Ibid.*, p. 67)

(53) the bittersweet smell of sawdust.　　　　　　　　　　　　(*Ibid.*, p. 127)

(54) Here, it is kept fluent and fresh by salty Montauk rose, androgynous cedar and the citrus notes.　　　　　　　　　　　　　　　　　　　　　　　(*Ibid.*, p. 136)

(55) Deliciously different, and not for everyone, Jungle is a hot posset of warm spices and mango.　　　　　　　　　　　　　　　　　　　　　　　　(*Ibid.*, p. 85)

(47)の甘い香りはゼラニウムという花の香り、(53)の苦くて甘い香りはおがくずの匂い、(54)の塩辛い匂いはモントーク産のバラの香りであり、食べ物の匂いではないので、本当の味としての甘さや塩辛さとの換喩的つながりは存在しない。また、(53)の苦さや(54)の塩辛さは、食べ物においても換喩的つながりは存在しがたい。食して苦いもの、塩辛いものも、鼻を近付けただけではその味は分からない。(53)の苦くて甘い香りや(54)の塩辛い匂いは、香りを嗅いだ際に共感覚により引き起こされた味の感覚を伝えていると判断される。

香水の香りを描写する「味覚」から「嗅覚」への共感覚比喩表現は、「味覚」から「嗅覚」への共感覚比喩が換喩を介さずとも存在することを示している。

7. 光からの共感覚比喩

「光」、つまり明暗を表す語は色彩語彙とは異なり、多くの種類の感覚経験を表現することができる。明るさ、暗さ、透明さを表す光に関する語彙は、匂いという嗅覚経験も表す。もっとも日常的には、「明るい香り」「暗い匂い」と言うことは少なく、「澄んだ香り」という表現を用いるくらいだが、香水の描写では香りを表すために多用される。

(56)の"bright"、(57)の"luminous"、(58)の"radiant"は明るさを、(59)の"darkness"は暗さを表す語彙でありながら、香りの質を伝えている。(58)の"limpid"、(60)の"translucent"、(61)の"transparency"は透明さを表す語彙で、これも香りを表現している。

(56) A double dose of bergamot and lemon gives a <u>bright</u> feel to the top note of freesia and honeysuckle with a hint of plum.　　　　　　　　　(Irvine, p. 137)

(57) First is a <u>luminous</u> floral …　　　　　　　　　　　　　　(*Ibid*., p. 29)

(58) <u>Radiant</u> orange blends with <u>limpid</u> roses.　　　　　　　　(*Ibid*., p. 72)

(59) The base is quite woody but with an animal <u>darkness</u>.　　(*Ibid*., p. 130)

(60) a light <u>translucent</u> jasmine …　　　　　　　　　　　　　　(*Ibid*., p. 103)

(61) the <u>transparency</u> of an aqueous note …　　　　　　　　　(*Ibid*., p. 128)

明るさ、透明さは(62)(63)において、"crystal"という語が結びつくことにより具体性を持ち、生き生きとした共感覚比喩として香りを描写している。

(62) the <u>crystal radiance</u> of aldehydes.　　　　　　　　　　　　(Irvine, p. 51)

(63) lemony, <u>crystal-clear</u> rose, with a geranium note.　　　　　(*Ibid*., p. 18)

透明さについての「視覚」から「嗅覚」への共感覚比喩表現は(64)では、"clear"という動詞の形で現れる。一般的用法ではないので原文の筆者もイタリック体を用い、"like"以下で説明を加えているが、このように新しい表現を自由に作れるということは、透明さという「視覚」から「嗅覚」への共感覚比喩が生きたものであることを証明している。

(64) Vertelon *clears* a perfume, <u>like when you pour paraffin oil on an opaque sheet of paper and watch as the paper becomes translucent</u>.

　　　　　　　　　　　　　　　　　　　　　　　　　　　　　　　(Burr, p. 13)

8．色覚からの共感覚比喩

「色覚」（多くの研究では「視覚」に「次元」や「光」を表す語とともにまとめて扱われる）から「嗅覚」への共感覚比喩は、過去の研究では筆者の知る限り認められていない。ところが香水の世界を覗いてみると、色彩語彙も香りの形容に用いられている。しかし、それぞれの例を分析すると、やはり「色覚」から「嗅覚」という共感覚比喩は簡単に成立するものでないことが明らかになるのである。

　まず、香水の香りの描写に用いられる色彩語彙の種類には大きな偏りがあり、"golden"と"green"の2語が頻繁に登場する。"golden"の例を次の(65)(66)に挙げた。

(65)　Dry golden base.　　　　　　　　　　　　　　　　　　　　　　(Irvine, p. 115)

(66)　(= (15))　Sicilian lemons come tumbling out of the bottle golden and razor-sharp eventually rounded by a little grapefruit.

"golden"という語は色彩語彙としては特殊で、光と強く結びついており、「光輝く」という意味で用いられる。上の例でも、明るさを表す"golden"が「光」感覚から「嗅覚」への共感覚比喩を表している可能性がある。

次の例(67)で香水の中に感じられる花の香りは、"pastel-soft"と形容されるが、"pastel"の意味は「淡い色調」で、特定の色を表すものではなく、これも光と結びついたことばである。また(68)の"black"も光がない暗い状態を表すということから、光に結びつくことばと言える。(65)-(68)の表現は全て、「色覚」から「嗅覚」というより、「光」から「嗅覚」という関係の共感覚比喩である可能性が高い。

(67)　The flowers in the mid-note are pastel-soft, partly due to the effect of melon.
　　　　　　　　　　　　　　　　　　　　　　　　　　　　　　　　(Irvine, p. 80)

(68)　*Shalimar* by Guerlain, lovely, with a marvelous little black *sillage*, the trail of perfume you leave behind you ...　　　　　　　　　　　　　　(Burr, p. 296)

他の色彩語彙も香水の香りを表すのに用いられるが、この場合は共感覚比喩だけでなく、換喩や概念メタファーの助けを得ていると思われる。先にも触れたように、"green"という語は香水の香りの描写に頻繁に登場するが、そこには換喩が介在する。(69)の香水の用語解説で"green"は、「新鮮な刈られた草や葉のにおい」と記述され、実際の香水の香りの説明でも(70)のように用いられている。"green"という語は匂いを直接形容するというより、匂いから思い起こさせられる物、風景の色を指している。色→風景→風景に伴う匂い→香水の匂い、という連想を読者に求める表現となっている。

(69)　Green. The odour of fresh cut grass, leaves. ...　　　(perfumersworld)

(70)　A beautifully composed floral with a true green top note that smells like freshly cut, wet grass.　　　　　　　　　　　　　　　　　　　　　　　(Irvine, p.23)

(71)では上の"green"という語に、"dark"という光と結びつく語が重なっている。換喩と、「光」感覚から「嗅覚」への共感覚が融合した表現と考えられる。

(71)　The base is cool, woody and dark green with a chypre timbre.
　　　　　　　　　　　　　　　　　　　　　　　　　　　　　　　　(Irvine, p. 71)

(72)–(74)に現れる色彩語彙、"white" "pink" "bronzy" は、その前後の文章、コンテクストに支えられてはじめて香りを表現することが可能となっている。

(72) As soon as the initial fog dissipates, a splendid form appears, all of one piece, smooth and seamless, a strong white note, powdery and sculptural ... *Chamade* is nevertheless a haughty perfume, pure and distant and miles away from the slightly catty chic of *Jicky* and *Shalimar*.　　　　　　　　　　　　　　　(Burr, p. 120)

(73) Intensely sweet and flagrantly sensual. It *smells* pink. ...
　　Elsa Schiaparelli, the surrealist fashion designer, wrote: 'The colour flashed in front of my eyes. Bright, impossible, impudent ... a colour, pure and undiluted. So I called the perfume *Shocking*.' The colour, used for the box, is known to this day as shocking pink.　　　　　　　　　　　　　　　　　　　　　　　　(Irvine, p. 119)

(74) 'Bizarre deity, brown as the night/Your perfume mingles musk and havana' wrote Baudelaire. He would have liked Shalimar, the most oriental of perfumes. It smells like an Arab sheik, bronze in timbre, resonating with warmth, and reeking of sensuality. ... the suave, spicy balsams — it's this which gives the bronzy feeling.
　　　　　　　　　　　　　　　　　　　　　　　　　　　　　　(*Ibid.*, p. 139)

(72)で、香りは滑らかさと一体感、純粋さなどを感じさせる。これは白い大理石の彫像のイメージに重なる。純粋さも大理石も "white"（白）のイメージで一致する。大理石の彫像に関する知識と香りを嗅いだ時のイメージが融合して、"white note" という表現が成立している。

(73)では香水がピンクの匂いがするというのだが、「ピンクの匂いがする」という表現は一般にはしないから、"It *smells* pink." と "smell" がイタリック体になっている。なぜ匂いを嗅いでピンク（ショッキングピンクと後で限定される）の色が思い浮かんだのかという疑問に対しては、香水の香りの描写とこの香水を嗅いだ人物がショッキングピンクに対して抱いているイメージの説明が手がかりをくれている。"intensely sweet and flagrantly sensual" という香水の香りの描写はショッキングピンクの "bright, impossible, impudent" というイメージとかなり一致する。香水の香りとショッキングピンクの色はこのイメージの一致を介してつながっている。この文章を読む者も、このイメージの一致を伝えられることではじめて「ピンクの匂い」を理解できる。ここで「イメージ」としたものには、共感覚により想起された感覚やそれぞれの語彙についての知識などが関わると考えられるが、今後更に明確にしていく必要があるだろう。

(74)では肌の色も、声も、香りもブロンズ色にまとめられている。この例で示されるブロンズ色のイメージはぬくもりと官能性である。「色覚」から「触覚」、「聴覚」から「触覚」、「嗅覚」から「触覚」の感覚が、共感覚により引き起こされ、この３種の共感覚が温もりという「触

覚」の感覚で統一されたと考えられる。

　以上の考察により、「色覚」から「嗅覚」への直接の共感覚比喩は単独では成り立ちにくく、他の共感覚や、共感覚以外の比喩、換喩等が組み込まれることによって成立していることが明らかになった。

9. 聴覚からの共感覚比喩

　「聴覚」から「嗅覚」という共感覚比喩も、過去の研究では筆者の知る限り存在が認められていない。しかし香水の香りの描写には「聴覚」の表現が頻繁に用いられる。

　香水の世界では、「香りは音楽だ」あるいは「香水は楽曲だ」という概念メタファーが確立されており、この構造的概念メタファーが、「聴覚」から「嗅覚」への共感覚比喩表現を多く生み出している。"note" "accord" という語は、香水の香りを表すための基本的な語彙だが、(75)(76)の香水についての用語解説に見られるように、どちらも意識的に音楽の世界から借用した表現である。

(75) Note. Borrowed from the language of music to indicate an olfactory impression of a single smell, or to indicate three distinct periods in the evaporation of a perfume — top note, middle note, bottom note.　　　　　　　　　　(perfumersworld)

(76) Accord. An accord is the perfumery equivalent of a Chord in music. ... It particularly applies to where each component material is in balance and harmony with each other material so that one no single component can be detected.　　　(*Ibid.*)

　"note" と "accord" の語は下の(77)で実際の香水の説明に用いられているのだが、"accord" の前に "melodious" がつくことからも、音楽から香りへの比喩が生きた比喩だと分かる。

(77) citrus top <u>notes</u> melting into a <u>melodious accord</u> of natural flowers with dense, velvety orris and sensuous animal <u>notes</u>.　　　　　　　　　　(Irvine, p. 135)

　香りは、(78)(79)のように他の聴覚の名詞でも表現される。

(78) a chypre <u>timbre</u>　　　　　　　　　　　　　　　　　　　　　　　(Irvine, p. 71)

(79) A scent with a <u>stonking big beat</u>. You can easily miss the fruity note as the carnal <u>roar</u> of jasmine and sandalwood in heat tear through your olfactory nerve. The heavy <u>bass</u> comes from a megadose of Mysore sandalwood ...

　　　　　　　　　　　　　　　　　　　　　　　　　　　　　(*Ibid.*, p. 135)

音の高低も香りへと転用される。

(80)　Tingling medicine-cabinet high note ...　　　　　　　(Irvine, p.123)
(81)　One of those scents of such high-pitched sweetness you feel it could shatter crystal. Perhaps appropriately, considering Marie-Lalique envisaged it as 'un parfum de cristal'.　　　　　　　(*Ibid*., p. 64)
(82)　the huskiness of some spice　　　　　　　(*Ibid*., p. 66)
(83)　The theme is continued on a more profound key by benzoin and sandalwood, played against warm vanilla.　　　　　　　(*Ibid*., p. 140)

「音を出す」という意味を含む動詞は香りが漂い出るのを表す。

(84)　The harsh, demonic note continues to sound ...　　　　　　　(Irvine, p. 131)
(85)　Calèche, resonates quietly.　　　　　　　(*Ibid*., p. 106)
(86)　An insolent green note opens then echoes through slowly evolving siren notes of civet and amber ...　　　　　　　(*Ibid*., p. 140)
(87)　First, bergamot plays sharply against orange flower ...　　　　　　　(*Ibid*., p. 58)
(88)　this is a disarmingly simple harmony of a few ingredients that sing together.
　　　　　　　(*Ibid*., p. 39)
(89)　A fragrance that does not shout.　　　　　　　(Aftel, p. 132)

香料は奏でられる楽器としても表現される。

(90)　The fruit notes are lightly played, never sharp, the flowers hushed in the midst of all this plush.　　　　　　　(Irvine, p. 140)

香料と香料、香りと香りは組み合わさることで、調和し（"harmonize"(91)）、オーケストラ用の曲（"orchestration"(92)）とも、オペラの序曲（"overture"(93)）ともなる。

(91)　Outrageous aroma of black pepper soon harmonizes audaciously with unbelievably strong clove carnation.　　　　　　　(Irvine, p. 133)
(92)　The orchestration of its base notes.　　　　　　　(*Ibid*., p. 139)
(93)　Melony overture ...　　　　　　　(*Ibid*., p. 80)

以上見てきたように、香水の香りの描写には多様な「聴覚」の表現が用いられる。こうした

表現が可能なのは、本節のはじめに述べたように、香水の世界で、「香りは音楽だ」「香水は楽曲だ」というメタファーが確立されていることも大きいと考えられる。音楽への比喩は(94)のように明示されることも多い。この例では香水の変化していく香りが、音楽のシンフォニーの展開のようだと語られ、香りの組み立てが作曲にも対比させられ、香水と楽曲の構造的対応が見られる。

(94)　A well-constructed fragrance has harmony and smoothness. Top notes blend into heart notes, which, in turn, blend into base notes, as they would in a musical symphony.　　　　　　　　　　　　　　　　　　　　　　　　　　　　(Irvine, p. 16)

ただし、構造的対応は、「聴覚」から「嗅覚」への共感覚比喩表現に必ず必要な物とも言えない。次に挙げる(95)(96)も香りを音楽に喩えていることが明示されるが、ここでは構造的対比ではなく感覚そのものが香りと音楽を結ぶ重要な鍵となっている。(95)ではある匂いが「オーケストラにおけるトロンボーン」に喩えられるが、それは、匂いが与える印象とトロンボーンの音が与える印象の一致による。匂いも音も 「触覚」の "edge" と「光」の感覚 "rich bloom"（豊かな輝き）を与える。「嗅覚」経験から共感覚により引き起こされる「触覚」と「光」感覚とが、「聴覚」経験から共感覚により引き起こされる「触覚」と「光」感覚に一致するのである。(96)では香りが音そのものに喩えられるが、ここでも「嗅覚」経験から共感覚により引き起こされる「光」感覚 "bright" と「触覚」"dryness" とが、「聴覚」経験から共感覚により引き起こされる「光」感覚と「触覚」に一致している。「嗅覚」と「聴覚」は直接共感覚で結びつくのではなく、それぞれにおいて引き起こされる共感覚によって、間接的に結びついているのである。

(95)　The odor is a shimmering mixture of sweat and tropical fruit, with a 'green' marijuana-like note. Used in perfumery much as trombones in the orchestra, imparting an edge and rich bloom to virtually any composition.　　　　(Burr, p. 12)

(96)　one of the olfactory features of molecules containing a cyclic ether bridge ... is a bright dryness equivalent to a musical 'sharp.'　　　　　　　　(Ibid., p. 207)

以上の考察により、「聴覚」から「嗅覚」という共感覚比喩表現は可能だが、「聴覚」から「嗅覚」への直接的な共感覚比喩は成立しにくいということが明らかになった。構造的概念メタファーや他の感覚との共感覚を介してはじめて、「聴覚」から「嗅覚」という共感覚比喩表現が成立するのである。

10. おわりに

　香水の世界は比喩にあふれている。共感覚比喩表現も他では見られない豊富さで、豊かに香りを表している。目に見えず、捕らえどころのなかった香りが、比喩ということばを得て具体性を持ち、語り伝えられるようになる。

　過去の研究で、「嗅覚」の経験を共感覚比喩により表現できる他の感覚は、「味覚」(Williams)と「触覚」(山梨)、あるいは加えて、「次元」「動静」(山田(2001))とされてきた。しかし今回これに「光」の感覚も加わることとなった。「触覚」「味覚」「次元」「動静」「光」という5つの感覚を表すことばは、生き生きとした共感覚比喩で香りを描写し、これを読む者に香りを感じさせる。この共感覚比喩の方向性は冒頭に挙げた図(7)の感覚の位置関係に一致する。

　「色覚」と「聴覚」のことばも香りを伝えるために用いられ、形としては、「色覚」「聴覚」から「嗅覚」へという共感覚比喩表現が存在する。だがその文脈を見ると、「色覚」「聴覚」から「嗅覚」という共感覚だけで成立してはいない。構造的概念メタファーや換喩や複数の共感覚比喩の重なりなど、他の要素が働いているのである。「色覚」「聴覚」から「嗅覚」へという共感覚比喩は感覚として存在するのかも知れないが、その結びつきは他の感覚にくらべ極めて弱いと考えられる。

尾注

1．各例においては、議論の上で重要となる箇所に下線を施している。
2．ただしここでの"featherweight"は香りの「軽さ」だけでなく、続く"vaniish"が示す香りの消え方が早いことも同時に表現している。
3．山梨（1988）などがこれにあたる。

参考文献

Burr, Chandler (2002) *The Emperor of Scent : A True Story of Perfume and Obsession*, Random House Trade Paperbacks.

Süskind, Patrick (1985) *Die Geschichte Eines Mörders*, Diogenes Verlag Ag Zürich.（池内　紀　訳（2003）『香水―ある人殺しの物語』（文藝春秋））

荘司　菊雄（2001）『においのはなし―アロマテラピー・精油・健康を科学する』技報堂出版株式会社

Ullmann, Stephen (1959) *The Principles of Semantics*. Blackwell.（山口　秀夫　訳（1964）『意味論』紀伊國屋書店）

Williams, J. M. (1976) "Synaesthetic adjectives : a possible law of semantic change," *Language*, 52, 461-478

山田　仁子（1992）"More than Five―共感覚が浮き彫りにする五感以外の感覚―"『徳島大学教養部紀要（外国語・外国文学）』3巻, 75-83

山田　仁子（1993）"―言語は感覚の内視鏡―共感覚比喩に基づいた形容表現の分析,"
　　HYPERION vol. 40, 29-40
山田　仁子（1994）"More than Five II ―共感覚が浮き彫りにする感覚（英語の場合）―,"
　　『言語文科研究』徳島大学総合科学部　1巻, 113-134
山田　仁子（2001）（口頭発表）「共感覚比喩が示す"感覚"」関西認知言語学研究会
山梨　正明（1988）『比喩と理解』東京大学出版会

例文の出典

Aftel, Mandy（2001）*Essence and Alchemy : A Book of Perfume*. North Point Press.
Irvine, Susan （2000） *The Perfume Guide*. Haldane Mason.
http://www.perfumersworld.com/glossary/

ボーダー・バラッドの世界
―野蛮さの哲学―

中島　久代

　中世以来ヨーロッパ各地で無名の民衆によってうたい継がれてきた物語歌を伝承バラッドと呼ぶ。この口承伝承文学の記録の金字塔と呼ばれ、現在でも伝承バラッドのカノンとされる編纂集は Francis James Child による *The English and Scottish Popular Ballads* (1882-98)である。初版はボストンの Houghton, Mifflin and Company から 10 巻本で刊行され、その後 1965 年に出版社を Dover に移行して 5 巻本となり、約 40 年を経た 2003 年にカバーデザインを一新して待望の再版がなされた。チャイルドの編纂集（以下「チャイルド・バラッド」と呼ぶ）には 305 篇の伝承バラッドが収録されているが、それぞれの作品には本来口承伝承であったがゆえに生まれた多数の異版も併せて収録されており、それらは多いもので 20 篇に及ぶ場合もある。また、頭注には作品の収録の経緯、作品の歴史的背景、地理の解説、異版間でのストーリーの相違点などの詳細な解説に加えて、ヨーロッパ各国に伝わる類似の伝承文学が紹介されている。したがって、チャイルド・バラッドの総作品数は 1,000 篇をはるかに上回り、文字どおり、伝承バラッドの一大集大成となっている。

　本稿は、チャイルド・バラッド 305 篇中 60 篇あまりを占める「ボーダー・バラッド」と呼ばれる作品群について解説を試みたものである。雲をつかむがごとしのバラッドの世界の中の、さらに曖昧模糊としたボーダー・バラッドの世界へのひとつのアプローチとして、ボーダー・バラッドでうたわれる内容、ボーダーの地理、これらの歌の背景にある歴史と文化についてまとめ、ボーダー・バラッドの定義付けを行う。

1.　ボーダー・バラッドの3タイプ

　広義では、イングランドとスコットランドの国境ボーダー地方で生まれ、うたい継がれてきた歌すべてをボーダー・バラッドと呼ぶことができるが、おおまかに次の三つのタイプに分けられる。

　一番目のタイプはボーダー地方の社会と生活をかなり忠実に反映した、実際のあるいは架空の事件や人物に関する物語歌。「ダグラス家の悲劇」("The Douglas Tragedy" 7B、チャイルドのタイトルは"Earl Brand"であるが、チャイルドが B 版として採用した Walter

Scot 編纂の *The Minstrelsy of the Scottish Border*, 1802-03 で使われたこのタイトルの方が定着している）は[1]、ボーダーのクランの中で最も古くから一大勢力を誇っていたダグラス家の娘マーガレットの悲劇をうたう。彼女の恋人はダグラス家と敵対するとおぼしきクラン出身のウィリアム。ふたりはある晩、駆け落ちに踏み切る。しかし必死の逃避行にもかかわらず、マーガレットの親兄弟の追手に捕まり、ウィリアムは殺されマーガレットも悲しみのあまり後を追って息絶える。ところが、二人が葬られた場所からはそれぞれにバラとイバラが生え、ふたつの植物は成長して恋結びを結い、生前実らなかった恋を草木に変身して成就する。

> Lord William was buried in St. Mary's kirk,
>   Lady Margaret in Mary's quire;
> Out o the lady's grave grew a bonny red rose,
>   And out o the knight's a briar.
>
> And they twa met, and they twa plat,
>   And fain they wad be near;
> And a' the warld might ken right weel
>   They were twa lovers dear.　(sts. 18-19)

ボーダー地方に実在したクラン制度とその社会の非情な対立構造が産んだ悲しく美しい物語である。6世紀にまで遡るスコットランドのクラン制度は、1746年4月16日の「カローデンの戦い」でハイランド軍がイングランド軍に敗北して完全な崩壊へと至ったが、ダグラス家はブラック・ダグラスとレッド・ダグラスの二大系譜に分かれるほどの巨大勢力であった。クランの誇り高さ、結束の固さ、決して怯むことない勇気と愛。こういった高潔な精神をこの歌の登場人物たちは体現している。

　ストーリーは架空でも、埋葬の場所聖メアリ教会墓地の廃墟は、聖メアリ湖の側の丘の中腹にうっそうとした羊歯に囲まれて実在する。文字はまったく読めないほど風化しきった墓標と、蓋も取れた石棺の枠が羊たちの糞にまみれて点在する。

　「カウフィールドのアーチー」（"Archie o Cawfield" 188B）は、ティヴィオットデイルを根城にするホール一族が敵方に捕われた兄弟アーチーを救出するという、アクションがふんだんに盛り込まれた痛快劇。ホール一族は11人の徒党を組んで、牢獄の扉を破って囚人を救出しようとするが、彼の足には95キロもの足枷が付けられていた。その重みをものともせず、仲間のひとりジョッキーは足枷もろともアーチーを背中におぶって助け出す。仲間のディッキーが交替しようと申し出るが「小蠅ほどにも重くない」と粋な台詞を吐いて奮闘する。アナン川を越える時に追手が迫るが、自慢の馬で嵐にうねる真っ黒な川を渡り

切る。川を挟んで、両軍のやりとりはあくまでコミカルである。ホール一族は「この川を渡れるものなら渡ってみろ、酒でもおごってやろう」と追手をからかい、敵は「高級なスペイン鉄の足枷だけはもったいないから返してくれ」と懇願し、修辞学に言うところの急落法（アンチクライマックス）を模した結末となる。

> 'Come through, come through, Lieutenant Gordon!
> Come through, and drink some wine wi me!
> For ther's a ale-house neer hard by,
> And it shall not cost thee one penny.'
>
> 'Throw me my irons, Dickie!' he cries,
> For I wat they cost me right dear;'
> 'O shame a ma!' cries Jokie Ha,
> 'For they'll be good shoon to my gray mare.'　(sts. 26-27)

義理と人情、勇気と笑いに包まれたボーダー人の生活模様がここにある。この歌と「サイド村のジョニー」（"Jock o the Side" 187B）のジョニー救出劇は手口がかなり似通っている。ジョニーの足枷は 100 キロのスペイン鉄。足枷もろとも仲間のジョックに助け出され、洪水のタイン川を渡って逃げのびる。追手は「囚人はどうでもよいが、貴重なスペイン鉄は返してくれ」と懇願し、同じくアンチクライマックスな幕引きとなる。

　二番目のタイプはボーダー地方に実在する町や村でのできごとや、そこから輩出した有名人の伝説。「うたびとトマス」（"Thomas Rymer" 37A）は、アールストンというボーダー北部の小さな町で暮らしていたトマスが、妖精と出会って予言能力を身に付ける冒険譚である。13 世紀頃に当時の地名で言えばアーセルドウンに実在した詩人トマスは、羊歯の丘で全身緑の衣装に身を包んだ美女と出会う。こんな美女は天の女王様にちがいないとトマスはひれ伏して挨拶するが、彼女は妖精の国の女王だった。ミルク色の馬の後ろにトマスを乗せて、妖精の女王は 40 日間地界をひた駆ける。そして、妖精と出会った日から 7 年間、トマスはこの世から姿を消した。

> He has gotten a coat of the even cloth,
> And a pair of shoes o velvet green,
> And till seven years were past and gone
> True Thomas on earth was never-seen.　(st. 16)

この間にトマスは予言能力を磨いたのであろう。浦島伝説に似たこの物語の主人公は、ロ

マン派以降のイギリス詩人たちのインスピレーションの源泉となり、スコット、Keats、Rudyard Kipling、John Davidson、Edwin Muir たちがトマス伝説を題材にした作品を創作している。

　アールストンにはトマスが住んでいたという塔の壁の一部が今でも保存され、トマスが妖精の女王と出会ったと言われるハントリーの土手には記念の石碑が建っている。トマスの廃墟は柵で囲ってはあるものの小さなレストランの裏庭の一部となっており、亭主の子どもが自転車を乗り回して壁の側で遊んでいた。亭主曰く「世界中からトマスという姓の人たちが先祖を探しにここへやってくる。君たちもそうだろう？」トマス伝説は20世紀の現在でも健在である。

　国境の多くがそうであるように、中世のイングランドとスコットランドの国境ボーダー地方は領地争奪の争いによる混乱が絶えず、その混乱に乗じてアウトローたちがたむろする野蛮な土地だった。そのようなアウトローたちの中から、シャーウッドの森のロビン・フッドと同じように、ボーダー地方の伝説の人物たちが生まれている。「ジョニー・コック」("Johnie Cock" 114F)の主人公はボーダー西部ダンフリー州のモールトン村に居城を持っていたアウトローで、泥棒または鹿殺しを生業としていた。スコットの解説では、彼の居城のすぐ側には高い丘に面した荘園があったが、特殊な構造のために野生の動物たちはその中に入ることはできるが、一旦入ると外には出られず、家畜が入り込んでしまっても飼い主が取り戻すことは不可能だったという[2]。このような荘園は家畜を略奪して生計を立てたアウトローたちがたむろするには格好の場所であろう。チャイルド114番の物語では、天下御免のアウトロー、ジョニーの最期を描いている。予感がしたのか、これ以上は悪事をはたらかせまいと引き止める母親を振り切って、ジョニーは禁猟区に猟犬たちを伴い意気揚々と鹿狩りに行く。ところが、首尾よく獲物を射止め鹿の肉と血で満腹になって猟犬ともども眠りこけているところを目撃され、あえなく彼は殺されてしまった。

　　　　　Now Johnie's gude bend bow is broke,
　　　　　　　And his gude graie dogs are slain,
　　　　　And his bodie lies dead in Durrisdeer,
　　　　　　　And his hunting it is done.　(st. 25)

鹿の血を飲むという場面は、ボーダーの人々が動物の血を飲んでその徳と活力にあやかるという原始信仰を持っていたことを示唆している。

　他にもこのようなタイプのヒーローとして、「ジョニー・アームストロング」("Johnie Armstrong" 169)のジョニーや「ホビー・ノーブル」("Hobie Noble" 189)のホビーたちがいる。

　三番目のタイプはボーダー地方で実際に起ったスコットランドとイングランドの抗争や

クラン同士の戦いを記録した歴史物語。「オッタバーンの戦い」("The Battle of Otterburn" 161C）は、1388年8月19日、ボーダー中部オッタバーンでのイングランド対スコットランドの戦いとスコットランドの勝利をうたったもの。中世のボーダー地方はクランたちが群雄割拠し、隙あらば他領地への侵入と略奪を繰り返す戦乱の場だった。加えて、英国王リチャード2世と親族との諍いはイングランド側ボーダーを治めるネヴィル家とパースィ家との間に確執をもたらし、スコットランドの侵入のチャンスとなった。クランたちは8月中旬に槍兵12,000歩兵40,000を結集して60年ぶりの蜂起を画策する。しかし、イングランドはいち早くこの動きをキャッチし、スコットランドの襲撃と同時に逆襲を決定した。ところが、この情報もイングランド側のスパイが捕えられたことによって、スコットランドのクランたちの知るところとなる。スコットランド軍は偽装のため主力部隊は西のカーライルへ、ダグラス伯ことジェイムズが率いる分隊は東のニューカースルからダラムへと進軍した。ダラムを焼き払い再びニューカースルへ北上する分隊を挟み撃ちにすべくパースィと彼の息子たちは戦略をたてるが、スコットランド軍分隊にタイン川を渡られてしまい失敗。オッタバーンに分隊が野営したことを知ったパースィは、援軍を待たずに槍兵600歩兵800で、月の明るい8月19日の夜、攻撃を開始した。両手使いの斧を武器にしての奮闘にもかかわらず、ジェイムズは槍3本を受けて倒れる。その直後、従兄弟のリンゼイらが到着し、ダグラス伯の死を隠すため「ダグラス」と叫び続けて戦意を高揚、ついにパースィを捕虜とする。イングランド側は総捕虜数1,040死者1,860負傷者1,000人以上、スコットランド側は死者100、捕虜200で、戦いはスコットランドの圧倒的勝利に終わった[3]。

　物語の中では、スコットランド軍を率いるダグラスは仲間のクランたちを結集して、東海岸の町バンバラを経てニューカースルまで軍を進めてパースィに一旦は勝ちをおさめる。しかし、彼の高潔な武将精神はその場で敵方の武将パースィを殺すに忍びず、オッタバーンまで引き返してパースィと決闘すべく待ち受ける。ところが、パースィの手薄な軍備に油断したダグラスは、オッタバーンであえなく命を落としてしまう。激しい弔い合戦の末、ダグラスの甥モンゴメリーがパースィを捕えて戦いは終わる。

> 'Now yield thee, yield thee, Percy,' he said,
> 　'Or else I vow I'll lay thee low!'
> 'To whom must I yield,' quoth Earl Percy,
> 　'Now that I see it must be so?'
>
> 'Thou shalt not yield to lord nor loun,
> 　Nor yet shalt thou yield to me;
> But yield thee to the braken-bush,
> 　That grows upon yon lilye lee.' (sts. 31-32)

モンゴメリーが言う「百合の花咲く丘の上の羊歯の草むらに降参せよ」というのは、そこにダグラスが、志気を下げないようにとの武将らしい配慮から、味方のものにも知られることなく葬られているからである。「ダグラス家の悲劇」と同じく、クランの結束力の強さと勇敢さに加えて、戦の最中の人情、裏切り、忠誠心、そして激しい戦い描写そのものがこのタイプのバラッドの魅力である。

　このタイプの戦いの中でもっとも著名な作品は「チェヴィオットの鹿狩り」（"The Hunting of the Cheviot" 162B）である。この作品は純粋な口承伝承ではなく、1549 年に書かれ 1624 年に登録されたことが判明しているブロードサイド・バラッドであるが、17 世紀から 18 世紀を通じて民衆に絶大な人気があったと言われている。物語のハイライトのひとつは、スコットランドのダグラスとイングランドのパースィが一騎討ちの戦いの末、破れたダグラスの武勇をパースィが心から悼む場面である。

> Then leauing liffe, Erle Pearcy tooke
> 　the dead man by the hand;
> Who said, 'Erle Dowglas, for thy life,
> 　wold I had lost my land!
>
> 'O Christ! my verry hart doth bleed
> 　for sorrow for thy sake,
> For sure, a more redoubted *knight*
> 　mischance cold neuer take.'　(sts. 38-39)

ストーリーの展開自体は先述した「オッタバーンの戦い」と類似する部分もあり、場所はチェヴィオットの丘としながら、同じくオッタバーンの戦いが題材のようである。地名の変化は伝承であれブロードサイドであれ、バラッドでは極めて普通に起こる。ダグラスとパースィの戦いの他の可能性として、チャイルドは 1435 年頃の同名の武将たちの戦いを推測している。ノーザンバランド伯ヘンリー・パースィは 4,000 の兵を率いてスコットランドに進軍、アンガス伯ウィリアム・ダグラスに手痛い敗北を喫した[4]。

　しかしこの歌の最大の意義は、18 世紀以降の英詩の傾向を決定付けたことにある。批評家 Joseph Addison は文芸誌 *Spectator* 誌上で、この歌にうたわれた武将たちの高潔な精神を絶賛して、バラッドがギリシャやローマの古典文学にも匹敵すると論評した[5]。この批評は Wordsworth を始めとするロマン派詩人たちに多大な影響を与え、以後現代詩人に至るまで、多くの詩人たちがバラッドの模倣詩を創作したのである。

　これら三つのタイプのうち、狭義では一番目と三番目のタイプのバラッドを特にボーダー・バラッドと呼んでいる。

2. ボーダー地方の地理

　伝承バラッド自体がボーダー地方で多く継承されてきたと言っても、多くのバラッドの物語の舞台は曖昧である、ないしは舞台の特定には意味がない。例えば、「バーバラ・アレン」("Bonny Barbara Allan" 84A)のバーバラは、恋人に酒場でつれなくされた腹いせに、恋煩いで死の床にある恋人に冷たい言葉を浴びせてしまう。恋人は死んでしまい、それが悲しくてバーバラも後を追って息絶える。この悲劇の場所は特定されないが、どこにでも誰にでもいつの時代にでも起こりうる人間ドラマであり、場所や時代が特定されないことが普遍性を生み出している。Walter Hart に従って、このようなタイプのバラッドをシンプル・バラッドと呼ぶならば[6]、シンプル・バラッドでは地名や固有名詞の風化と架空性こそが豊かな叙情性を歌に与えている。

　このようなバラッドに対して、ボーダー・バラッドには実際の地名がふんだんにうたい込まれている。先述の「オッタバーンの戦い」の地理を例にとってみる。スコットランドの一団が東へとタイン川の渓谷を進み海沿いのバンバラへ到着し、さらに南下してニューカースルへと至る道筋は、地図さえ頭に入っていれば歴史ドラマを見るように鮮明に行軍ぶりが想像できるだろうし、その地域に疎いものには無条件の信憑性を与えよう。この迫力は場所が特定できないバラッドでは味わえない、現実と仮想の間を行き来する想像力の醍醐味である。また、「カウ小屋のディック」("Dick o the Cow" 185)の出だしの舞台は平和な谷リズデイル。しかし、馬がのんびり昼寝するようなこの場所には名高い盗賊のアームストロング一族がおり、彼らはイングランドへの略奪を計画する。大事な牛3頭とベッドカバー3枚を盗賊から盗まれたディックはパディンバーンで一味に復讐を企てる。阿呆と呼ばれる庶民ディックはキャノビーの草原で大盗賊ジョニー・アームストロングと一騎討ちし、全くの偶然でジョニーを倒し、盗まれた以上の戦利品を手に入れる。ここに登場する地名は、ディックやジョニーという存在や出来事そのものを、たとえ一部が架空の物語であっても、読み手聞き手に親近感を抱かせるには十分である。地理的細部の豊かさはそのためにリアリズムの効果を最大限に発揮する。しかしこの場合、その地理というのは実際の地名や位置関係に照らして正確ではないし、おそらく架空のものと思われる地名も実在の場所に混じってうたわれる。が、それは問題ではない。ボーダー・バラッドの地名が生み出すリアリズムとは、例えば、Stevenson の *Treasure Island* や Hardy のウェセックス地方に等しい。

　ボーダー地方に伝わるバラッドをスコットに劣らぬ郷土愛に溢れた筆致で解説するのは James Reed, *The Border Ballads* (1973) である。以下、リードに従って、ボーダーの地理を特定してみる[7]。末尾の地図を参照されたい。

一般に、スコットランドとイングランドを区切る境界線は東の Berwick から西の Solway 湾を結んだ線である。しばしばハドリアン・ウォールと混同されるが、この古代の防塁はもっと南にある。この境界線沿いには、ボーダー・バラッドでもうたわれる多くの古戦場

が点在する。しかし、この境界線も簡単に確定されたわけではなく、イングランド対スコットランドの長年の抗争を経て形成されたものである。1018年マルカム王は戦いに勝利し、Tweed 川の北を占領してスコットランド領とする。それから延々800年、このあたりは両国の紛争の場となり、例えば Cumberland や Westmorland といった地域は元々マルカム領だったが、1157年にはイングランド領となり、ソールウェイ湾からツウィード川のボーダーがこの時に確定された。最後の地域紛争が和解されたのは1838年のことである。この結果、現在のボーダーの境界線は、東から順に地名をたどれば Norham、Wark、Carham、Cheviot、Redesdale、Kershop Burn、Liddel Water、そして最後に西部の'Debatable Land'（「係争地」）と呼ばれる地点を結ぶ線で表わされる。さらに正確に言えば、ボーダー・バラッドの舞台となるボーダーは線ではなく区域である。その区域とは、ボーダーの境界線を挟んで、Newcastle、Penrith、Dumfrie、Edinburgh を結んだ長方形の区画が相当し、その中には Northumberland、カンバランド、Roxburgh、Selkirk それぞれ近郊の荒野が含まれる。このように地理を把握することの意味は、地理が人間の精神に影響を与えるということをわれわれは認識するからである。このような境界地域の特質として、ボーダー・バラッドにうたわれる通り、この地域やその中の一角はどちらの国からも独立した自由の土地として認識されてきた。自由こそ、ボーダー精神の代名詞と言えるのである。

3. ボーダーの生活と習慣

　ボーダー地方にはその地域に特有の生活の様式と習慣があり、これが理解されて初めてボーダー・バラッドをより楽しめる。以下、ボーダー・バラッドに関わる生活状況と習慣のいくつかを解説する[8]。

(1)貧困の原因

　ボーダー地方の貧しさは、瘠せた土地や北国という自然条件のみの問題でも、人々が怠惰であったとか戦争ばかりしていたからといった自己責任の問題でもなく、時の王のスコットランド政策が深く関わっている。ジェイムズ6世がイングランド王ジェイムズ1世となって後、おそらく両国の紛争の芽を摘む意図からであろう、ボーダーという名称の使用が禁じられ、かわって'Middle Shires'（「中部地方」）という名称が用いられるようになった。しかしこの政策の内実は過酷なもので、貴族の領地以外での建物は取り壊され、鉄の門は鋤の刃に、領地は農地に、仕事は平和なものに従事するよう住民たちは命じられた。クラン封じ込めである。そのために諍いは絶えず、イングランドから派遣された役人は一様に左遷と嫌がる、野蛮と孤独の土地に成り果てたのである。16世紀後半、ノラムやワークなど地形的に重要な要塞は一連の破壊行為とその報復で崩壊寸前の状態だったが、貧困のため修復もままならなかったという。

　バラッドにはアームストロング一族やホール一族など多くのクランが盗賊として活躍

し、現代人の感覚ではアウトローばかりが住む危険きわまりない地域と想像しがちであるが、実際のボーダー人たちは基本的には農民であり、15世紀くらいまでは自給するだけの生産量があったらしい。しかし、農業は産業革命のあおりを受けて16世紀の終わりには状況はかなり悪化した。イングランドの農業形態が変化したことにより、小作農を掌握して年貢を納めさせるより、合理化した大規模な農場を経営するほうが地主には利益となる時代となったのである。羊は羊毛とマトンを取るために集約的に飼育されるようになり、このような土地利用形態の変化によって、食料産出にも影響が出たのは当然の結果である。さらに悪いことには、時のスコットランド政府軍が冬の間罪人から食料を奪うために破壊行為を繰り返した。貧困は日常となり、庶民の住まいは窓のない掘建て小屋、首領格の人物でも、その遺書には「全財産10シリング（牛半頭分）を遺す」という記録があるという。このような貧しさは映画化された『ブレイブ・ハート』でうまく演出されている。

(2)野蛮な係争地

　貧しさは野蛮さに通じる。ボーダー西部の「係争地」とはEsk川とSark川に挟まれた区域であるが、1552年までは国籍がまったく不明瞭だった場所である。家畜が通る分には問題は起らないが、誰かが城を建てるとすぐさま所有権をめぐる戦いが起こった。いきおい、このような場所にはあらゆる避難民、盗賊、犯罪人、無法者たちがあつまることになった。この時代の警察、ワーデンたちは取り締まりに手を焼き、1551年には声明文を出して「無法行為に救済無し」とうたったが、翌年にはあっけなく両国の間で分割された。

(3)ワーデンの仕組み

　ボーダーには警察のような役目を持つ'Warden'（「ワーデン」）という役人が置かれたが、この仕組みはやや複雑である。多くのバラッドに登場し、時には悪役、時には庶民の味方であり、その地位や役目は多様である。日本語にするにも難しく、役人か代官といったところであろうか。この役にイングランド側では各地区の有力な家系が任命されていた。西地域ではDacre家とScroope家、中央地域ではPercy家、Bowes家、Forster家、東地域はCarey家が主力であった。しかしスコットランド側は少し事情が違って、より有力な少数の家系でこの役は占められ、東はHome家、中央はKer家、西はMaxwell家のみであった。しかし、リズデイルは遠方にあるという理由でアームストロング一族が支配権を握っていた。ここにこのワーデンの曖昧さが生じる原因がある。仕事は盗賊取り締まりが中心であり、1563年の盗品に関する協定では、合法的に「すべて奪回してよい」と決められ、1707年の両国の議会合同まで、長きに亘って踏襲された。目には目を、が法的に正当化されていたわけである。この年、新たな協定が成立し、「盗品は盗まれて6日以内は追跡できる」と、より治安維持的な方向へ傾いた。盗難の被害者は加害者側のワーデンに正義の行使を訴える。するとワーデンは追跡を開始し、犯人追跡中のワーデンは安全を保証され、近隣からの手助けも得られた。しかし実際には、ワーデン自身が盗賊行為を行ったこともあり、正真正銘の取り締まりではなかった。ワーデンの犯人追跡以外の襲撃が禁止さ

れたのは 1596 年である。「ホビー・ノーブル」では、ホビーがイングランドにいた頃にさんざん痛めつけたアスカートンの役人が、イングランドへ略奪にやってきたホビーに復讐を果たそうと、メイン一族を金品で買収して首尾よくホビーを捕まえる。「ドデッドのジャミー・テルファー」("Jamie Telfer of the Fair Dodhead" 190) では、ジャミーの財産を略奪するのはビューカースルのワーデン格の人物である。ワーデンは正義にのみ与するものではなかった。

(4) 緊急時の義務

略奪が日常茶飯事のこの地域では、緊急時には住民にも不文律の義務があった。それは、略奪を目撃したら、火を焚くか、鐘を鳴らすか、早駆けの馬を走らせて、必ず近隣に通報することである。その後の犯人の追跡もまた義務であった。臆病風をふかせて参加しないと敵と見なされ、逃亡者、反逆者として人々に見せしめにされたという。「ルークホープの逆襲」("Rookhope Ryde" 179) で、ルークホープ村を襲った盗賊軍団をドライ・リッグの尾根で最初に見つけたのは村人ローリーだった。ローリーはすぐさま大声を張り上げて危険を村人に知らせるが、これは彼の正義感からというよりは、掟と自分の身を護る当然の行為だったのである。

(5) 泥棒行為

家畜や財産の略奪はむやみやたらに行われていたのではない。基本的には襲撃は夜で、遠くに行く場合には土地をよく知るリーダーを置いた。街道には夜も昼も見張りがおり、それらをかいくぐるにも土地カンのあるリーダーは必要不可欠だった。イングランドが出身のホビー・ノーブルがイングランドへの襲撃で案内役を請われたのはこのためである。しかし、アウトローたちは常時略奪行為に従事していたのではなく、基本的に農民である彼らは平穏な時には放牧などに従事した。放牧しつつ移動する時に寝泊まりする仮小屋を'shiel'と呼ぶが、ホビーが騙されて仮眠をとったフールボグシールはこの種の仮小屋を指している。泥棒の時期は 8 月 1 日の収穫祭以降から年末頃で、夜は長くなり、頼みとする馬はその時期に肉が引き締まり、家畜も丈夫で遠くまで連れていけるからという理由である。2 月 2 日の聖燭節以降は夜が短くなり家畜も弱るので、以降の略奪は控えられた。

(6) 宗教について

16 世紀のボーダーに宗教はほとんどないと言ってよい。理由は、何世紀もの間、Kelso, Melrose, Dryburgh, Jedburgh などのボーダーの修道院はデーン人とイングランド人の両方から略奪に遭い、さらに輪をかけてヘンリー8世の宗教改革時に修復不可能な程に破壊されたからである。バラッドの出だしや結びに頻繁に登場する神への祈りは単なる形式と見なされる。

4. ボーダー・バラッドとは

豊かな背景と多彩なストーリーを持つボーダー・バラッドの定義付けを試みれば、野蛮

な時代の野蛮な地域での人々の生活の様子を表現した文化ないし文学表現である[9]。あるいは、リードの次の言葉がより説得力を持っていよう。

> The following pages [*The Border Ballads* by Reed] are an attempt to understand Borderers and the Border, up to the union of the crowns, through their ballads seen not merely as folksong, nor simply as poetry, but as a unique record of the life, in all its joy, superstition, savagery and grief, of a remote and precarious frontier community.[10]

ボーダー・バラッドとは、喜び、悲しみ、迷信、野蛮さをうたった人間の生活のユニークな記録である。と同時に、実際の出来事とは異なるとしても、歴史的出来事を伝えるひとつのメディアである。しかし、ボーダー・バラッドの最大の特徴は、人間関係の描写が中心の物語となっていることである[11]。シンプル・バラッドは個人の話だが、ボーダー・バラッドでは個人ではなく、一族の頭と登場人物の関係がストーリーを展開させる。社会の枠と歴史の認識が表現されているかどうか、この違いがシンプル・バラッドとボーダー・バラッドの大きな差異である。

　ボーダー・バラッドを含めて伝承バラッドのタイプの文学の受容は、時代の嗜好によって歓迎されたり冷遇されたりしてきた。例えば、スコットの同時代の文人たちが、*Minstrelsy*の中の風景描写は文学的ではないとする苦言を呈したことがある。フランシス・ジェフリーという人物が言うには、「地方のいちいちの細かいことに読者はそれほど共感しない。昔のロマンスはこういった地方的な個性を認めたかもしれないが、現在ではこういうものには耐えられないのだ。」と時代錯誤を誹謗する[12]。18世紀の文人にとって、常套句や決まり文句や郷土の身近な事件から成る作品は文学ではありえなかった。Thomas Percy の *Reliques of Ancient English Poetry* (1765)を賞賛した同時代の文人 William Shenstone は、この意味では例外的な存在だった。パースィに宛てた書簡の中でシェンストンは次のように語っている。

> If I have any talent at Conjecture, All People of Taste, thro'out the Kingdom, will rejoice to see a judicious, a correct & elegant collection of such Pieces — For after all, 'tis such Pieces, that contain ye true *Chemical* spirit or Essence of *Poetry*; a Little of which properly mingled is sufficient to strengthen & *keep alive* very considerable quantities of the kind. — Tis ye *voice of Sentiment*, rather yn the *Language* of *Reflexion*; adapted peculiarly to *strike ye Passions*, which is the only merit of Poetry that has obtained my regard of late.[13]

人々が求めるのは詩の本質となるもの、すなわち、感情の発する声だと言う。シェンストンは理性の時代の次に来る風潮を予見していたのである。パースィの *Reliques* はその後ロマン派の詩人たちに多大なる影響を与えてバラッド・リバイバルが引き起こされたのは周知のことである。

　このような文学の受容をめぐる確執は、我が国における純文学と大衆文学の論争に似ているだろう。内容が知的ではないから文学ではないというものさしや、大衆文学だから価値が低いというレッテルは、文学の価値基準は一律でなければならないと信じる一部の読者のものである。ボーダー・バラッドの持つ野蛮さも高潔な精神も併せて楽しめる聴衆と読者にとっては、エドウィン・ミュアの言葉を真似て言えば、一見哲学的でない生活の哲学が我々の人生を豊かにしてくれるのである[14]。2002 年刊行のスコットランド文学史から、次のようなバラッドの定義を借りて本稿の結びとしたい。

> In the end, we can perhaps look on all of the ballads as 'border' ballads. Not only have they migrated across political boundaries; they have also populated the border-lands of song and poetry, of history and literature.[15]

ボーダー・バラッドを含めて伝承バラッド自体が、歌と詩の、歴史と文学の、そして恐らく野蛮さと高潔さのボーダーにある。

註

[1] チャイルド・バラッドの言及および引用は Dover, 1965 年版による。作品名の後ろのカッコ内の番号と記号はチャイルド番号と版を示す。
[2] Sir Walter Scot (ed.), *Minstrelsy of the Scottish Border*, ed. T. F. Henderson, 1931, 389.
[3] Cf. Child, 3:289-95.
[4] Cf. Child, 3:303-07.
[5] Cf. *Spectator*, 1:216 (No. 70), 1711.
[6] Walter Morris Hart, *Ballad and Epic: A Study in the Development of the Narrative Art*, 1907; 1967, 61.
[7] Cf. Reed, *The Border Ballads*, 1973, 9-17.
[8] Cf. Reed, 17-52.
[9] Cf. Gordon Hall Gerould, *The Ballad of Tradition*, 1932, 94.
[10] Reed, 8.
[11] Cf. Hart, 61.
[12] Cf. Reed, 1.
[13] Letter 246 of *Letters of William Shenston*, ed. Duncan Mallam, 1939, 401-402.
[14] Cf. Edwin Muir, *Scott and Scotland : the predicament of the Scottish writer*, 1936, 89.
[15] *Scottish Literature: In English and Scots*, ed. Douglas Gifford, Sarah Dunnigan & Alan Macgillivray, 2002, 82.

参考地図：From Reed, 14-15.

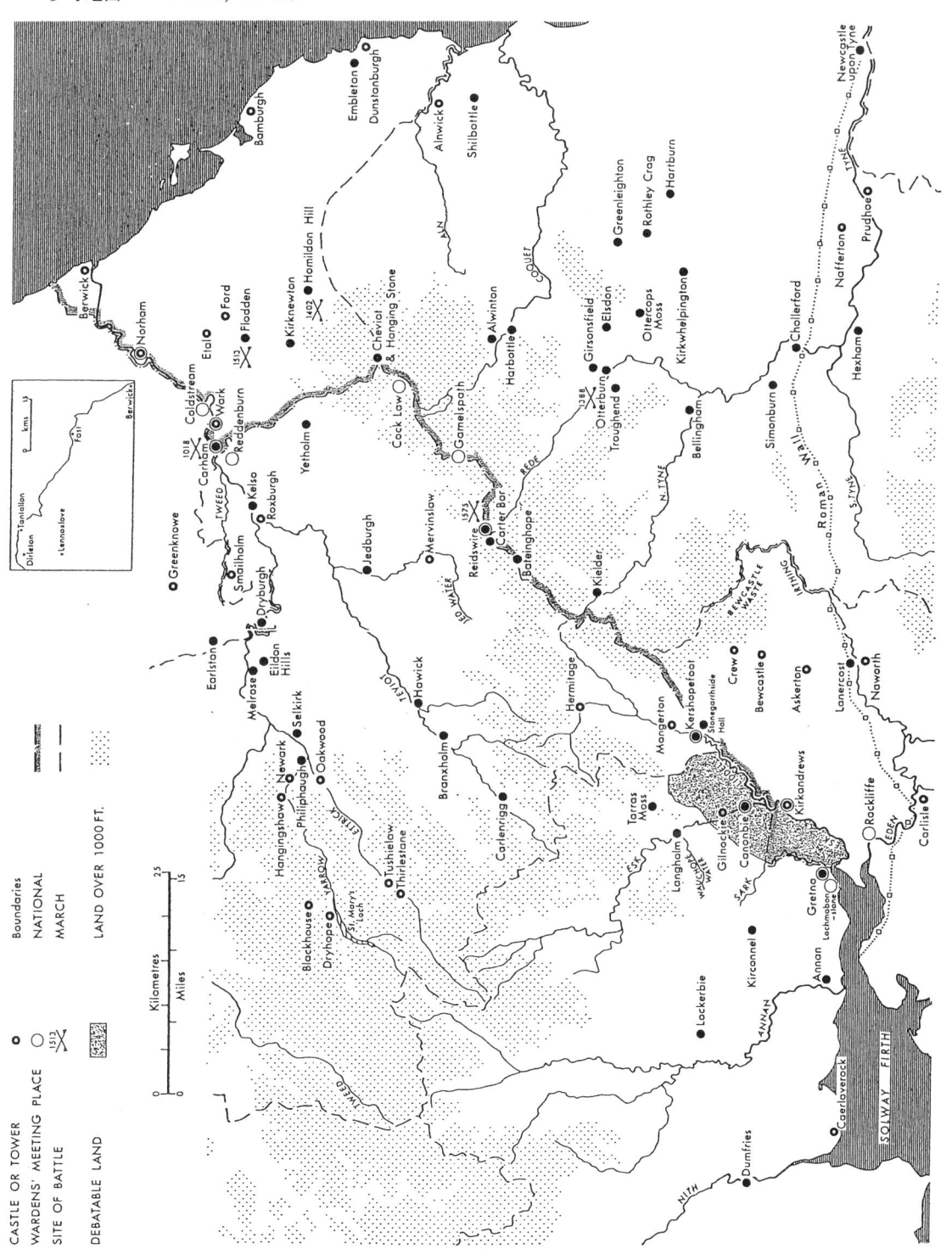

ロレンスの詩的空間と技法

吉村　治郎

1

　"Birds, Beasts and Flowers"（1923年）という詩はロレンスの思想を知る上で重要な作品といえる。特にロレンス文学の真髄ともいえる独特の人間観や自然観を知る上で重要な手がかりを与えてくれる。しかし、ロレンスの自然観は、当然のことながら、その独自性ゆえに難解な面もある。この独自性はロレンスの独特な物の見方に起因している。たとえば、自然の一景物である「蛇」を例に取ってみよう。われわれは、「蛇」と出会った時、それまでの経験や書物などで得た知識をもとに蛇を眺め認識する。たとえば三角頭の蛇はマムシの可能性があり、猛毒を持つ危険な蛇だと考える。また「蛇」を薬の材料として見る向きもいるであろう。しかし、いずれにしてもあくまでも人間の価値観や先入観から「蛇」を眺めているという点で共通している。一方、ロレンスはそうした価値観や先入観などの人間的知識を極力排して先入観に代わる鋭い直感によって「蛇」という存在の本質に参入する。直感という心の目で捉えた「蛇」の姿は常識や知識の目で捉えた「蛇」とは似て非なるものである。ロレンスの直感が捉えた「蛇」は常識的知識で捉えた「蛇」とは異次元の存在だからである。直感の捉えたこの「蛇」の本質をロレンスは"otherness"と呼ぶが、ロレンスは「蛇」のみならず、「鷲」、「蝙蝠」、「樹木」、「果実」、「花」などを"otherness"の顕現と捉える。Gilbertをはじめ多くの批評家が指摘している通り、"Birds, Beasts and Flowers"という作品は自然界に顕現するこの"otherness"との邂逅を詠った詩集である[1]。

　しかし、直感の捉えた対象を言葉で表現するのは容易なことではない。言語とはいうまでもなく理知の産物であり、直感で捉えた世界とは理知を超えた世界である。換言すれば、ロレンスの直感の世界は本来、言葉を超えた世界である。従って、直感の世界を言葉で表現することは、言葉で認識できない世界を言葉で表現するという矛盾を孕んだ困難な試みに他ならない。このような困難な試みに敢えて挑戦し、直感にのみ感知され得る"otherness"の世界を言葉によって描出しようと試みた詩集が"Birds, Beasts and Flowers"である。ロレンスは自らの詩は"immediate present"[2]を表現する詩であるとしている。この言葉からもロレンスがKeatsや

Shelley などの従来の伝統的な詩とは異なる新しい詩の開拓を目指していると推察できる。では、ロレンスはどのような手法によってこの試みを遂行しているのだろうか。

2

　詩集 "Birds, Beasts and Flowers" は全部で九つのセクションからなり、各セクションはそれぞれ 'Fruits'、'Trees'、'Flowers'、'The Evangelistic Beasts'、'Creatures'、'Reptiles'、'Birds'、'Animals'、そして最後に 'Ghosts' と題したプロローグが添えてある。もっとも、これらのプロローグはロレンス自身の言葉ではなく、大部分 John Burnet の *Early Greek Philosophy* からの引用で構成されている。しかし、引用とはいえロレンス自身の考えを代弁したものに違いはなく、ロレンスはこの引用によって詩集で扱う「果実」、「樹木」、「花」などは本来、人間の価値観では測ることができない別の存在様式を持っていることを示唆している。例えば、'Trees' というプロローグでは樹木について大方の見方を覆すような意表を突く見方が記されている。「樹木」は「火」と「水」の統一体であると同時に、「雄性」と「雌性」の両方を具有した存在であると述べられている。そしてその果実は樹木を構成する「火」と「水」の生む「排泄物」とする。すなわち、果実は「火」と「水」の営みが生む滴りであると解釈する[3]。「火」と「水」は森羅万象を構成する基本元素であり、「雄性」と「雌性」は生物の一属性をいう。重要な点は、ここでは人間中心の視点が完全に放棄され、代わって、より広大な森羅万象の視点が導入されていることである。そして、ここでは直接人間についての言及は見られないが、人間的視点の放棄が物語るように、ロレンスの詩においては、人間はもはや主役ではなく、森羅万象の単なる一点景に後退していることがわかる。

　同じく「鳥」も興味深い捉え方がされている。'Birds' というタイトルを持つプロローグの中で、「鷲」は空の生命体であり、太陽の一番近くを飛ぶ鳥として捉えられている。そして、同様に上述の *Early Greek Philosophy* からの引用文を使ってロレンスは次のように記している。

"So he [eagle] brings down the life of the sun, and the power of the sun, in his wings, and men who see him wheeling are filled with the elation of the sun. But all creatures of the sun must dip their mouths in blood, the sun is forever thirsty, thirsting for the brightest exhalation of blood."[4]

他の作品でもよく見られるのだが、ここでも「太陽」は一つの強力な磁性を備えた存在として捉えられている。「太陽」の近くを羽ばたく「鷲」は「太陽」の磁性を

帯びる。天空を翔るその力強い翼は「太陽の命」に溢れ、「太陽の力」が漲る。そして、「太陽」が飢えた真紅色に燃え上がるのと同じく、「鷲」は猛禽となってその嘴を血に浸すという。その荒々しい「雄叫び」は「鷲」が「太陽」の化身となった猛禽だからである。「鷲」は小鳥のごとく囀ったり、歌ったりしない。「鷲」は天空で真っ赤にぎらつく「太陽」の分身であるからだ。一方、このプロローグの後半では夜の鳥「ナイチンゲール」も登場し、それによって「太陽」とは別の磁性を持つ「月」の存在も暗示されている。「ナイチンゲール」は「鷲」のような「雄叫び」はしない。母性を備えた「月」の磁性を帯びるゆえに、美しい声で「歌う」。ロレンスはすべての鳥は「鷲」と「ナイチンゲール」がそうであるように、それぞれ特有の声を持ち、その声はそれぞれ異なった意味を持っていると考えている。「鷲」を、一般常識からすれば一見無関係に見える「太陽」との関連で捉える見方は目に見えない自然の神秘的摂理を鋭く感知したかに思えるほど説得力がある。「ナイチンゲール」と「月」の関係も同じである。いずれにしても、自然界の生命と周囲の事物の間に有機的連関を認めるところにロレンスの詩的空間の特徴の一つを認めることができる。

　もう一つ例を見てみよう。ロレンスは「大地」にも磁性の存在を認めている。第六セクションのプロローグとなっている'Reptiles'では「蛇」が爬虫類の代表として登場する。ロレンスはまず、「蛇」を「太陽」と「大地」という相反する二つの磁性の鬩ぎ合う存在と見なしている。「相反する磁性の緊張関係の中にこそ全ての物は存在性を持つ」("in the tension of opposites all things have their being"[5])と述べた後、例によって *Early Greek Philosophy* からの引用によって次のように記している。

> "For when Fire in its downward path chanced to mingle with the dark breath of the earth, the serpent slid forth, lay revealed. But he was moist and cold, the sun in him darted uneasy, held down by moist earth, never could he rise on his feet. And this is what put poison in his mouth. For the sun in him would fain rise half-way, and move on feet. But moist earth weighs him down, though he dart and twist, still he must go with belly on the ground."[6]

聖なる「炎」が地上へと向かい「大地」の「暗黒の吐息」と出会う時、「蛇」は生まれ出る。太陽的磁性を持つ「炎」と、正反対の磁性を帯びる「大地」との出会いが「蛇」の誕生する機縁というわけである。しかし「蛇」の内に宿る「大地」の磁性の方が「炎」に勝るため、「炎」すなわち「蛇」の内なる「太陽」は完全には昇りきれない。そのため抑圧された「炎」は「蛇」の口の中に毒となって潜むことになる。「蛇」が足を持たず、「大地」

を這うのは、「蛇」に宿る「大地」の磁性が「太陽」の磁性を圧倒するからである。ロレンスは、「蛇」は人間にとって有害か否か、薬になるか否か、といういわば人間を中心に置いた視点から「蛇」を眺めているのではない。人間をもその中に包摂する「天」と「地」という壮大な森羅万象という視点から「蛇」を把握し、それによって、人間的視点に拘る限り認知が難しい「蛇」の別の存在様式を提示しているといえる。

　以上、二、三例を挙げて、詩集 "Birds, Beasts and Flowers" の最大の特徴を見てきたが、この詩集につけられた九つのプロローグは詩集 "Birds, Beasts and Flowers" の目次であることは確かだが、それと同時に、常識の蔓延する世界から、これとはまったく異質なロレンスの独自の詩的世界へと分け入るための架橋の役割を担っている。おそらくこれら九つのプロローグがなければ読者はロレンスの詩に大いに戸惑うであろう。そこには常識では捉えきれない異質な、しかしながら、清新で独特なロレンスの詩的世界が展開しているからである。読者は九つのプロローグという橋を渡ることで橋の向こうにはまったく別の世界が広がっていることをあらかじめ予感できるし、無理なく未踏の地に足を踏み入れることができる。また、このプロローグが韻文ではなく散文で書かれている点も見逃すことはできない。プロローグは内容的には次に続く本体の韻文と同じであるが、散文という日常の表現を使うことでこの橋は抵抗なく渡れる橋となっていることも疑いないからだ。プロローグとは本来橋渡しの役をするものだといってしまえばそれまでだ。しかし、このプロローグはもう一つ別の役割を担っている。このプロローグは、先にも触れたように、ロレンス自身の言葉ではなく John Burnet の編集した *Early Greek Philosophy* という書物から数多く引用している。しかも、この引用部分はギリシャの哲学者 Empedocles の口を通して語られるという体裁をとっている。なぜギリシャの哲学者を持ち出したのか。おそらくキリスト教以前のギリシャの哲学者の言葉を持ち出すことでロレンスは自らの詩の世界とギリシャの世界、すなわち異教の世界とを重ねあわせようとしたのだろう。これによって詩集 "Birds, Beasts and Flowers" は一気に異教的性格を帯びてくる。ロレンスがキリスト教文化にまだ汚染されていない異教世界に憧れを持っていたことは彼の *Apocalypse* という評論などを見れば明らかである[7]。このようにロレンスの意図した詩の世界は空間と時間の両方の点で極めて特異な世界を創り上げている。ロレンス自身そのことを十分認識した上でプロローグを周到に準備したといえる。

3

　次に、言葉による表現が難しい特異な "otherness" の世界をロレンスは言葉によってどのように表現しているかを個々の詩を例にとって具体的に見ていくこととする。

技法的に見て、詩集"Birds, Beasts and Flowers"には様々な特徴が認められる。中でも一読して明白な特徴の一つは、多くの批評家も指摘しているように、詩のテーマとして選んだ対象をじっと見つめて描写を始めるという凝視の方法をとっていることだ。ロレンスはまず対象をじっと見入り、そして、対象の持つ形状や、色彩、さらには仕草・行動など対象に固有な特徴を、まるで画家がデッサンでもするように一つ一つ丹念に、しかも直感による洞察を織り交ぜながら描写していく。例えば'Kangaroo'という詩を見てみよう。カンガルーは上半身と比べ下半身が異常に大きく発達している。そのため全体の姿は落下する「水滴」に似ている。その形をロレンスは「ずっしりと重い水滴のようだ」("like a liquid drop that is heavy"[8])と表現する。そして次に「顔」を「神経質な、長い、純粋な育ちの顔」("sensitive, long, pure-bred face"[9])、「手」を「小さなか弱い手」("little loose hands")、肩を「ヴィクトリア朝的なで肩」("drooping Victorian shoulders"[10])、お腹を「腰下の巨大な重り、巨大な蒼いお腹」("her great weight below the waist, her vast pale belly"[11])、耳を「リボンさながら、ばらばらした長く薄い耳」("straggle of a long thin ear, like ribbon"[12])、尻尾は「巨大でしなやかなニシキヘビの尻尾」("great muscular python-stretch of her tail"[13])、次いで、カンガルーの「足」を「長く平たいスキーの足」("long flat skis of her legs"[14])と表現する。さらにはカンガルーの目と視線の説明が続く。このようにカンガルーという対象をじっと見つめ、饒舌ともいえる言葉の集中砲火を浴びせて特有の形態や色彩、さらには生態などを表現する。対象の凝視と詳細な描写を行うのはロレンスなりの考えがあってのことである。先に述べた第七プロローグの「鷲」に関する説明の中で「鳥はすべて固有の声を持ち、その声はそれぞれ異なった意味がある」("all birds have their voices, each means a different thing"[15])と記されている。こうした考えは「鳥」に限らない。ロレンスは「カンガルー」もその固有の声や形態は自然界における何らかの意味を持っていると見なしている。それらは自然の押した刻印なのである。そのため、ロレンスは対象を細かくデッサンすることで対象に備わっている神秘性に迫っていく。そして、鋭い直感で、天と地における対象の意味を感じ取り、存在の深みに参入しようとするのである。そのような姿勢は、たとえば、ロレンスが詩の後半で、水滴状の姿をしたカンガルーは大地の中心へと降下する「滴り」であると捉え、カンガルーと大地との神秘的連関を暗示している点にも現れている。また、この詩集には必要以上に言葉の説明を費やしたものが多い。そのため一応、詩の形式はとっているものの、詩自体の形式美が等閑にされている向きがあることは否めない。しかしこれは形式よりも対象の持つ形状や色彩の暗示する神秘をいかにして表現するかに最大の関心が払われている証左といえる。

　表現技術的には、この詩は全体的にカンガルーについての作者側からの一方的な

説明に終始した詩になっているが、先述した通り、その描写の仕方は天と地という独特な視点から対象を詳述することで大自然における対象の持つ存在様式を徐々に明らかにする機能を持っている。'Kangaroo'の詩と同じ趣向の詩として、石榴の亀裂のなかに無数の太陽を感じ取ることを詠った'Pomgranate'、無花果を豊饒の肉塊とみなす'Figs'、奇跡的な再生能力をもつアーモンドの木を前にしたときの詩人の驚きを詠った'Almond Trees'などの詩があげられる。

次にもう一つ別の方法で創作された詩を見てみよう。それは、問いかけパターンを導入した詩である。この形式はもちろん一通りではない。作者側の意図的な独り言と思われる単純なものから、かなり本格的な対話形式のものまである[16]。一例として'The Blue Jay'という詩を検討してみよう。

この詩はショートストーリの形式を採っており、主人公の「青カケス」(Blue Jay)と「私」、それに「私」の飼っている「小さな黒毛の雌犬」の三者が登場する。話は雪の到来と共に忽然と「青カケス」が姿を現すところから始まる。あたりは一面の雪の世界。雪に埋もれた丸太小屋の近くに「青カケス」はやって来る。そして、小屋のまわりの白い雪の世界を「青い金属片」("a bit of blue metal"[17])のごとく走りまわる。その鳥はしきりに雪の中を走るが、回りのものは全く眼中に無い様子である。丸太小屋の上には松の木が聳え立っていた。「私」が小犬を連れてその木のそばを通りかかった時だった。降り積もった雪のため雲の柱となった巨大な松の木の天辺から鳴き声が聞こえてくる。その声は耳障りな笑い声だった。連れていた小犬は立ち止って雪の中でひれ伏し、雲の柱を仰ぎ見る。その仕草にはどことなく畏敬の影が差していた。再び「カー」という嘲笑的なかすれ声が木の中から漏れる。拉げた鼻を持つ小犬は鼻孔に雪のかけらをつけたまま、今度は奇妙なことに「私」の顔をじっと見上げる。不思議に思った「私」は小犬に「どうしてお前はこの私を見つめるんだ？/どうして私を見つめるんだ、そんな畏れた顔をして？」("What do you look at *me* for? / What do you look at me for, with such misgiving?"[18])。「私」は二度同じ質問を小犬にした後、「あれは青カケスだ、私たちを嘲っているんだ。/あれは青カケス、からかっているんだよ、ビブス」("It's the blue jay laughing at us. / It's the blue jay jeering at us, Bibs."[19])と、また二度も同じ言葉を繰り返す。一度目は小犬を安心させるための言葉に見える。しかし二度目の言葉は小犬に向けられてはいるが同時に自分自身にも向けられている。自分に、あれは確かに「青カケス」だといい聞かせている。わざわざいい聞かせているところが問題である。つまり「私」の中で名状し難い疑念が頭を擡げているのである。「私」の中の常識は、雪の降り積もった松の木から聞こえる声は鳴き方から判断してあれは「青カケス」だと「私」に教える。しかし、「私」は周りに目をくれない「青カケス」の超然とした無関心さが気になっていた。そして先ほど、その声を聞いて畏敬の表情を浮かべ

た小犬の仕草を目撃したばかりである。しかもその小犬は何かを伝えるかのようにじっと「私」を見つめた。「私」の中の常識は揺らぐ。しかも声はするが姿が見えないことが一層「私」の常識を揺さぶり疑念を掻き立てる。

「青カケス」はまたせかせかと丸太小屋の近くを行き来する。しかしこちらに背を向け全く無関心なことに変わりない。「私」の不思議な気持はいやがうえにも募る。疑念が極限に達する時、「私」はとうとう鳥に向かって叫ぶ、「お前はいったい誰だ？」（"Who are you?"[20]）。この時、「私」は一瞬ではあるが「青カケス」が何であるかを知る。もちろん、この詩では「青カケス」の正体は明確にはされていない。暗示にとどめてある。

技法の点からこの詩を見ると、前述の「私」の発する、「どうしてお前はこの私を見つめるんだ？」と「お前はいったい誰だ？」という二つの問いかけは重要な意味を持っている。とりわけ最後に「私」が発する「お前はいったい誰だ？」という問いかけは、「私」にとって最も重要である。この問いかけをする前には、「私」は固定観念や先入観、さらには常識に囚われていた。そのため「私」は「青カケス」を鳥の一種としての「青カケス」としてしか見なかった。ところが、この問いかけを契機として鳥の見方が変わる。つまり一瞬ではあるが固定観念を離れ何者にも囚われない無垢の存在となる。その時、「私」の眼前に「青カケス」の未知の姿が顕現する。そして「私」は「青カケス」という生命の神秘、すなわち「他者」に出会う。つまり、「お前はいったい誰だ？」という問いかけは詩の重要かつ大きな転回点の役目をしているのである。その前の「どうしてお前はこの私を見つめるんだ？」という問いは、「青カケス」の超然とした無関心さ、さらには「青カケス」に畏敬を表する小犬の態度とともに、次の大きな転回点を準備する小さな転回点として機能している。ロレンスはこのように「青カケス」に関する常識や固定観念および先入観にあえて疑問を呈するという問いかけのパタンーンを導入することより、固定観念や常識からは認知し得ない別の世界が確実に存在することを示唆している。常識や固定観念に頼ることなく直感による認知世界を表現することがロレンスのめざすところであった。この詩集 "Birds, Beasts and Flowers" の目的もそこにある。常識や固定観念の消滅するところに事物の真の世界が立ち現れることを暗示するために敢えて常識に疑問を投げかけるというこの問いかけのパターンはロレンスにとってそうした目的を実行するための極めて効果的な手段であるといえる。また、この詩の明快で絵画的な美しさは、詩集 "Birds, Beasts and Flowers" の出色の作である 'Snake' と同じ叙事詩的構造によっている。また従来キリスト教では宗教画に見られるように「青」という色を「聖なる青」として神聖視する伝統がある。その意味で、自然界の聖なる生命との出会いという、ロレンスが至福の時とみなす一瞬を詠う詩において「青カケス」を登場させたのは効果的である。

ところで、詩集'Birds, Beasts and Flowers'を通読して疑問符のついた詩行が多いことに気づく。これは、'The Blue Jay'の詩で見た問いかけパターンは偶然の使用ではなく、意識的使用であることの証左である。次に'Peach'の詩を例にとって見よう。この詩は全部で二十四行からなっているが、そのうち三分の一以上にあたる九行が疑問符のついた詩行になっている。疑問符の連続した詩行をあげてみよう。

> Why so velvety, why so voluptuous heavy?
> Why hanging with such inordinate weight?
> Why so indented?
>
> Why the groove?
> Why the lovely, bivalve roundness?
> Why the ripple down the sphere?
>
> Why was not my peach round and finished like a billiard ball? [21]

最初の二行は桃の表面と重さについての問いかけである。ここでも登場する「私」は手にした一個の桃にただならぬ重みを感じている。常識的に見れば、桃は果物の一種に過ぎず、秤によってその一定の重さが分かる。しかし、「私」の手には桃は秤による重さ以上に重く感じられる。その不思議なやわらかい官能的な重さが「私」に「なぜこんなにやわらかいのか？なぜこんなに肉のように重いのか？」("Why so velvety, why so voluptuous heavy?")といわせる。さらに二行下では誰もが知っている桃の溝が疑問の種になっている。「私」は、未踏の地に足を踏み入れ周りのものすべてに目を瞠る無垢の子供となって、「なぜこんなに窪んでいるのか？」(Why so intended?)、「なぜ溝があるのか？」("Why the groove?")と問う。最後は、常識では何の変哲も無い筈の桃の形がことさら問題になる。「なぜ愛らしい二枚貝の丸みを持つのか？／なぜ私の桃は玉突きボールのように丸くて完全ではなかったのか？」("Why the lovely, bivalve roundness? / Why was not my peach round and finished like a billiard ball?")。どの詩行も悉くWhyで始まる強い疑問文になっているが、共通点は、普通は既成の事実として誰も疑問に思わない桃の属性に疑問が投げかけられていることである。こうした素朴な問い掛けは通常は意識することなく見過ごしている桃の重さや形、そして溝に改めて注意を向けさせ、それらの神秘性を改めて認識させる効果がある。この詩においても問いかけ技法は桃の重さ、形、さらには溝の神秘性を暗示することに十分成功しているといえる。

以上、ロレンスが"otherness"の世界を描くために用いた問いかけの技法を詩行単位で見てきたが、こうした問いかけにはいくつかのパターンが認められる。一つは'Snake'の詩に見られるように登場人物の「私」が自問自答する形式がある。またやはり語り手の「私」が読者に向かって問いかける形式のものもある。さらに第三の形式として、明確に二人の人物の対話形式を採る場合がある。先ほど取り上げた'The Blue Jay'の中にもそれは部分的ではあるが認められる。「私」の連れている「黒毛の雌犬」はおそらく青カケスが何者であるかを知っている。その「雌犬」は「青カケス」の声を聞いたときじっと「私」を見つめることで何かを語りかける。不思議に思った「私」は「雌犬」に「どうして私を見つめるんだ、そんなに畏れた顔をして？/あれは青カケスだ、私たちを嘲っているんだ。」と語ることは先ほどみた通りである。ここでは、不完全とはいえ「雌犬」と「私」の間には一種の対話問答が成立している。'Pomgranate'では「私」と「あなた」が対立する形で詩が展開する。第一行目で「私は」いきなり次のようにいう。「あなたは私が間違っているという」("You tell me I am wrong" [22])。ぽっかり赤い口を開けた石榴の亀裂（"fissure" [23]）をめぐって二人は対立している。「私」は亀裂の中で輝く無数の赤い実に「暁のしずく」("drops of dawn" [24]）を見る。また赤いサファイアの実が無数に綾なす石榴の亀裂を前にして「私」は「暁の万華鏡」("dawn-kaleidoscopic" [25]）を思う。「私」はそのようなことには無関心な「あなた」に向かって次のようにいう。

　　Do you mean to tell me you will see no fissure?
　　Do you prefer to look on the plain side? [26]

この二行は二人の人物像を明らかにしている。「私」はつややかに熟した赤い実が無数に輝く石榴の亀裂に見入り、その神秘性に驚異を感ずることができる人である。一方、「あなた」は、亀裂は単なる亀裂としてしか感じられない人である。そればかりか石榴の亀裂など不思議に思って眺め入ることはおろか、最初から歯牙にもかけない。「あなた」は固定観念と常識に囚われた人をさし、「私」はそのような桎梏から解放された目と心を持つ人をさしている。この詩においてもやはり、二つの世界を代表する二人の人物の衝突という形で、固定観念と常識に疑念をぶつける方法がとられている。これはロレンス詩の基本的手法といえる問いかけのパターンを対話形式にまで拡大したもの考えてよいであろう。

4
　「蛇」、「鷲」、「カンガルー」、さらには「青カケス」はもちろん、「桃」、「石榴」な

どの果物に至るまで大自然の中のすべての事物に顕現する"otherness"を表現する方法の一つとしてロレンスが問いかけの方法を効果的に利用していることを見てきたが、詩集"Birds, Beasts and Flowers"は、永遠と美を詠うキーツの詩が時間の停止を思わせるのと異なり、総じてロレンス独自の感覚が横溢した詩集となっている。それは現前する事物に思考ではなく直感で対峙していることと、その把握の仕方が感覚的であり、即時的、直截的であるからである。'Peach'や'Pomgranate'の詩は神秘的であると同時に官能的ですらある。またロレンスはある時は何気ない事物を鋭い直感のメスで切り開き意外な面を垣間見せてくれる。ロレンスの直感は事物に紛れもなく押された自然の刻印を的確に射抜くのである。そのため天啓の閃きを感じさせる詩も多く、この詩の読者は無垢の目と手で直接、自然界の事物の神秘と本質に触れた思いがする。

　もう一つの特徴は天と地という壮大な視点から、事物を眺めるところにある。天地の視点を導入した「鷲」の詩は気宇壮大ですらある。出版当初、この詩集は、こうした比類のなさが災いして理解はおろか批判の的になった。しかし、ロレンスの鋭い直感が生み出した詩集"Birds, Beasts and Flowers"は洞察と示唆に富む、特異な、そして独創的な詩的空間を創出しているといってよい。

　次に問題になるのはロレンスが描こうとした"otherness"とは何なのか、そして"otherness"は人間にとってどのような意義があるとロレンスが考えていたかであるが、これは拙論「異文化への脱出」[27]に譲ることとする。

Notes

[1] Sandra M. Gilbert, *Acts of Attention* (Ithaca: Cornell Univ. Press Ltd.,1972) 164.
[2] D. H. Lawrence, "Poetry of the Present" in *The Complete Poems of D.H.Lawrence*, vol. one ed.Vivian De Sola Pinto and Warren Roberts (London:Heinemann, 1972) 182.
[3] D. H. Lawrence, "Birds, Beasts and Flowers," in *The Complete Poems of D. H. Lawrence*, vol. one ed. Vivian De Sola Pinto and Warren Roberts (London: Heinemann, 1972) 295.
[4] Lawrence, "Birds, Beasts and Flowers" 368.
[5] Lawrence, "Birds, Beasts and Flowers" 348.
[6] Lawrence, "Birds, Beasts and Flowers" 348.
[7] D. H. Lawrence, *Apocalypse* (1931; rept. Harmondsworth: Penguin Books, 1981) 27.
[8] Lawrence, "Birds, Beasts and Flowers" 392.
[9] Lawrence, "Birds, Beasts and Flowers" 393.
[10] Lawrence, "Birds, Beasts and Flowers" 393.
[11] Lawrence, "Birds, Beasts and Flowers" 393.
[12] Lawrence, "Birds, Beasts and Flowers" 393.
[13] Lawrence, "Birds, Beasts and Flowers" 363.

14 Lawrence, "Birds, Beasts and Flowers" 363.
15 Lawrence, "Birds, Beasts and Flowers" 378.
16 Marjorie Perloff はロレンスの "Birds, Beasts and Flowers" に見られる技法のひとつとして演劇的構成を挙げているが、これはむしろ問いかけの形式を拡大したものと解釈したほうがよい。Marjorie Perloff, "Lawrence's Lyric Theater" in *D. H. Lawrence* ed. Peter Balbert and Phillip L. Marcus (Ithaca:Cornell Univ. Press Ltd., 1985) 113.
17 Lawrence, "Birds, Beasts and Flowers" 375.
18 Lawrence, "Birds, Beasts and Flowers" 375.
19 Lawrence, "Birds, Beasts and Flowers" 275.
20 Lawrence, "Birds, Beasts and Flowers" 275.
21 Lawrence, "Birds, Beasts and Flowers" 279.
22 Lawrence, "Birds, Beasts and Flowers" 278.
23 Lawrence, "Birds, Beasts and Flowers" 278.
24 Lawrence, "Birds, Beasts and Flowers" 278.
25 Lawrence, "Birds, Beasts and Flowers" 279.
26 Lawrence, "Birds, Beasts and Flowers" 278.
27 吉村治郎,「異文化への脱出」『英語英文学論叢』(九州大学) 第 54 集 (2004):59-72.

共同体の優生学
― Toni Morrison の *Paradise* ―

伊鹿倉　誠

> Freedom was something internal. The outside signs were just signs and symbols of the man inside. All you could do was to give the opportunity for freedom and the man himself must make his own emancipation.
> ―Zora Neale Hurston, *Moses: Man of the Mountain*

「オクラホマ州ガスリー近郊の黒人入植者」(1889年4月)[1]

　1974年7月未明、乗って来たトラックを降りる9名の男たちは、朝霧の中を徒歩で〈修道院〉に向かう。「ロープ、棕櫚の葉で作った十字架、手錠、催涙ガス、磨き上げた見事な銃」(3)を携える男たちの「使命」(4)とは「聖母マリアの償いを受けていない破廉恥で邪悪なイヴども」(18)に不意打をかけ殲滅すること。私刑凶徒の正体は、17マイル離れたオクラホマ州 Ruby というブラックタウンで暮らす銀行家 Deek（本名 Deacon）と農場主 Steward Morgan の一卵性双生児、兄弟の甥で「副知事、州監査役、二人の市長を含む家系の最後の男」(55) K. D. (Coffee Smith)、〈修道院〉の借地人 Sargeant Person、Wisdom Poole、K. D. の岳父 Arnold と義兄 Jefferson の Fleetwood 父子、二度の結婚後女嫌いになった Harper と殺人衝動に駆られるヴェトナム帰還兵 Menus の Jury 父子と後に判明する。一方「戸口から掃き出

されるがそのうち部屋に舞い戻る人間の屑」(4)と誹謗される〈修道院〉の女たちは、中米コスタリカ出身で夜盲症のインディオ Connie (Consolata Sosa)、27 歳のとき不注意から双生児 Merle と Pearl を窒息死させた Mavis Albright、死刑囚の父を持つ浮浪娘 Gigi (Grace)、自傷行為に耽る 20 歳の〈捨て子〉Seneca、16 歳のとき母に横恋慕された Pallas Truelove の 5 名である。「言葉も交わすことなく」(4)遂行される凄惨な大虐殺[2]を端緒にしながらも、*Paradise*(1998 年初版刊)は射殺死体が忽然と消えてしまう経緯を辿る。魔女狩り事件の顛末を語る一方で作者モリスンは、Haven そしてルービィという黒人共同体の歴史と〈修道院〉に集う女たちの半生を断片的に繙きながら、錯綜する世界を紡ぎ出す。読み手は、これら似て非なる男たちの共同体と女たちのコミューン に伴う、反復の歴史と交錯する記憶の意味を問い直しながら、いわば共同体における優生学上の問題を考察することになる。

　パラダイスという言葉が登場するのは、第 6 章 "Patricia" と最終章 "Save-Marie" であり僅か二度に過ぎない。ルービィ建設の功労者の一人 Roger Best が第二次大戦後除隊になり娘を産んだ混血妻 Delia を故郷に連れ戻したとき、スチュワードら男たちは、「苗字のない女、何処の馬の骨とも知れぬ女、陽光のように明るい肌の女、人種の闇取引で生み落とされた女」と罵声を浴びせる。初出の場所は、男女貴賤を偏重する家父長制に物申す女たちの非力を伝える "But they were just women, and what they said was easily ignored by good brave men on their way to Paradise" (201-02) の一文である。もうひとつは、当該作品の結語に記される。第 1 章 "Ruby" で皆殺しにされたはずのジジ、パラス、メイヴィス、セネカは、最終章においてこの世の別れを惜しむかのように近親との束の間の邂逅を果たす。無期減刑され湖道整備作業に出ている父 Manley Gibson、ニューメキシコの画室で娘の肖像画制作に苦心する母 Dee Dee (Divine Truelove)、幼い弟妹の不慮の死を招いた母を許せなかった長女 Sally、5 歳のセネカを公営住宅に遺棄した生母 Jean。この直後「言葉は語らず歌う Piedade という名の女」(264) の膝に若い女が頭を乗せる幻想的場面が描写され、二度目にして最後のパラダイスが岸辺に打ち寄せる波の音とともに紹介される。

> Another ship, perhaps, but different, heading to port, crew and passengers, lost and saved, atremble, for they have been disconsolate for some time. Now they will rest before shouldering the endless work they were created to do down here in Paradise. (318)

> おそらくはもう一隻の船、だが違う船、港を目指し、道に迷い救済された乗員乗客は震えて。暫し心中悄然としていたのだ。それからこの人たちはこのパラダイスで休息するであろう、果たすよう創造された終わりなき務めを背負うまえに。

ルービィの男たちが追求する黒人共同体と「黒いイヴたち」が心身の安息を求めるパラダイスは、相対立する時空間に存在するかのようだ。しかしながら、いずれも愛する者を喪失した哀

しみを原動力として生み出されており、それゆえに再生の可能性を残す。これは相反するように見える論理が反発し合うのではなく、相互補完的で、それがなくては完成しない人間性の両面を表している。1974 年に公刊された二作目の小説 *Sula* の最終場面には、主体的に生きようとした亡友 Sula の想いに 20 年後に思い至る Nel の喪失の哀しみが描かれる——"It was a fine cry—loud and long—but it had no bottom and it had no top, just circles and circles of sorrow" (174)。公刊当時 *Paradise* は「目まぐるしく場面が変わり付いて行くのが難しい」("jumpy and hard-to-follow timeline of events") と一部読者の不評を買った (Kearly 9)。そこでまずは、今にも散逸しそうな過去の断片（挿話）を可能な限り時系列に並び替えながら、「環状の哀しみ」によって生み出された、ルービィの男たちと〈修道院〉の女たちの各々のパラダイスを復元することから始めてみたい。

1. Haven / Ruby 創生神話——排他的安息所(ヘイヴン)

　警察署、病院、ガソリンスタンド、食堂、モーテル、映画館、公衆電話さえない黒人町ルービィでは、行きずりの白人の車から黒人少女を揶揄する声が聞こえると旅人はすぐに町の男たちに取り囲まれてしまう。隣町まで 90 マイルもあるこの人口 360 人の田舎町には、三つの教会と銀行と食料雑貨店が二軒あるだけである。さて、足掛け 5 年、62 万 3,000 人に達する戦死者を出した南北戦争が終結し、その 12 年後の 1877 年には連邦政府による南部再建が終了する。この北部占領時代の黒人優遇政策に対する南部諸州の保守反動がこの黒人版〈出エジプト記〉の発端である。〈修道院〉を襲撃する双子兄弟の祖父 Zechariah　Morgan（旧称 Coffee Smith）には奴隷制廃止後ルイジアナ州副知事、銀行家、助祭も務めた輝かしい経歴があった。しかし職務上の違法行為を告発され公職追放されたゼカライアを含む元解放奴隷 158 名は、ほどなくして新しい生活を求めてオクラホマへ旅立つ。「来たれ、備えある者も、ない者も」("'Come Prepared or Not at All'" 13) という新聞特集記事の見出しを鵜呑みにした彼らは、新天地を求めてミシシッピ、ルイジアナ、オクラホマ各州を転々と漂泊する。なぜなら行く先々で白人のみならず黒人入植者たちにも追い立てられたからである。自由と奴隷、富裕と貧乏、白人と黒人という対立図式に経験上熟知してきた彼らも、「黒い肌に対する明るい肌という新たな境界線」(194) には思い及ばない。そして西へとルート変更し漸くアポラホ居留地へと注ぐカナディアン川を越えてローガン郡の南に位置する「配当なしの土地」へ辿り着いた (14)。

　現在ではヘイヴン創生記として語り継がれる苦難の旅路はこういう次第である。出発から 3 日目の夜半過ぎ、息子（モーガン兄弟の父）Rector を松林の奥に誘うゼカライアは跪き神に祈る。すると地面から数インチ浮遊する感覚を覚えるレクターの耳に大きな足音が聞こえ、手提げ鞄を手に遠ざかる黒服の小男が目に留まる。そして 29 日目、インディアンの土地に足を踏み入れた 9 月、野兎が罠に掛かるのを草原で待ち伏せるレクターの前に手提げ鞄の中身を出し入れする小柄な男を再度目撃する。先住民との売却交渉、そして開墾の 1 年 4 ヵ月後に安息所(ヘイヴン)の始祖たちは、漸く「俺たちの場所」(98) を手に入れる。その新開地は、「青々とした緑地と

膨大な空間」が広がり、視界を遮るものもない無人の曠野に思われた。

> To the Old Fathers it signaled luxury—an amplitude of soul and stature that was freedom without borders and without deep menacing woods where enemies could hide. Here freedom was not entertainment, like a carnival or a hoedown that you can count on once a year. Nor was it the table droppings from the entitled. Here freedom was a test administered by the natural world that a man had to take for himself every day. And if he passed enough tests long enough, he was king. (99)

> その風土は始祖たちには贅沢に思われた——魂と威信の豊かさ、境界も、敵が隠れる奥深く威嚇する森もない自由を表した。この自由は年に一度しか当てにできない移動遊園地(カーニバル)やホーダウンのダンスのような娯楽ではない。有資格者の食卓からのおこぼれでもない。この自由とは、自然界が課す試験であった、日々人間が一人で取り組まねばならぬ試練であった。そして十分な数の試験に及第して十分な時間をかければ王者となることができた。

ここに描かれるのは、フロンティアと西部がアメリカ発展史の主役であった時代の処女地(ヴァージンランド)幻想である。そして開墾され種が蒔かれた農地は、肥沃、成長、増殖、農業労働の至福を表現する「世界の農園」の隠喩を形成してゆく(Smith 123)。入植後ほどなくして祖父ゼカライアは、男たちを集め「共同体の台所」("a community 'kitchen'" 99)を設置させる。ミシシッピがルイジアナの一部だった1755年以来働き詰めの元奴隷たちは、誰に頭を下げるでもなく創造主のみに祈りを捧げるようになる。これは17世紀のピューリタンたちが旧約聖書とのタイポロジーから抽出する神の国建設のエピゴーネンと言えなくもない。この黒人版創世記に照らせば、神聖な河で子供たちが洗礼を受けられた古き良き日々は、「誰もが家を建てたり種を蒔き収穫するのに忙しくて喧嘩をしたり悪事を考える暇もなかった」(102-03)。

　白人による黒人差別は知り尽くしていた始祖たちも、なぜ自分たちが黒人同胞からも拒まれたのかを考えざるを得ない。そして先発の黒人入植者から排斥される際は「穢れ」として侮辱された真っ黒な肌を「人種的純潔」("racial purity" 194)の証と考え、新しき共同体の倫理的支柱に据える。ヘイヴンの男たちは、アメリカの夢の階段を昇り続けるために異質なものを排斥する道を選ぶ[3]。自らを苦しめてきた人種差別を逆手に取る彼らは、未知なるものに対する嫌悪から人種混淆よりも近親相姦を選択して人種的純潔を守り、断種を回避する。しかし皮肉にもヘイヴンの複製(クローン)であるルービィには、子宝に恵まれぬスチュワード、二人の息子をヴェトナム戦争で奪われるディーク、ヴェトナム帰還兵ジェファソンとSweetieの間に生まれた4人の重度障害児が点描される。共同体の人種規範となるのがモーガン家を中心とする「八岩層」("eight-rock" 193)と俗称される漆黒の肌をした黒人たちであり、住民間にも次第に選民意識が芽生えてゆく。かくして多様性を拒絶し自己以外の人間に対して寛容ではないレイシズムが、近親交配という自己増殖によって皮肉にもかつて被差別集団であった黒人共同体に巣喰うの

だ。そして 1974 年には「人間の屑」を標的にする、いわば民族浄化の蛮行を許す閉鎖的風土を作り出す。だが一方で、この自己／他者の分離政策は、ヘイヴン住民の中に「集団アイデンティティと文化帰属と倫理目標の強固な意識」を培いながら相互扶助をモットーとする黒人共同体として生き延びる要因ともなった（Bouson 200）。ジョージア州出身で着任間もないバプティスト派牧師 Richard Misner は、ルービィの住民は「守りが堅くて信仰心篤く、倹約家ながらも守銭奴ではない」と分析し、その特質として「美しさと孤立」（160）を挙げる。だが牧師は敢えて問い掛けるのだ——祖父や曾祖父らの「過去の英雄行為」のみを「再現」するだけで自らを語ろうとしない彼らに生きるに値する未来は訪れるのだろうか（"But why were there no stories to tell of themselves?" 161）。

「住民の間では飾り気のない物語が語られ、語り直され」（"Unembellished stories told and retold" 14）続けてきた。ヘイヴン入植当時は金物屋のゼカライアが「何か永遠に続く大事なことを記すため」（14）共同炊事場に据えられた、5フィート×2インチのかまどの口の鉄枠に6文字の銘 "Beware the Furrow of His Brow" を刻み込むという逸話もそのひとつである。1910年には教会が二つ建てられ銀行や学校や商店が増えたが、綿花の暴落や鉄道線路の敷設変更などが重なって 1905 年には 1,000 人もいた人口が 1934 年には 500 人、200 人そして 80 人と激減してゆく。こうしてヘイヴンは「オクラホマ準州の夢の町」から「オクラホマ州［1907 年 11 月合衆国加盟］のゴーストタウン」（5）に凋落する。1924 年に生まれた一卵性双生児ディークとスチュワードは 1949 年に Soane と Dovey の姉妹とそれぞれ所帯を持つ。同年 8 月中旬、故郷が過疎で白人共同体に吸収合併されることに我慢ならぬ兄弟は、1890 年に始祖らが成し遂げたことを再現しようと決意する。こうして、オクラホマのさらに奥地を目指して 15 家族がヘイヴンを後にしたのである。この大移住の指導的な役割を担う男たちは後年 "the New Fathers of Ruby, Oklahoma"（18）と呼び慣わされるのであるが、このヘイヴンから西 240 マイル離れて建設される入植地は最初の 3 年間 New Haven と命名された。しかしモーガン兄弟の妹（K. D. の母）Ruby 病死後、その死を悼んでルービィに改名される。事の次第は次の通りである。旅の途中で重い病気に罹る妹を二人の兄はデンビィという町の病院へ搬送するが、黒人は病棟に足を踏み入れることも許されない。次に隣町ミドルトンの病院を探し当てたが、昏睡状態の妹は待合室のベンチで息絶えてしまう。受付看護婦が診察してくれる獣医を手配している最中の客死である。兄弟は肩を振るわせ亡骸と共に家路に就くしかなかった（113）。この差別的白人社会から受けた屈辱を忘れぬよう亡妹の名が町名に採択されたのである。

始祖たちが拵えたオーブンの解体移設作業に「誇らしく」「献身する」男たちを思い起こすソーンは「実用的な道具が祠になった」と懸念する（102-03）。この回想は、具体的な記憶が神話や伝説の装いを纏い始める歴史形成の問題点を指摘する。ヘイヴンからルービィへの苦難の歴史は、一つの黒人町民史に限定されぬ〈記憶の固定化〉という問題を孕んでいる。「すべてを理解するのも記憶するのも一番」（110）と評されるモーガン兄弟が耳を傾け丸暗記した、微に入り細を穿つ身内の昔話は、長い年月に亘り継承される家庭用聖書(ファミリーバイブル)に表象される。

— 193 —

All there in the one book they owned then. Black leather covers with gold lettering; the pages thinner than young leaves, than petals. The spine frayed into webbing at the top, the corners fingered down to skin. The strong words, strange at first, becoming familiar, gaining weight and hypnotic beauty the more they heard them, made them their own. (110-11)

すべては当時彼らが持っていた一冊の本に書かれていた。金色の文字が入った黒い革表紙。若葉より、花びらより薄いページ。てっぺんが擦り切れて革紐のようになった背表紙。指でいじられて皮膚のように薄くなったページの角。強烈な言葉。それは最初は聞き慣れぬが、次第に親しみを覚えて、その言葉を聞けば聞くほど、自分の言葉にすればするほど、重みと催眠作用の美しさを増してゆく言葉なのだ。

その余白ページに出生、死亡、婚姻などを記録する家系図の機能を併せ持つ大型聖書は、小学校教員 Pat（Patricia Best）が企画する 15 家族の家系図作成の資料でもある。彼女は教会記録を調べたり生徒たちに自伝風の作文を書かせたりするが、秘事が暴かれる気がして父兄たちはこの歴史教師の調査方法を暗に非難する。「必要とされる感情的距離」(188) を備えていると自負する家系図製作者は、口述町史の堅牢さと町民の私生活の付け入る隙のなさに想いを巡らす。

The town's official story, elaborated from pulpits, in Sunday school classes and ceremonial speeches, had a sturdy public life. Any footnotes, crevices or questions to be put took keen imagination and the persistence of a mind uncomfortable with oral histories. (188)

町に関する公認の物語は、説教壇上で、そして日曜学校の授業や式典祝辞で入念に彫琢された逞しい公共の生命を宿す。どんな脚注も、亀裂の発見も、質問も、鋭敏な想像力と、聞き語りに飽き足りない頭脳の強い忍耐力を必要とした。

事件から 2 日後に里帰り先のジョージア州から戻るマイズナー師は、襲撃に参加した町の名士モーガン兄弟が疎遠な間柄になっていると気付く。その確執はディークの元不倫相手のコニーを弟スチュワードが撃ち殺したことに起因するのだが、コニーを殺害した人物を巡ってドーヴィとソーン姉妹の間にも不和が生じてしまう。9 月の残暑の中、帽子と背広姿のディークは、St. John、St. Luke、そして St. Matthew と順に福音書の名を冠する通りを巡礼者のように裸足で彷徨する。2 ヵ月前から「食欲も睡眠も音まで奪うほどの何か不完全な気持ちと不明瞭な孤独」(300-01) に閉口し、その朝はどうしても靴下と靴を履く気になれず、6 年振りにリベラルな牧師宅を訪ねたのである。ディークは一度は愛した女を捨て軽蔑した自分が「始祖たちの呪詛したもの、すなわち人を裁き、追い出し、困窮者や無防備な人々、異なる人間を破滅に追い込んでさえ構わない、思い上がった人間に成り果てたこと」("having become what the

Old Fathers cursed: the kind of man who set himself to judge, rout and even destroy the needy, the defenseless, the different" 302）を悔いる。そして生木を裂くように耐え難い双子の弟との義絶を告白する。異質なものを排斥し破壊する愚行を悔い改め成長するディークには、共同体の救済と変化への希望が託されている（Jones 9-10, 20）。

　11月のある日スウィーティの末子で重度障害児の Save-Marie の埋葬式を司る牧師は、襲撃事件に関与した「罪深き男たち」（"the culpable men" 305）に目を留める。

> They think they have outfoxed the whiteman when in fact they imitate him. They think they are protecting their wives and children, when in fact they are maiming them. And when the maimed children ask for help, they look elsewhere for the causes. . . . Unbridled by Scripture, deafened by the roar of its own history, Ruby, it seemed to him, was an unnecessary failure. How exquisitely human was the wish for permanent happiness, and how thin human imagination became trying to achieve it. (306)

> 男たちは白人を出し抜いたと考えているが、実は白人を模倣しているに過ぎない。男たちは妻子を守っていると思うが、本当は彼らを酷く傷付けたに過ぎない。そして傷を負う子供たちが助けを求めると、どこか余所に原因を見出す（略）。聖書に縛られることなく、自身の歴史が上げる唸り声に耳を聾されて、ルービィは要らぬ失敗に終わったかに見える。永遠の幸福を求める願いは、なんと絶妙に人間的であることか。また、それを獲得しようと人間の想像力はなんと浅薄になることか。

マイズナー師は「救われぬ人々、価値のない人々、見慣れぬ人々の不在によってのみ定義される、この艱難辛苦の末に勝ち得た天国」の行く末を案ぜずにはいられない。その非人道的優生理論にもかかわらず、牧師はこの町の「常軌を逸するほど美しく、欠陥はあるが誇り高い人々」（306）と暮らしていこうと決心する。忘却の彼方に消えようとも「市井の人」に関する「取るに足らぬ物語」が集積することで歴史の背骨は形成されると牧師は信じるからである（"their small stories part of no grand record or even its footnotes, although they were the ones who formed the spine on which the televised ones stood" 212）。また、ルービィ建設の功労者の一人で葬儀屋のロジャー・ベストが分析するように、隣町まで90マイルも離れた辺鄙な田舎町だからこそ、ルービィは「道に迷った人や聡明な人間だけが近付ける」（"accessible only to the lost and the knowledgeable" 186）安息所(パラダイス)となり得るのだ。

2. 交雑する記憶——女たちの保護区域(サンクチュアリ)

　「未使用の薬莢のような」屋敷は「勝利ではなく恐怖を物語る」（71）要塞であったが、築2年で所有者は北部の潜入捜査官に逮捕され、その後4名の尼僧(シスター)に寄進される。かくして食堂や居間やゲームルームは、それぞれ教室や礼拝堂や事務室に転用された。しかし修道女たちの努力も虚しく官能の快楽を追い求める痕跡（女体型燭台、乳首型ノブ、男根型水道栓、ヴァギナ

型灰皿）を残したまま、"CHRIST THE KING SCHOOL FOR NATIVE GIRLS" (224) が開校したのである。この修道院の南17マイルに黒人集落（ルービィ）が建設され始めたのが1954年のことである。当時すでに篤志家からの寄付金も底を突いて学校は閉鎖され、州政府監督下の不良少女らを受け入れる更正施設という弾力的な路線を打ち出して3年目であった。1955年以降、72歳の修道院長 Mary Magna と Sister Roberta とコニーの3人は、地所を維持し債務を負わぬよう土地を借り受け農産物や加工品販売に精を出す。こうした聖俗併存する〈修道院〉の流動性が、哀しみに暮れる女たちを惹き付ける磁場を作り上げる。

シスター・ロバータが先住民少女らに警告するように「破滅への道」へと誘惑する三つのD（*d*isorder, *d*eception, *d*rift）の中でも厄介なのが放浪らしい (222)。だが女たちは十人十色の理由から道に迷い放浪の末〈修道院〉に辿り着いているのではないか。こうした劣等少数民族の教化というキリスト教教育は、学校閉鎖に追い込まれた頃、その恩恵を受けたコニーから以下のように手厳しく非難攻撃される。

It was an opportunity to intervene at the heart of the problem: to bring God and language to natives who were assumed to have neither; to alter their diets, their clothes, their minds; to help them despise everything that had once made their lives worthwhile and to offer them instead the privilege of knowing the one and the only God and a chance, thereby, for redemption. (227)

これは問題の核心に迫る好機だった。すなわち、神も言語も持たないと想定される先住民にその両方をもたらすこと。彼らの食事や、衣服や、頭脳を変え、かつては彼らの生活をやり甲斐あるものにしていたすべてを軽蔑する手助けをしてやり、その代わりに、唯一の神を知る特権と、神による救済の機会を提供するのだ。

上の引用は、保守的かつ排他的黒人共同体をまるで要塞都市のように作り上げたルービィの男たちに対する批判と読むことも可能であろう。すなわち、人種差別社会において排斥されてきた彼らは、その差別論理を内在化して共同体の優生学に変えてしまう。つまり、異人種混淆による悪質な遺伝形質を淘汰し、黒人として優良な生体を保全するという反転した人種差別を案出する。オクラホマ州フェアリィの黒人入植地から追い払われるゼカライアら79名の苦難の旅に想いを馳せるスチュワードは、流産を繰り返す妻ドーヴィが白人病院に「ここから出て行け」と診察拒否される場面を捏造することで、黒人入植者に追い払われる祖父や父が味わう「恥辱」(95) をわが身に置き換えてみせる。スチュワードの出口のない増幅された怒りは、現在 (1973年) でも忘れ得ぬ「誰か撃ち殺したい気持ちに襲われるほどの不甲斐なさ」(96) に転化してしまう。また、そもそもゼカライアが新生活を求めてオクラホマを目指すに至る直接の理由は、公職追放から一年後屋敷を手放し姉の家に家族9名が肩を寄せ合うように居候していた頃の屈辱的な体験であった。一卵性双生児の弟と一緒に酒場の前を歩くゼカライアは、酒

に酔った白人らに「対の顔」("the double faces") を愚弄される。挙げ句、酔客の求めに応じて踊る弟 Tea は拳銃で足を撃たれてしまう。その「恥辱」を、兄は求めに応じない自分に対する辱めと受け止め、一言も言葉を交わすことなく弟と袂を分かったという（302-03）。前節で触れたモーガン家の家庭用聖書からティーの名前が抹消されたことは論を俟たない。

　さて、1925年コスタリカでの12年間の布教活動を終え帰国する米国人修道女メアリ・マグナによって掃き溜めの生活から「救出」(223) された9歳の浮浪児は、アメリカ到着以来30年修道院長(マザー)の誇りとなるよう勤め上げる。しかしキリスト教の植民地主義的側面に疑念を感じ始めた39歳のコニーは、10歳年下の妻子ある男と激しい不倫の恋に落ちる。夏に出会い毎週金曜日に情事を重ねる二人には、双子の弟の脅迫めいた介入を転機に10月末、突然の別れが訪れる。これはルービィの「人種的純潔」という「血の掟」を破る兄に掣肘(せいちゅう)を加える行為であり、〈修道院〉襲撃場面でスチュワードがコニーの眉間を撃ち抜く伏線となる。さらに興味深いのは、不義を働く夫と愛人への腹癒せに堕胎のため〈修道院〉を訪問するソーンと、10年後に居眠り運転で路肩の杭に激突死したソーンの息子 Scout（15歳）を体内に精力を吹き込み蘇生させるコニーが、その後何年にも亘る親友同士になることである。長年に亘る神への敬虔な信仰心から死者復活という「魔術」(244) に疑心を抱く49歳のキリスト教徒は、それでも肉欲に溺れ生身の男に身を任せた罪の悔悟を軽減しようとする産婆 Lone DuPres の申し出を受入れる。堕胎による不実な夫と愛人への復讐にもかかわらず、不倶戴天の敵のおかげで生き返る息子は、皮肉にも公民権運動で荒廃する米国内より安全なはずのヴェトナムで戦死する。このアメリカ現代史を背景にするサブプロットには、男たちが語り継ぐ誇り高き（表向きの）歴史に見え隠れする、生命を産み育て続ける女同士の固い紐帯(ちゅうたい)が読み取れるのではないだろうか。

　ルービィと〈修道院〉を往復する傷心した女たちの姿を、ヘイヴンの女たちに拾われた〈捨て子〉で現在70歳を越すローンは次のように証言する。

> Only women. Never men. . . . Back and forth, back and forth: crying women, staring women, scowling, lip-biting women or women just plain lost. . . . [O]ut here where the wind handled you like a man, women dragged their sorrow up and down the road between Ruby and the Convent. They were the only pedestrians. Sweetie Fleetwood had walked it, Billie Delia too. And the girl called Seneca. Another called Mavis. Arnette, too, and more than once. (270)

> 女だけだ。男が歩くことは一切ない。（略）行ったり来たり、行ったり来たり。泣いている女、睨み付ける女、しかめっ面で唇を嚙んでいる女、あるいは、すっかり途方に暮れた女。（略）風が男のように道行く者を弄び、女たちがルービィと修道院の間の道を哀しみを引きずって往来する土地。女たちが唯一の歩行者であった。スウィーティ・フリートウッドがそこを歩き、ビリー・デリアも歩いた。それからセネカと呼ばれる娘も。メイヴィスという別の女も。アーネットは一度ならずも。

女たちは〈修道院〉とルービィを原則徒歩で繰り返し往復する。女たちの行為がこの移動を旨とする以上、男たち主導の移住による過去の再現という袋小路に入り込まずに済む。したがって〈修道院〉は集会所の役割を演じるが、女たちにとって終の棲み家ではない。たとえば、K. D. と結婚する以前、身重の Arnette Fleetwood Smith は〈修道院〉に救いを求め、秘かに腹部を殴ったり股間にモップの柄を差し込み堕胎を試みる。Che と命名された 5 - 6 ヵ月の早産児は生後数日で死亡し、いつの間にか母親は姿を消してしまう（250）。しかし、今でも夜になると夢遊病者のようにわが子を探しに舞い戻ることがある（179）。ロサンジェルス在住の高校生パラスは、初めて〈修道院〉を訪れたとき、建物の内部が「狩人に悩まされないが刺激的でもある保護区のように、男子禁制の天恵が充満している」("permeated with a blessed malelessness, like a protected domain, free of hunters but exciting too" 177) と直感している。

　唯一無二の神の愛を絶対視する「教会が過度の人間愛を警告する理由」を知りながら、修道院長メアリ・マグナを亡くすコニーは自分自身を「何も書かれぬまま丸められた一紙片」("a curl of paper—nothing written on it" 248) のように感じてしまう。不浄な地上で悲嘆に暮れたりはせぬ 60 歳の彼女は、それでも孤独な死を恐れていた。そんな彼女の前に、カウボーイハットを被り背中まで茶色の髪が長く緑色の目の小柄な男の姿で神が顕現する。愛する者を奪われた哀しみの淵に沈む人間の空疎感は、埋めるべき空白に溢れているからこそ、再起可能の証左となり得る[4]。ルービィの男たちが過去の営為を反復再現するだけとは本質的に異なる、女性特有の再生復活能力は、今や「父親と妻がもたらす子供の間に立つ死の侍女」と畏怖される老産婆ローンにも備わっている。ローンが知り得るのは、モーガン兄弟の記憶力や歴史教師パトリシアの家系図が「語ることも記録することもできない」「生命のからくりとその理由」("the 'trick' of life and its 'reason'" 272) なのである。

　「新たに改訂された修道院長」(265) として血の気のない食べ物と水を与え続けるコンソラータ・ソーサは、女たちを前に絶対服従を条件にして「何を欲しているのか」教えようと言い放つ。一緒に居るだけで危害から安全な「理想的な親、友人、仲間」であったコニーの変貌に驚く女たちであるが、彼女が発する「愛する者が待つ場所があるなら出て行きなさい」の言葉に立ち去る者はいない（262）。〈修道院〉の地下室で大理石の床を磨き蝋燭を灯して裸で横たわる 4 人の女たちの輪郭を、コンソラータはペンキでなぞる。肉体と精神を分断したり優劣を付けてはならぬと説くコンソラータは "Eve is Mary's mother. Mary is the daughter of Eve" (263) と語る[5]。この箴言めいた言説は、楽園を追われたイヴと善と純潔を象徴する聖母マリアを母娘関係に置くことで、善悪を伝統的に弁別してきたキリスト教の二項対立論を無効にする (LeSeur 18)。女たちは全裸のまま体勢を崩さず痛みに耐え腹を立てつつも互いの「声高な夢」("the loud dreaming") に耳を傾ける。そしてその痛みを堪え忍び共有することで「夢見る者の物語の中にたやすく足を踏み入れる」(264) ことが可能なのだ。女たちの間で共感されるのは、双子乳児を残した車内の異常熱気（メイヴィス）、デモ参加中催涙ガスに沁みる目頭（ジジ）、靴下に隠し持つ 500 ドル（セネカ）、見知らぬ男のペニスがもたらす痛み（パラス）である。

ほどなくして女たちは床の人型に絵具で描き足し始める——自傷行為を絵に代理させるセネカ、メキシコ湾に投げ捨てた父から貰ったハート型ロケットを描き加えるジジ、お腹の辺りに胎児を描き込むパラス。1月から3月にかけ女たちは「身体の部位と記憶すべき事柄の注意深いエッチング」("careful etchings of body parts and memorabilia" 265) に忙殺される。描き込まれる絵模様は、黄色の髪留め、ムクゲの花びらという概して些細な事物ではあるが、本人にとっては自己と不可分の身体の部分や「記憶すべき事柄（メモラビリア）」であることに注目すべきであろう。女たちの絵画療法は、男たちが専有する「飾り気のない物語」(14) とは対照的に、生命を育む母体保護と記憶されるべき思い出の保全を優先事項とする。

　このような「記憶すべき事柄」として、インディアナ州刑務所で服役中の恋人に弁護費用を無心されたセネカが、カンザス州ウィチタに暮らす恋人の母親を訪ねる場面を挙げてみよう。子供を轢き逃げする人非人にびた一文も使いたくない、と遠来の客の申し出を母親は突っぱねる。一度暇乞いをしたセネカは、宿を探そうと電話を借りに引き返したとき、戸口から洩れる一種異様な泣き声を耳にする。

  A flat-out helpless mothercry—a sound like no other in the world.... Alone, without witness, Mrs. Turtle had let go her reason, her personality, and shrieked for all the world like the feathered, finned and hoofed whose flesh she never ate—the way a gull, a cow whale, a mother wolf might if her young had been snatched away. (134)

  辺り構わぬ途方に暮れた母親の泣き叫ぶ声——世界にまたとないような泣き声（略）。タートルさんは独りになって誰もいなくなると、理性や人格をかなぐり捨て、その肉は決して食べぬ羽やひれや蹄のあるものとまったく同じように号泣していた——カモメや、雌クジラや、母狼が子を攫われたとき声を上げて嘆き泣くように。

「傷付いた女の甲高い泣き声」(135) から逃げるようにバス発着所に向かうセネカは、有閑マダムに誘われ豪奢な邸宅に軟禁殊遇される。しかし御馳走を与え弄んで飽きたら放り出す専横な振舞いは、「愛することなく。名前で呼ぶこともない」("Not love. Not name it" 138) 非人間的な処遇でしかない。この屈辱的な性的虐待の代価500ドルが〈捨て子〉セネカのトラウマとなって「声高な夢」に現れるのであろう。

　わが子を攫われた母親の哀しみに象徴される女たちの記憶は、モーガン兄弟の「ずば抜けた記憶力」("powerful memories") で再現される「支配的な」(13) 物語に遠く及ばない。しかし〈修道院〉に集う女たちは、「声高な夢」を共有し合うことと床に描かれた絵にトラウマを置換することで自己／他者の二項対立論（バイナリズム）という男たちが陥る自縄自縛を解こうとする。そしてルービィの男たちが成し遂げられぬ本物のパラダイスを獲得する (LeSeur 18)。「悲しく、怖ろしく、何もかも間違っている」(33) 米国社会の病弊を憂えるメイヴィスに向かってコニーは、"'Scary things not always outside. Most scary things is inside'" (39) と説き明かす。このよ

うに傷付いた女たちが一度ならずも集う〈やすらいの場〉だからこそ、パラスが期待する「放逸で真性の自己」("an unbridled, authentic self" 177) との邂逅が可能なのかもしれない。

注

1　Govenar, "Introduction," *African American Frontiers: Slave Narratives and Oral Histories*, xxxviii.

2　Jean Toomer (1894-1967) の "Blood-Burning Moon" (1923) に登場する黒人小作人 Tom Burwell は白人農園主殺害の冤罪を被る。火刑の手筈を整える白人たちの間で交わされる「言葉はない」("No words" 36)。ここに描写されるのは、言語行為によって私刑者らの人間性や道徳心が喚起されないよう計算された言葉の不在である。

3　1940年代のハーレムを描く Ann Petry (1908-97) の *The Street* (1946) では、白人世界を憎悪する Lutie Johnson が同胞撲殺と息子遺棄という悲劇的末路を迎える。その要因は〈建国の父祖〉Benjamin Franklin (1706-90) という神話的独立独行の白人に成功の範を求めるあまり、黒人女性共同体から遊離していることにある (Pryse 127)。

4　養母の同情を得ようと自傷行為に手を染めるセネカは、思春期に達する自分を「出版するには余りにもしなやかで衝撃的な語彙のため発禁処分になった詩人」("a censored poet whose suspect lexicon was too supple, too shocking to publish" 261) に準える。これは「途方もない好奇心」と「暗喩の才能」を制御できぬスーラを譬える "like any artist with no art form" (121) に比肩するモリスン流の直喩と言えよう。

5　*Tar Baby* (1981) で東部白人社会で成長した「文化的孤児」(145) Jadine Childs は範とすべき「母親がいない」("her motherlessness" 281) ために伝統的黒人女性像に拒絶反応を起こす。母性という意味で自己定義を拒むジャディーンは、自由奔放ながら真摯に自己探求するスーラの末裔と解釈することができる (Lepow 177-78)。

参考文献

Bouson, J. Brooks. "'He's Bringing Along the Dung We Leaving Behind': The Intergenerational Transmission of Racial Shame and Trauma in *Paradise*." *Quiet As It's Kept: Shame, Trauma, and Race in the Novels of Toni Morrison*. Albany: State U of New York P, 2000. 191-216.

Govenar, Alan. *African American Frontiers: Slave Narratives and Oral Histories*. Santa Barbara: Abc-Clio, 2000.

Hurston, Zora Neale. *Moses: Man of the Mountain*. Philadelphia: J. B. Lippincott, 1939.

Jones, Jill C. "The Eye of a Needle: Morrison's *Paradise*, Faulkner's *Absalom, Absalom!*, and the American Jeremiad." *Faulkner Journal* 17.2 (Spring 2002): 3-23.

Kearly, Peter R. "Toni Morrison's *Paradise* and the Politics of Community." *Journal of American and Comparative Cultures* 23.2 (Summer 2000): 9-16.

Lepow, Lauren. "Paradise Lost and Found: Dualism and Edenic Myth in Toni Morrison's

Tar Baby." *Toni Morrison's Fiction: Contemporary Criticism*. Ed. and Intro. David L. Middleton. New York: Garland, 1997. 165-81.

LeSeur, Geta. "Moving Beyond the Boundaries of Self, Community, and the Other in Toni Morrison's *Sula* and *Paradise*." *CLA Journal* 46.1 (Sept. 2002): 1-20.

Morrison, Toni. *Paradise*. New York: Knopf, 1998.

——. *Sula*. 1974. New York: Knopf, 1988.

——. *Tar Baby*. 1981. New York: Knopf, 1988.

Petry, Ann. *The Street*. 1946. New York: Houghton Mifflin, 1991.

Pryse, Marjorie. "'Pattern against the Sky': Deism and Motherhood in Ann Petry's *The Street*." *Conjuring: Black Women, Fiction, and Literary Tradition*. Ed. Marjorie Pryse and Hortense J. Spillers. Bloomington: Indiana UP, 1985. 116-31.

Roberson, Gloria Grant. *The World of Toni Morrison: A Guide to Characters and Places in Her Novels*. Westport: Greenwood, 2003.

Smith, Henry Nash. *Virgin Land: The American West as Symbol and Myth*. 1950. Cambridge: Harvard UP, 1982.

Toomer, Jean. "Blood-Burning Moon." *Cane*. 1923. Ed. Darwin T. Turner. New York: Norton, 1988. 30-37.

藤平育子「踊る女たち／撃つ男たち――トニ・モリスン『パラダイス』の戦争と平和」原川恭一、並木信明編著『文学的アメリカの闘い――多文化主義のポリティクス』東京：松柏社、2000年、39-62頁。

トウェインとクレメンズの狭間で

江頭　理江

1.はじめに

　19世紀のアメリカを代表する作家マーク・トウェイン（Mark Twain）が、サミュエル・ラングホーン・クレメンズ（Samuel Langhorne Clemens）という本名を持つことは周知の事柄であるが、マーク・トウェインというペンネームがあまりにポピュラーになりすぎて、サムとしての個性よりも、マーク・トウェインとしての個性の方が前面に押し出されていると思われる。サムが、マーク・トウェインというペンネームを使い始めたのは、1863年のことで、サムはいわばマーク・トウェインとしての仮面を被って、文学の世界に飛び込んでいったのである。この小論では、マーク・トウェインを論じる際しばしば取り上げられる、トウェインにおける二面性の問題、特にオプティミズムとペシミズムの問題を、彼がマーク・トウェインとしての仮面を装い始めた最初の10年に特に焦点を絞って考察するものである。この点については、例えばJustin Kaplanが *Mr.Clemens and Mark Twain* というまさに象徴的なタイトルを持つ著作の中で目を向けているし、また最近では後藤和彦氏が『迷走の果てのトム・ソーヤー』の中でサムとトウェインのペルソナの問題から論じておられる。私自身は、以前「トウェインにおける意識の転換」という題名で、金メッキ時代から世紀の転換期をぬけてのトウェインが、晩年に到るにつれて楽天的な思考を強めていったとする内容で発表をさせて頂いたことがあるが、彼の二面性を考える鍵は、作家マーク・トウェインとしてのスタートを切った頃にあるのではないかとの観点から論証するものである。

2.クレメンズからトウェインへ

　具体的な論証のための材料として、まずサミュエル・ラングホーン・クレメンズが、マーク・トウェインというペンネームに行き着くあたりの事情について、触れておくこととする。

　1835年、サミュエル・ラングホーン・クレメンズは、クレメンズ家の6番目の子供として、ミズーリ州の一寒村であるフロリダに生まれた。当時の一家の暮らしは、恵まれたものではなかったため、生活の安定を目指して一家は1839年にハンニバルへと引

っ越した。しかし、1847年に父が亡くなり、サムはわずか12歳にして、印刷所の見習職工として、社会に放りだされることとなった。のちに、アメリカの国民作家とも謳われるマーク・トウェイン、本名サミュエル・ラングホーン・クレメンズの社会人としてのスタートはこのようなものであった。

1850年に、兄オーリオン（Orion）が印刷所を開き、『ハンニバル・ウェスタン・ユニオン』（*Hannibal Western Union*）という新聞を発行した時、サムは印刷工としての職場をこちらに移した。そして、ここに在籍した3年間に、彼はいくつかのペンネームを使って、記事を書いた。いわば、ジャーナリスト・サムとしてのささやかな出発がここに刻まれたわけである。その後のサムは、兄のもとを離れたのちも、印刷工の仕事をしながら、その傍らで、旅行記のようなものを新聞に寄稿したりして、文学修行を続けてきた。

その彼が、その文学修行を一時中断したのは、子供の頃からあこがれていた水先案内人への転身のためで、1859年から、1861年までの約2年間、彼はミシシッピ川の正式なパイロットを務め、その経験が彼の文学的素材としてのちに大きく生きることとなるのである。

サムが、再び書くことへと転身を図るのには、1861年に勃発した南北戦争が大きな意味を持っている。戦争により、ミシシッピ川の航行が不可能になったため失業したサムは、ここで南軍の義勇兵として南北戦争に参戦する。サムが育ったミズーリ州は中西部や西部との境界にあたる。位置的には南部に属するが、経済的な面では北部とのつながりが強く、住民の側でも南部派と北部派に分離し、サムは結果的には南軍の義勇兵になるが、たった2週間で戦線離脱してしまうのである。サムがなぜ南軍の義勇兵として参戦したかは、父が南部ヴァージニアの出身でもあり、また一家は奴隷を所有していたものの、彼らを取り巻く奴隷制度の状況は深南部のそれと較べてはるかに穏やかであったことから、サム自身が奴隷制度の苛酷な実態をさほど知らなかったという事情も影響しているであろう。実際の戦場は彼の想像以上のもので、彼の言葉を借りればたった2週間で「単独講和」し、戦線離脱してしまうのである。

こののち彼は、リンカーン政府によりネヴァダ準州の書記長に任命された兄オーリオンの秘書として、西部に向かい、首都カーソン・シティの新聞『テリトリアル・エンタープライズ』（*Territorial Enterprise*）の記者となる。そして、初めてマーク・トウェインというペンネームを使ったのは、1863年2月3日掲載の「カーソン便り」の中のことであった。

サミュエル・ラングホーン・クレメンズが、マーク・トウェインとして文筆活動を始める過程をここまで検証してきたわけだが、これ以後のサムは、作家マーク・トウェインと、個人としてのサム・クレメンズとの間のぶれを時には楽しみ、時には苦しみ、そんな生涯を送ることになったのではないかと私は考える。そして、そのぶれの一つが、

オプティミストとしての側面と、ペシミスト、アイロニストとしての側面の二面性であり、従来から言われてきた晩年トウェインペシミスト説に疑問を呈する私は、作家マーク・トウェイン成立の事情の前後からすでに彼は、この微妙なぶれを彼自身で感じていたのではないかと考える。

　これまでに述べた彼の生涯に関して、この二面性を考えるポイントが大きく二つある。一つは、印刷所を経営する商才を持ち、また北軍につくことで、リンカーン政府に取り入り、ネヴァダ準州の書記長に任命されるという世渡りのうまさを見せる、10歳違いの兄オーリオンとの関係である。サムが、南北戦争時、なぜ南軍の義勇兵として戦争に参戦したかの大まかな理由はすでに述べた。ミズーリ州が南部に属し、サム自身その流れに沿ったことが大きな理由であるが、もう一つの理由が兄オーリオンとの関係である。1850年に印刷所を開いた兄のもとに、印刷工として赴いたサムであるが、給料を払わない兄に愛想をつかして、1853年には渡りの印刷工へと転身する。10歳年上で憧れを抱いていた兄の不甲斐なさにサムが批判的な気持ちを抱いたことは見て取れるし、また南北戦争時に北軍へ取り入った兄への対抗心からサムが南軍へと参戦したのは、大いに考えられうる事情である。しかし兄からの決別を願い、南軍への参加を実行したもののわずか2週間で戦線離脱した彼が、折りよくその戦線離脱の惨めな状況から抜け出すきっかけは、兄の赴任に同行したネヴァダ行きなのである。この間のサムの行動は、兄との関係で言えば、一貫性に欠けるものであり、兄に対して批判の目を向けながらも、ちゃっかりまた兄に同行するあたりに、楽天的に物事を捉える若いサムの姿が見てとれるのである。

　オーリオンについては、自伝の中でもいくつかの章の中で述べられているが、次にあげる箇所は、まさにサムの人格形成にこの兄が大きな影響を与えたのではないかと考えられる部分である。何にでも熱中するたちで、毎朝目を覚ますと新しいことにとりつかれ、一日それに夢中になるものの、夜になると冷めてしまう、そんな日々を1年365日送る兄の気まぐれさにはサムもいささかうんざりとした部分が見受けられる。しかし、奴隷制度に関しては、奴隷保有社会で育ちながら、少年時代から死ぬまで奴隷廃止論者として生き抜いたことに対して、その正直さ、誠実さを称賛する一方で、『自伝』の中で次のような観察もしているのである。

　　兄の生き方はまさにそういったもので、何をやるにしても確信と情熱と強い虚栄心からくる誇りをもってした。ところが24時間もたたないうちに、自分のやったことが何であろうと、すなわち結果が良かろうと悪かろうと、あるいはどちらにも偏らない場合であろうと、兄はいつも悲嘆にくれ、自分のしたことを悔やむのだった。ペシミストとはそういうふうに生まれついているものであり、作られたものではない。オプティミストについても生まれついてのものであり、作られたものではない。

しかし兄は、私の知っている限り、ペシミストとオプティミストが全く同じ比率で宿っている唯一の人間だった。(85)

ペシミストとオプティミストという作家トウェインの二面性をも示す特性を、彼自身が兄オーリオンの特性を語るのに使っており、しかもその両面を同じ比率で備えていた唯一の人間が兄であるというサムの言葉を信じると、サムの中のペシミストとオプティミストは兄の影響を受けて存在するようになったものでもあり、しかもどちらかの側面がいずれかの時期に強く現れたのがサムの場合であると考えられよう。

　もう一つ、サムの二面性を形式的に作り上げる役割を果たしたのが、マーク・トウェインというペンネームである。水先案内人が使う「水深二尋」という用語は、一尋を約6フィートとして、水深二尋であることの注意を喚起したものである。サムは、水先案内人時代に使ったこの言葉が印象に強く残っていたため、ペンネームとして用いたのであろう。しかし、Mark Twain「二つに気をつけて」という意味も持つこのペンネームを使ったことは、奇しくもサムがそののちペシミスト的側面とオプティミスト的側面の二面性を備え持つことを暗示しているように思われるのである。

　1863年というこの年は、すでに述べたように南北戦争という未曾有の戦争にアメリカ全体が苦しんだ時期で、その年の1月にはリンカーンによる奴隷解放宣言が出されている。この奴隷解放宣言は北軍へ勝利を呼び込むためにリンカーンが採ったアイデアであり、初期の南軍の優勢から北軍の優勢へと戦況が傾きつつあったアメリカの情勢をネヴァダで見ていたサムがアメリカの揺れを感じていたことは容易に想像できる。アメリカ史の中でも歴史的に大きな意味を持つその1863年、アメリカ社会が大きく二つに割れていたその状況の中で、サムが用いたMark Twain「二つに気をつけて」は、アメリカそのものに注意を促すサムの想いと受け取ることもできるのである。北部と結び付きの強い南部のミズーリ州に生まれ、南軍として戦争に参戦した経験を持つサムは、一方では、奴隷廃止論者で北軍支持の兄を持ち、南部にも、北部にも同様の注意を投げかける思いがあったのかもしれない。

　マーク・トウェインとしてのスタートを切ったサムの初期の代表作は、1865年の「ジム・スマイリーと彼の跳び蛙」("Jim Smiley and His Jumping Frog")で、のちに単行本に収められる時に『キャラベラス郡の名高い跳び蛙』(*Celebrated Jumping Frog of Calaveras County*)と改題されたこの作品には、確かに何とも言えないおかしさがあり、若い作家トウェインのユーモアを感じさせる部分がある。語り手である「私」がカリフォルニアの金鉱の町の安酒場で聞いた、ジム・スマイリーなる人物にまつわる滑稽な話は、読み手をクスリと笑わせる効果がある。次に述べる部分は、トウェインのいわば乾いたユーモア、笑いを表す箇所で、スマイリーの持っていた犬に関する描写である。

彼は、小さな、かわいいブルドッグを飼ってたな。見るからに何の値打ちもないような奴だった。(中略)ところがこいつに金がかけられると、とたんに変わっちまうんだよ。下あごを汽船の前甲板みたいに突き出す。歯はむき出しになって、溶鉱炉みたいに光る。これに他の犬がタックルし、脅し、噛み付き、2度か3度、肩越しに投げ飛ばしても、アンドリュー・ジャクソンの奴は、満足そうな顔をして、決して不満そうな素振りは見せない。(中略)それで、相手への掛け金がずっと上がって、とうとう金が全部出尽くしたと見るや、突然相手の犬の後ろ足の関節に食いついて放さない―噛み付くんじゃない。わかるかい。ただひっつかまえて、相手が降参するまでたとえ1年だって放さないんだ。(38)

1861年から1865年までネヴァダ準州に滞在したトウェインが、その地で見聞きした材料を使って書いたのが、この短編であり、これによってトウェインは人気を得て、全国的に名前を知られるようになった。この作品は確かにアメリカ全土の人々に対して、当時のアメリカの発展の基礎を担ってはいたものの、例えば東部人などには予測のつかない西部の実態を明らかにする役割を担ったと言えよう。そしてこの中で語られる西部人のバイタリティは、南北戦争後の混乱を抱えるアメリカの未来を担う役目を負わせられるだけの力強さを感じさせるものであり、作家トウェインの楽天的な視点をも感じさせるものである。トウェインは、楽天的な要素を強く持って作家生活をスタートさせたと言えるのではあるまいか。そして、作家としてではなく、一個人としてのサムもカリフォルニア滞在中の1862年の手紙の中で、西部に対する自らの希望を家族に対して次のように述べている。

私は、河での仕事に携わるために、家に戻ろうと考えたことは1度もなかったし、どんな給料であろうとも、水先案内人をやろうとは2度と考えていない。私の生活はこの地で築かれなければならないし、もし予測していた以上に長くかかるのなら、そうしよう。私には失敗するという恐怖はない。あなたも知っているように、私には大きな希望がある。(中略) しばらくの間、私はこの秋には家に戻ろうと考えていたが、それがここらの疲れ果てたカリフォルニア人の抱き続けた思いであり、20年もの間、毎年思い描く願いであることを知った時、少しばかり居心地の悪さを感じながらも、失望に対して立ち向かい、そしてこの秋は帰らないぞと誓うのだ。(43)

作家としてスタートを切ったサムの中には、サム＝トウェイン＝オプティミストの図式が存在していたようである。

その後の、作家トウェインとしての状況は、1869年に出版された『赤毛布外遊記』(*The Innocents Abroad*)と1872年の出版である『苦難を忍びて』(*Roughing It*)から考察

することができる。『赤毛布外遊記』は、1867年6月から11月までヨーロッパ聖地旅行団に参加した折の彼の見聞記であり、できるだけ忠実に自分の目で見たものを公正に書くことに主眼を置いているようである。そのためこれは、従来の旅行記とはかなり趣の異なった調子となっている。例えばナザレを訪れた折のナザレの娘たちに対するトウェインの描写は、次のようなもので、事実を描くという心持ちはもっともであるが、いささか皮肉が過ぎるのではという感もある。

　ナザレの娘たちはあかぬけない。ある者は大きな輝いた眼をしているが、可愛い顔をしているものはいない。この娘たちは普通、一重の洋服を着ているにすぎないが、それはだぶだぶで、格好も悪く、色も思いおもいである。（中略）彼女らは今までにこの国で見かけたうちでは、もっとも人間味のある娘たちで、性質ももっとも良さそうだと思う。しかしこれらの絵のような乙女らに、悲しいことに器量のよさがないのは、疑いのないことである。
　巡礼者のうちの一人である「熱狂的な信者」が、言った。「あの背の高い、しとやかな娘を見てみなさい。聖母のように美しいあの娘の顔を見てごらん。」（中略）
　私は言った。「あの娘は背が高くない。低いほうだ。美しくもない。あかぬけていないと思う。まあ、かなり優雅だとは言えようが、どちらかと言えば、騒々しい。」
　（266）

　これと同じ調子の言葉は、1872年に出版された『苦難を忍びて』の中でも見受けられる。この本は、1861年から1866年までのネヴァダやカリフォルニアでの西部体験をもとに描かれており、すでに述べた「ジム・スマイリーと彼の跳び蛙」の中の乾いたユーモアと共通する部分がある。もちろん「跳び蛙」の話は、この時の素材を用いているので、共通性があるのは当然でもあるが、ここでは『赤毛布外遊記』と共通する、辛辣なジャーナリスティックな目を感じ取ることができる。

　ニュー・イングランドの広々とした牧場や楓や樫や、夏の装いに飾られ、聖堂の窓のように伸びたエルムの姿、林に舞い落ちる乳白色の秋のすばらしさを見てきた人々が、カリフォルニアの、あくまでしぶい荘厳な景色を見てうっとりするなどということは、滑稽とよりいいようがない―実際滑稽であろうが、とても哀れでもある。変化のない気候の土地が美しくあるはずがない。熱帯地方がやはりそうだ。どんな情緒でこれを包んでみても空しいことである。はじめは美しく見えるが、そのうち徐々に、その魅力は変化のないことによってそこなわれてくる。（125）

これら、二つの作品における、ナザレの乙女とカリフォルニアの景色に対することばは、

トウェインの目に映る事実を彼自身の言葉で述べたものであるとも解釈できるが、そこにはやはり、少々斜に構えて物事を見る作家の皮肉な姿勢を感じざるを得ない。

　しかし、その同じ 1872 年、作家トウェインは初めてのイギリス旅行で思いがけないほどの大歓迎を受けた時、いろいろな場所でマーク・トウェインという自らのペンネームが熱狂的に連呼されるのを聞いて、「私は、偉大な称号を持った人々の中で自分が最も卑しいものだと思っていた。私は自分がライオンであることを知らなかった。」(Caplan 153) という感想を述べている。この場合のライオンとは、文学上の名士であることを意味しており、当時アメリカでは依然として「ユーモリスト」として位置付けられていたトウェインが、「文学者」として認められたことに大いに満足していることが窺える。作家マーク・トウェインとして「自分がライオンであるとは知らなかった」と素直に驚いてみせるところに、むしろサムとしての顔が覗いているように思われる。サム自身の声は、1870 年、東部出身で「お上品な伝統」を旨として育てられたオリヴィア・ラングドン（Olivia Langdon）との婚約に際して、彼が家族に送った次の手紙の中にも大いなる喜びとして語られている。

　　彼女はすばらしい娘で、毎年許されている以上は浪費せず、他人に対してすべてを使おうとする。彼女はすばらしく賢明な妻になるだろうし、気取ったところもない。これまで彼女のことについて取り成しをしたことはないし、あなた方に彼女のことを好きになってと頼んだこともない。なぜなら、そのことは何の役にも立たないから。もしあなたがそうなろうとすれば、そうせざるを得ないのだから。(Letters　63)

オリヴィアに対する大いなる自信が窺える箇所である。上で述べた「ライオン」としての自分に満足するサム、オリヴィアのことを誇らしげに自慢するサム、このようなサムの姿は「ジム・スマイリーと彼の跳び蛙」の中で、噛み付いたら一生離さない犬のことをユーモラスに語るトウェインの姿と共通する明るさがある。

　このように見てくると、サムがマーク・トウェインというペンネームを使った初期の代表作「ジム・スマイリーと彼の跳び蛙」の中でのユーモラスな姿勢は、この作品によって全国的に認知されたが、書くことが仕事となったのちのトウェインの作品の中ではそれが次第に薄れてきていると言えるであろう。『赤毛布外遊記』や『苦難を忍びて』の中で、語られる言葉にはかなりの辛辣さが含まれており、その部分を見ると、作家としてのトウェインは、もはや若い頃の明るい笑いを忘れてしまったのではと思われる。しかし、上で述べたように、作品の中ではなく、サム自身の声で語る言葉の中には、「跳び蛙」の中の明るさと共通する部分があり、サム個人の本質は、あまり変わっていないようにも感じられる。このように見てくると、作家マーク・トウェインとサム個人は、トウェインとしての時間が長くなるにつれて、次第に隔たりが大きくなり、ペシミスト＝

トウェイン、オプティミスト＝サムという図式が1870年前後から顕著になってきたと考えられる。

その図式は、1876年に出版され、トウェインの小説家としての成功を決定づけた『トム・ソーヤーの冒険』(*The Adventures of Tom Sawyer*) の中では、作家の消極的姿勢の中に見受けられる。主人公トムは、殺人事件に巻き込まれたり、洞窟で迷子になって死の恐怖を味わったりしながら、物語世界の中で成長していく。しかし、その成長は故郷であるセント・ピーターズバーグの村へ戻ることを基本として展開する。トムは、村社会から逸脱することはできず、基本的には村という文明社会に帰属するタイプのキャラクターであると言える。したがって、文明世界に属する少年が、実際の社会状況の厳しさを語ることはできず、トウェイン自身も述べているような3、40年前の「古き良きアメリカ」に逃げ込んでしまい、そこに現実逃避型の消極的な作家の姿勢を読み取ることができる。その現実逃避のトウェインの視点は、『ハックルベリー・フィンの冒険』(*Adventures of Huckleberry Finn*) の中で、主人公ハックがすべての事件の解決後に、テリトリー（インディアン準州）に逃げ出すことに象徴的に現れていると言えよう。『トム・ソーヤーの冒険』よりも、実際にテリトリーという空間的隔たりの中に移動することを選択しようとすることに、トウェインの消極性の深まりを見ることもできるのではあるまいか。

一方、サムについてはタイピングマシンや印刷所経営に多額の投資をしていた時期で、ビジネスの将来についても多少の不安は感じていたものの、一攫千金に熱中していた時期である。

このように、サミュエル・ラングホーン・クレメンズが、マーク・トウェインという作家としてスタートした当初は、サムとトウェインはオプティミストとしての同一性を保っていた。しかし、次第にサム＝オプティミスト、トウェイン＝ペシミストという個性の分離を生じた。この個性の分離がどのように変化していくかについては、次に簡潔に考察してみる。

3. トウェインとクレメンズの狭間で

1890年あたりの作品、例えば『アーサー王宮廷のヤンキー』(*A Connecticut Yankee in King Arthur's Court*) において、19世紀を生きる主人公ハンクが、6世紀のイギリスに生きることを選択するあたりを見ると、トウェインの現実逃避の悲観的な姿勢は一層深まり、自己破産の不安を抱えていたサム自身の状況などと考えあわせると、サムの中にもトウェインの中にもペシミストとしての顔が見受けられ、両者の個性のずれは減少し、サム＝トウェイン＝ペシミストという具合に融合してしまったのではないかと思わせる。もはやオプティミストサムの明るさは戻ってこないのであろうか。

1896年に発表された『ジャンヌ・ダルクに関する個人的回想』(*Personal Recollections*

of Joan of Arc）の中で、トウェインが語るジャンヌの生きた時代の描写が、19世紀末のアメリカのそれを象徴していると考えると、救済者ジャンヌの出現を世紀末のアメリカに希求する作家の希望の視線が感じられる。サム個人としては、96年に娘スージー、97年に兄オーリオンとあいついで亡くし、その間の悲嘆振りが伝記の中からも窺えることから、オプティミストとしてのサムは存在しにくい状況にあった。トウェイン＝オプティミスト、サム＝ペシミストの図式がここには窺える。

　世紀の転換をはさんだ頃から、作家トウェインの積極的な発言が見受けられるようになる。1901年の「暗きに座する民に」（"To the Person Sitting in Darkness"）という文章の中での、発展途上国を抑圧する文明国への批判、自伝の中でのベルギーのレオポルド王への攻撃などは、『赤毛布外遊記』などで見せたトウェインの辛辣ぶりと同じような調子を持っている。この時期のサム個人はと言えば、度重なる投機の失敗でひどい目にあったにもかかわらず、性懲りもなくまた新たな品物に投資し、プラズモンという高プロテイン食品に魅了され、企業組合の会長に選ばれるおめでたぶりである。ジャスティン・キャプランによれば「このころでも百万長者になることを夢見ており」（351）、妻オリヴィアのことをのろけてみせた若いオプティミストサムが戻ってきたかのようである。また、晩年の問題作である「ミステリアス・ストレンジャー44号」（"No.44, The Mysterious Stranger"）の最終章では、「存在するものは何もない。すべては夢だったのだ。」（404）と辛辣な言葉を吐く一方で、「あちらの世界など存在しないよ。」（403）とストレンジャーに告げられると、「あいまいで漠然としていたが、その信じられないことばが真実かも知れない、いや真実に違いないという祝福と希望に満ちた思いが吹き込まれる」（403）のである。すべての存在を否定することに希望を見出す状況は、次に挙げるトウェインの自伝の中の思いと共通する。

　　私は、不死に対する信念をはるか昔に捨ててしまった。それに対する興味も捨ててしまった。（中略）滅び去ってしまうことは、私にとっては恐怖ではない。なぜなら生まれる前、1億年も前にすでに試してしまっている。（中略）あの1億年間の休日には、平和があり、静穏さがあり、あらゆる意味での責任もなく、悩みもなく、心配も落胆も当惑もなく、深い邪魔されることのない満足感がある。時が来れば、そこへ戻りたいという穏やかな望みと大きな願いを持って、それを振り返っている。（249）

「ジム・スマイリーと彼の跳び蛙」の中の、作家トウェインのユーモラスな語りは、サム個人の明るい思いと共通点があるという意味で、初期のトウェインには、サム＝トウェイン＝オプティミストの図式が成り立つことを述べた。その後サム＝オプティミスト、トウェイン＝ペシミストという揺れや、サム＝トウェイン＝ペシミストの危機、サム＝

ペシミスト、トウェイン＝オプティミストという転換を体験したのち、彼が晩年に到った境地は、サム＝トウェイン＝オプティミストという初期のトウェインにおける図式に戻ってきたと言える。もちろん、彼自身が述べているように、彼にとってはペシミストもオプティミストも生まれつきのものであって、作られたものではない。誰でも完全にペシミストだったり、オプティミストだったりということはない。ある面ではペシミストだったり、オプティミストだったりするものであり、またそれらの側面は時期によってどちらかに偏ったりもする。作家トウェインの場合がまさにそうなのである。しかしながらそれら二つの側面がまったく同じ比率で宿っているのが兄オーリオンであり、その兄の影響も受けて、書くという仕事に携わることになったトウェインの生涯は、オプティミストからスタートしてオプティミストへと戻ってくるという「円環」を描いている。そこにハレー彗星の訪れとともに生まれ、次のハレー彗星の訪れとともにこの世を去っていった作家マーク・トウェインの生涯との奇妙な一致を、我々読者は偶然にも感じ取ることができるのではあるまいか。

引用文献

De Vote, Bernard, ed. "*The Notorious Jumping Frog of Calaveras County.*" *The Portable Mark Twain*. New York: Penguin, 1983. 35-42.

Kaplan, Justin. *Mr. Clemens and Mark Twain*. New York: Simon Schuster, 1966.

Neider, Charles, ed. *The Selected Letters of Mark Twain*. New York: Harper&Row, 1982.

Twain, Mark. *Innocents Abroad*. 1922-25. Tokyo: Honn-no-Tomosha, 1988. Vol.2 of *The Writings of Mark Twain*. 37vols.

---. *Roughing It*. Vol. 4 of *The Writings of Mark Twain*.

---. *The Autobiography of Mark Twain*. Ed. Charles Neider. London: Chatto&Windus, 1960

---. *The Mysterious Stranger Manuscripts*. Ed. William M. Gibson. Berkeley: U of California P. 1969. 221-405.

Malamudが描く手作業
―そのユダヤ的特質をめぐって―

前田　譲治

I

　Bernard Malamud の多くの作品には、手作業の詳細な描写が登場する。マラマッド文学に登場する手作業描写が持つ意味合いについては、従来、集中的な考察は行われていない。そこで、マラマッドによる手作業描写を、ユダヤ人に関するものと、非ユダヤ人に関するものとに分類して眺めると、それら二種類の手作業描写には、興味深い対照性が見出せる。この傾向は、マラマッド作品において手作業描写が最も多く登場する *A New Life* に、特に顕著に認められる。この作品を中心に、他のマラマッドの短・長編や Arthur Miller の *Death of a Salesman* をも視野に入れつつ、マラマッドが行った手作業描写には、興味深い一貫性があることを明示したい。この作業を通して、マラマッドのユダヤ人としての感性が、彼が執筆した作品群の全体的傾向にいかなる形で影響を及ぼし、その在り方を決定付けているかを明らかにしたい。本論は、作品の垣根を超えて作品群全体を支配している、マラマッドのユダヤ人としての感性のあり方を、手作業描写に特に焦点を当てることにより明示することを目的とする。

II

　『新しい生活』の主人公 Seymour Levin は、非ユダヤ人の中で生活する唯一のユダヤ人という立場にある（Fiedler 145）。そこで、レヴィンと他の非ユダヤ人たちの間に、手作業描写に関して、いかなる差異があるかを眺めてみよう。この作品において、非ユダヤ人 Gerald Gilley は特定の活動を偏愛しているが、ギリーの嗜好には一貫性がある。まず、ギリーはスナップ写真を撮影するのに秀でており、州レベルの大会で一等を受賞している (15)。また、彼は、研究室内で、"Gerald raised his rod and flipped it as if casting" (289) という具合に釣竿を操るほど、釣を偏愛している。加えて、彼が釣を行うと他の釣人が見とれるほど、釣竿の扱いに卓越している (15)。さらに、ギリーの車にはゴルフバッグが二つ搭載されており (4)、彼はゴルフをレヴィンに勧めている。ギリーが狩を好む事実も、繰り返し紹介されている (131, 184)。このように、手先の器用さが重要な意味を帯びた活動をギリーが特に好み、彼が手作業に優れている有様を、この作品は繰り返し描いてい

る。このようなギリーの特性を描き出そうとする点で、作品が極めて徹底している事実を、以下において、さらに明確化したい。

　ギリーは著作を執筆中という設定になっているが、彼の著書は、雑誌からの切抜によって構成されている。彼がその本の作成に携わる様子は、"Gilley clipped a picture from the magazine, snipped four sides, and filed it in a thick folder"（31）や、"He cut into another page"（31）、あるいは、"Picking up his shears he snipped a picture out of a magazine"（291）と描写されている。このように、ギリーが著書を執筆する様子が登場する際には、彼が鋏を操る様子に、必ず焦点が当てられている。このような描写パターンの導入には、ギリーの研究活動において、手作業がいかに大きな重要性を有しているかを描こうとする作者の意識を指摘できる。

　さらに、ギリーが無言の圧力をとおして、一堂に会する形での定期試験の採点を教員に強い、彼らに採点終了までの時間を競わせている事実にも注目したい。ギリーの無言の圧力に屈服して、教員全員が採点終了までの速さを真剣に競っている。その最中のレヴィンの様子は、以下のとおり記述されている。

　　Levin hurriedly counted correct answers, making little red check marks down the margin of the page, later changing to economical dots. He totaled aloud, wrote the number of right answers at the bottom of the page and hastily flipped to the next sheet, once in a while taking a few seconds to work his fingers against cramp.（153）

以上の引用は、ギリーが奨励している競争が、手作業能力の優劣を競うものであることを明らかにしている。このような競争を見物することをギリーは好んでおり、最初に採点を終了した教員をギリーは賞賛している。このようなギリーの描写は、彼が手作業能力の優劣を人間の価値を計る重要な尺度とみなしている事実を伝えている。さらに、作品は、ギリーが写真撮影を行う場面で終わっている（367）。作品のエンディングも、ギリーと手作業の結びつきの強さに焦点を当てている。このように、ギリーの人物造形には確固たる一貫性が伴っている。マラマッドが、手作業に有能で、手作業能力を至高視する人物として、ギリーを意識的に造形しているのは間違いない。

　ついで、ギリー以外のレヴィンの同僚を眺めてみよう。レヴィンの同僚全般に関して、"[A] surprising number of men were expert at fixing any mechanical apparatus—cars, washing machines, flush toilets, hi-fi sets"（99）という、手作業能力の卓越性を強調する描写がある。同僚たちはギリーと同じく、狩と釣を好む（100）。レヴィンが同僚の中で最も強く親近感を覚える Joseph Bucket が初登場する際は、"the assistant professor on his hands and knees on the steeply-pitched high gabled roof, hammering nails into loose shingles and replacing others" (61) と描写され、手作業に没頭している。バケットに関する、"In a rare free moment he was still hammering boards on the addition to his still uncompleted house" (268)という描写も、彼の日常生活に占める手作業の割合の大きさを伝えている。レヴィンが学者として尊敬している C.D. Fabrikant も、研究を行っていない時は乗馬をしている (34)。実際に、レヴィンが学外で会う際に、ファブリカントは常に乗馬を行っている。ファブリカントが乗馬している際の彼の動作は、"managed to pull the animal to a halt" (71)、あるいは、"Griping the reins short" (71) と描写されており、乗馬は手作業を前提とすることが描かれている。つまり、ギリー以外のレヴィンの同僚の場合も、手作業が生活において占める存在感が大きい点で、ギリーと同根である。

次に、レヴィンが接する学生たちに目を移すと、"'Some of the married students start houses and never take their degrees'" (34)と説明されている。学生たちは、手作業に没頭するあまりに学業を放棄しており、彼らが手作業を志向する度合いの強さは常軌を逸している。学生たちは、"Almost everyone of his freshman could drive . . . " (134)とも描かれ、車の運転という手作業にも優れている。加えて、ギリーの妻 Pauline の長所も、ギリーによれば、ゴルフ、スキー、庭作り、ステレオの組立て、編物が得意なことである (356)。レヴィンの同僚のみならず、彼の周囲の非ユダヤ人が、遍く手作業に優れていることが描かれている。

今度は視点を変えて、ユダヤ人レヴィンの手作業のあり方に着目してみよう。彼に関しては、"He couldn't understand how it was possible to shift, accelerate, turn, while watching direction, signs . . . ." (134)や "A few days later he failed his driver's test and went home humiliated, convinced he must part with the car" (135)といった描写が見られる。これらの引用は、レヴィンが、車の運転という手作業に不適格であることを伝えている。写真撮影に優れるギリーとは正反対に、レヴィンは今までに自分の手で写真を撮った経験がない (92)。レヴィンは、"'My two hands are practically useless'" (34)とも明言しており、自分の手作業能力の欠如を明確に自覚している。周囲の人々とは正反対に、レヴィンの手作業能力は劣っている。

ギリーとレヴィンが会話を行っている場面で、ギリーの手は "running"、"pulled"、"brushed"、"tucked away"、"buttoned"、といった動きを見せ、間断なく些細な動作を行っている (282)。対照的に、同じ場面でレヴィンに関しては、". . . Levin, about to stroke his beard, found it missing, and smiled vaguely" (282)と描写されている。レヴィンの場合は、手が単純な動きをしようにも、それが不可能な状況が与えられている。彼は、瑣末的な次元であれ、手作業量の点でギリーに劣っている。他にも、"Levin bent to tighten a shoelace but the smoke blew in another direction" (40)という形で、レヴィンが単純な手作業を行おうとすると、邪魔が入っている。さらには、最初の講義を行った際に、レヴィンは、ズボンのチャックを閉める単純な手作業を怠っている (90)。このエピソードも、彼

の手作業能力の欠如を物語る。瑣末的と思われる、"Levin tried to hide the cigar but failed though he crushed it into his pocket"（233-34）という描写も、彼の手の不器用さを示唆している。さらに、作品終盤において、レヴィンは解雇通知を受け取った際に、激情に駆られて拳で窓ガラスを割り（346）、手を負傷する。彼は、最後には、単純な手作業ですら全く不可能な状態に陥っている。単純な手作業の分量の点でも、レヴィンは周囲の人々に大きく劣ることが描かれている。その上、レヴィンが好む娯楽は、文学を至高視するがゆえの読書であり、度々行う街中での散歩である。レヴィンの趣味は、手作業の存在感が絶無なものに統一されており、周囲の非ユダヤ人の娯楽との間には、明確な対照性が設定されている。

以上のとおり、『新しい生活』においては、レヴィン（ユダヤ人）とその他の非ユダヤ人の間に、手作業能力と手作業量の大きな格差がある事実が、幾重にも描きこまれている。手作業能力の格差こそが、ユダヤ系のレヴィンと他の非ユダヤ人たちの間の、重大な弁別性といえる。これと同類の、登場人物の弁別的描写は、マラマッドの他の長編にも指摘することが可能である。

The Assistant に目を移すと、食料品店の経営者 Morris Bober（ユダヤ人）と Frank Alpine（非ユダヤ人）の間に、やはり手作業能力の格差が認められる。モリスの店を手伝うことになったフランクによる、店内の模様替えの様子が、以下のとおり描写されている。

> Glancing around, Ida saw he [Frank] had packed out the few cartons delivered yesterday, swept up, washed the window from the inside and had straightened the cans on the shelves. The place looked a little less dreary. . . . He cleaned the trap of the kitchen sink, which swallowed water slowly, and in the store fixed a light whose chain wouldn't pull, making useless one lamp.　(56)

上の引用文は、店を 21 年間、経営してきたモリスよりも、入店直後のフランクの方が、店の整備や整頓に大きく長けている事実を伝えている。さらには、下水が詰まった際に、フランクは、"cleaning out the stopped sewer pipe in the cellar with a long wire and so saving five or ten dollars that would surely have gone to the plumber"（128）という形で、鉛管工に頼らず、独力で解決している。この引用によると、モリスが独力で対処した場合は、鉛管工の力が不可欠であった。やはり、この短い引用も、二人の手作業能力の多大な格差を伝えている。その後フランクは、壁や天井を塗装し、棚を取り替える大規模な店の改装を、独力で行っている（186）。さらには、モリスが死去した後に、フランクは、食料品店を長年経営したモリスですら行わなかった、手製料理の販売を行っている。フランクの手製料理は客に好評で、売上を伸ばしている（235-36）。このように、モリスが決し

て及ばない手作業の才能を、フランクは様々な形で発揮している。非ユダヤ人フランクの手作業能力が、ユダヤ人モリスのものを圧倒するあり方が、様々な形で描き込まれている。

　フランクの手作業に着目し続けると、彼に関する、"He set out to carve her a flower and it came out a rose starting to bloom.　When it was done it was delicate in the way its petals were opening yet firm as a real flower" (192)という描写も、彼が、卓越した手先の器用さを有する事実を伝えている。その上、フランクは、"cleaning his fingernails with a matchstick" (25)、"cleaning his fingernails with his jackknife blade" (74)、"paring his fingernails with his knife blade" (197)との形で、同類の手の動作を反復している。この様子から、彼の手は明らかに何らかの手作業を強く希求している。また、フランクは強盗の最中に、"The one at the sink hastily rinsed a cup and filled it with water" (26)や"He rinsed the cup and placed it on a cupboard shelf" (26)といった、通常の強盗犯が絶対に行わない奇矯な行動を取っている。このような行動の奇矯さも、フランクの手が手作業を渇望している度合の強さを示唆している。以上の事実から、『アシスタント』は、フランクの人物像における手作業の存在感を、意識的に増幅して描いていると判断できる。

　他方、店の看板が10年前に落ちた時、モリスは修復せずに、そのまま放置している (5)。彼は大型店で一度だけ、"packing, adding, ringing up the cash into one of . . . massive chromium registers"という手作業に従事するが、その際、収支が1ドル合わない結果を招いている (208)。それに加えて、モリスは自分の店でも、長年の間に総計3ドル分もの小銭を床板の隙間に誤って落としている (240)。モリスの手先が不器用で、彼が手作業に不適である事実が繰り返し描かれている。また、モリスの手作業が連続的に描かれる唯一の箇所は、彼が店の近辺で雪かきを行う場面である (222)。しかし、その手作業が誘因となって、彼は肺炎で死亡する。ここには、手作業の連続と、彼の生存とが両立しないイメージが描き込まれている。手作業の描写は極めて微少であるが、『アシスタント』にも、手作業に全く不適合なユダヤ人と、手作業が得意な非ユダヤ人という対照性が間違いなく潜在している。さらに、別作品にも目を向けてみよう。

　The Tenants には、小説を執筆中のユダヤ人と黒人が登場する。黒人（非ユダヤ人）のWillie Spearmintの執筆の様子は、"He typed in serious concentration, each word slowly thought out, then hacked onto paper with piston-like jabs of his stubby, big-knuckled fingers.　The room shook with his noise" (28)と描かれている。この引用は、ウィリーの場合、作品執筆において、手作業が重要な役割を担っている事実を伝えている。彼のタイプの音が大きく、遠くからでも度々聞こえる点 (26, 201, 227) も、ウィリーの執筆の本質が、力を伴った手作業であることを印象づける。さらに、ウィリーは執筆に関して、"'Writing down words is like hitting paper with a one-ton hammer'" (34)と述べており、彼自身が執筆を手作業と意識している。ウィリーの、"He said he thought better, typing" (78)という発言も、彼の執筆において手作業が果たす役割の重要性を物語っている。

その一方で、この作品は、ハリーの思惟や見聞のみに描写の焦点が定められているため、ウィリーの執筆に伴っているはずの思索の様子は全く紹介されない。『借家人』には、ウィリーの執筆を手作業として位置づけようとする、確固たる一貫性が認められる。

　対照的に、ユダヤ人 Harry Lesser の作品執筆の場合は、"It is painful when images meant to marry repel each other, when reflections, ideas, won't coalesce"（184）という形で、執筆中の彼の精神状態に焦点が当てられている。このことは、以下のハリーの執筆の描写にも該当し、ウィリーの場合とは正反対に、ハリーの執筆は精神的な営為として描かれている。

> Monday morning he was in the thick of his long last chapter, stalking an idea that had appeared like a crack in night pouring out daylight, Lesser trying with twelve busy hands to trap the light — anyway, an exciting idea aborning that lit him like a seven-flamed candle. (78-79)

（ここでの "hands" という単語は、比喩的な意味で用いられており、実際の手の動作を描いてはいない。）あるいは、"[T]he words flowed fruitfully down the page"（16）や "All he would have had to do was reach out a hand, the words flow out of it"（226）といった形で、手の動作を介さずに文字が書かれるイメージが、ハリーの執筆には与えられている。その上、執筆中のハリーに対しては、"locomotive" や "steamboat"（14-15, 22）という比喩が、複数回、与えられており、執筆は、手作業ではなく全身運動のイメージで描かれている。さらに、ハリーの場合は、執筆できずに悶々としたり、執筆を気にかけたりする様子が専ら登場し、彼が実際に執筆する様子はほとんど登場しない。執筆時の指の動きが記述されることも、皆無に近い。唯一の例外として、"... I held the fountain pen in my hand and moved it along the paper"（229）という、執筆中のハリーの手の動作に焦点を当てた叙述がある。その結果は、"It made lines but no words"（229）と描かれている。つまり、ハリーの手の動きに焦点が当てられた際には、執筆ができていない。この流れは、執筆と手作業が、ハリーの場合は両立しない事実を印象づける。

　以上のとおり、『借家人』の場合も、小説執筆の描写において、ユダヤ人の場合は手作業の存在感が絶無であるのに対して、非ユダヤ人（黒人）の場合は、手作業の存在感が極めて大きい。再度、ユダヤ人の人物像における手作業の存在感が、非ユダヤ人の場合よりも極めて小さい構図を指摘できた。三作品に同一パターンが認められ、このパターンを、マラマッド長編の共通項的なあり方と一般化できるだろう。この主張は、*Dubin's Lives* の分析によって、さらに説得力を獲得する。

　『ドゥービンの生活』には、ユダヤ系の William Dubin と、彼の妻 Kitty（非ユダヤ人）が登場する。この作品における手作業に関する記述は、極めて微少である。しかしながら、

その僅かな手作業描写に注目すると、二人は手作業能力に関して、やはり意識的に描き分けられていることが判明する。まず、キティはハープを嗜み、何時間も演奏する（162）。彼女は生花が得意であり、園芸の才能に恵まれている（17）。このように、彼女の趣味においては、手作業が重要性を有している。キティの料理の腕前も見事である（113, 127）。ドゥービンの原稿をタイプで清書するのは彼女の役目で（36）、彼女はタイプを自分の唯一の仕事と認識している（181）。キティが連続的に煩瑣な手作業を行う様子も描かれ（157）、彼女は手先の器用さを持った人物として描かれている。

他方、ドゥービンは車の運転を誤り、過去に事故を起こしている（7）。彼が調理をすると、料理を焦がしてしまう（39）。このように、ドゥービンの手先の不器用さに繰り返し焦点が当てられている。また、"Lawrence cooked, scrubbed floors, sewed if he had to. Describing his intense domestic life wore on Dubin"（178）という記述から分るとおり、ドゥービンは敬愛する文人が手作業を行ったことに対して苛立っている。ここには、手作業を嫌うドゥービンの感覚を指摘できる。レヴィンと同じく、ドゥービンは思索にふけりながらの散歩を趣味とし、彼の散歩の様子が何度も登場し、その描写に非常に多くの紙数が費やされている。彼の趣味には、キティの場合とは異なり、手作業が関与しない。ドゥービンの愛人でユダヤ系の Fanny Bick も、キティよりは住居の整理整頓を行う能力が劣る（215）。この作品でも、非ユダヤ人（キティ）が、ユダヤ人（ドゥービン、ファニー）を、手作業能力、分量の点で上回る人物として描かれている。これは、すでに考察した三作品に共通して確認できた構図の再来である。すなわち、四作品が歩調を合わせて、手作業に関して、ユダヤ人と非ユダヤ人の描き分けを同一形式で行っており、ここにおいて、マラマッド文学の一貫した底流が判明した。短編にも目を向けることにより、この点のさらなる確証を図りたい。

III

マラマッド文学には、手作業能力が必要不可欠な職業に就いているユダヤ人も、多く登場する。例として、"The First Seven Years" の靴職人 Sobel がいる。確かに、彼が靴の製造に卓越している事実は、作中人物の回想の中で紹介されている（7）。しかしながら、彼の現実の手作業の様子は、"... Sobel pounding with all his might upon the naked last. It broke, the iron striking the floor and jumping with a thump against the wall ..."（6-7）と描写されている。この場面では、ソベルが雇主に対する憤怒に駆られたために、手作業の結果が台無しになっている。仕事を台無しにするほどのソベルの激怒が生じたのは、彼が雇主の娘 Miriam を熱愛しているのに、雇主が他の男性にミリアムを紹介しようとしたからだ。ソベルがミリアムを熱愛していたために、作品に実際に登場するソベルの手作業の描写は、彼の手作業の拙さのみを印象づける結果となっている。彼の手作業能力の卓越性が、読者の前で披露されることを妨げる特別な事情が挿入されている。

"The Loan"においても、ユダヤ人夫妻が、多くの客に人気があるパンを製造することが紹介される。しかしながら、読者が実際に目にする彼らのパン作りの成果は、"A cloud of smoke billowed out at her. The loaves in the trays were blackened bricks—charred corpses"（191）と描かれている。突然の来客への対応に没頭したために、彼らはパン製造に失敗している。「最初の七年間」と同様に、特別な事情の導入がなされたために、彼らのパン職人としての技術の拙さのみが印象づけられる結果となっている。さらに、"Angel Levine"には仕立屋のユダヤ人 Manischevitz が登場する。彼は以下のとおり描写されている。

> Thereafter Manischevitz was victimized by excruciating backaches and found himself unable to work even as a presser—the only kind of work available to him—for more than an hour or two daily, because beyond that the pain from standing became maddening. （43）

つまり、彼は作品に登場する際には、仕立屋としての仕事ができない健康状態に陥っている。このように、上記の三短編は揃って、手作業に従事しているユダヤ人に、何らかの事情を抱えさせることによって、彼らが手作業の有能さを発揮する場面を割愛している。マラマッド文学には、手作業能力を発揮するユダヤ人の描写を回避する傾向も認められる。
　以上の議論に対する反証として、*The Fixer* が想起されるかもしれない。この作品には、主人公 Yakov Bok（ユダヤ人）が優れた手作業能力を発揮する場面が、何度も登場するからだ。ヤーコフの職業名を用いたタイトル自体が、ヤーコフと手作業との緊密な関係を示唆している。それでは、彼の手作業能力の卓越性を、作品は、どのように位置づけているのだろうか。彼は職業柄、工具を持ち歩いていたために、非ユダヤ人から内装の仕事を提供される（40）。その後、内装の出来の素晴らしさに感服した非ユダヤ人は、新たな住み込みの仕事をヤーコフに提供する（45-46）。その結果、ユダヤ人が居住を禁止されている地区に、ヤーコフは住むことになる。これが原因となって、彼は冤罪を着せられ、長期間の過酷な獄中生活を送る結果となる。このように、ヤーコフの手作業能力の卓越性は、彼を破局に導く遠因として位置づけられている。つまり、優れた手作業能力を持つことが、ユダヤ人に悲惨な状況を招来する流れが認められる。つまり、『修理屋』は、手作業能力の卓越性を、ユダヤ人にとって忌避すべき技能として脚色している。
　また、ヤーコフがキエフに移動する途中で、彼が乗った荷馬車の車輪が壊れてしまう。その際に、ヤーコフは修理を試みるが、"But with hatchet, saw, plane, tinsmith's shears, tri-square, putty, wire, pointed knife and two awls, the fixer couldn't fix what was broken"（22）という結果に終わる。ヤーコフが自力で修理できるか否かが彼の旅程を大きく左右する場面では、手作業能力が役に立たない。このように、優れた手作業能力も、自

身には貢献しない設定になっている。しかも、この作品においても、先に眺めた三短編と同様に、主人公が卓越した手作業能力を発揮する余地が、特別な事情により奪われてしまう。つまり、作品が二割弱ほど進行した時点で、ヤーコフは冤罪のために投獄されてしまう。投獄後の彼は工具類を没収され、"His hands ached of emptiness, but he got nothing" (201)という描写のとおり、手作業能力を発揮する余地を完全に奪われてしまう。つまり、手作業能力の卓越性が、ヤーコフに益をもたらさない点が、少なくとも三重に描かれている。このように、ヤーコフは優れた手作業の才能を持つものの、やはり、様々な事情が介在するために、彼の手作業能力は良い意味での存在感を持ちえていない。

『修理屋』とアーサー・ミラーの『セールスマンの死』の間には、興味深い類似点が見出せる。『セールスマンの死』の主人公 Willy Loman（ユダヤ人なのか、非ユダヤ人なのかは不詳）は、手作業能力を至高視する。このようなウィリーの姿勢を、作品がどのように評価しているかを考えたい。活動的なウィリーの兄 Ben は、ウィリーがセールスマンであることを知った際に、無反応のまま立ち去ろうとする。このベンの態度は、ウィリーの職業に対する婉曲的な軽蔑のサインと解釈できる。そうであるからこそ、ウィリーは、失地回復を目指して以下の行動に出るのである。まず、彼は、自分たちが猟を行うことを力説し (51)、さらに、"Why, Biff can fell any one of these trees in no time!" (51) と述べている。加えて、玄関の模様替えをベンの目前で行おうとする。明らかにウィリーは、一家の手作業能力の卓越性を多角的にベンに誇示することにより、ベンの軽蔑心を敬意に転化させようとしている。この状況から、ウィリーは手作業能力を、人間の価値を決定的に左右する要素として位置づけていることが分る。

一方でウィリーは、手作業能力の誇示に必要な資材を工事現場から盗み出すように、息子たちに指示している。ウィリーは、一家の手作業能力の披露に拘泥するあまり、息子に対して盗みを奨励することがどのような意味を持つのかを看過している。ウィリーはベンに、"You shoulda seen the lumber they brought home last week" (51)とも語っている。この発言は、手作業を至高視する姿勢ゆえに、息子たちに盗みを促した過去をウィリーが持つことを伝えている。このようなウィリーの姿勢は、ビフの盗癖の端緒をなし、盗癖ゆえのビフの失職や服役 (142) の遠因ともなっている。つまり、手作業能力を至高視するウィリーの姿勢は、息子の人生の崩壊の誘因として位置づけられている。

ウィリーが執拗に、自己の手作業能力の卓越性を自慢する点にも注意したい。例えば、彼は、隣人 Charley や妻 Linda に対して、自分が行った家の修繕の見事さを繰り返し誇示している。実際に、リンダ、ビフ、チャーリーは、一様にウィリーの手作業能力を賞賛しており、彼の手作業能力は客観的に評価できる次元に達している。そのような才能を持つウィリーは、手作業能力を欠いたチャーリーなどに対して、"A man who can't handle tools is not a man. You're [Charley] disgusting" (44)や、"Great athlete! Between him and his son Bernard they can't hammer a nail!" (52) といった、傲慢な発言を繰り

返している。自己の手作業能力に対するウィリーの自負心は、周囲の人間への傲慢な蔑視姿勢に連なっている。

　しかし、当然ながら、手作業能力は、ウィリーの本職であるセールスマンの業績の向上や地位の安定には連ならない。セールスマンに必要なものは、洞察力に優れたチャーリーによれば、"a smile and a shoeshine" (150) である。常識的に考えても、ウィリーが職務において実際に必要としているのは、チャーリーの指摘のとおり、身だしなみと人当たりの良さである。ところが、すでに確認したウィリーの傲慢さは、"You know, the trouble is, Linda, people don't seem to take to me" (34) というウィリーの発言に読み取れる、他人から忌避されるウィリーの立場を招いている。ウィリーの葬儀への参列者が驚くほど少なかった事実も、彼の対人姿勢に問題があったことを物語っている。つまり、手作業能力への過剰な自負心が、ウィリーの対人姿勢を傲慢なものにし、セールスの成績が悪化し、ついには彼の解雇に至る流れが描かれている。この作品では、手作業能力への過信が、二つの流れをとおしてウィリー一家を没落に導いている。このように、『セールスマンの死』と『修理屋』は共通して、手作業に卓越していることが遠因となって、登場人物が苦境へと追いやられる過程を描いている。これら二作品は、手作業能力に卓越することに対して、マイナスのイメージを付与している。

　以上の考察の結果、マラマッドの作品は、手作業の優秀さをユダヤ人とは相容れない技能として描く傾向が強いことが鮮明になった。非ユダヤ人との比較の上で、ユダヤ人が手作業能力に劣る様子を描くこともあれば、ユダヤ人が手作業を発揮できなくなる何らかの事情が導入される場合もあった。手作業能力の優越性を好ましくない結果を生む要因として描くあり方は、マラマッドに限定されたものではなく、他のユダヤ系作家ミラーにも共有されていた。この事実には、マラマッドが示す手作業描写の特質を、ユダヤ系作家の特質とまで拡張できる可能性を感じ取れる。対照的に、非ユダヤ系登場人物の場合は、描写における手作業の存在感が極めて大きかった。それでは、マラマッド作品に認められる、ユダヤ人のみを手作業から完全に切り離して描こうとする確たる一貫性が、マラマッドがユダヤ人である事実と、どのように結びついているのかを以下に考察したい。そのために、在米ユダヤ人の歴史を俯瞰したい。

IV

　他国からアメリカに移民してきたユダヤ人は、到着直後には、社会の最下層に位置することを強いられた。そのような彼らが仕方なく就かざるを得なかったのが、"low-paid manual work" である (Feingold, *A Time for Searching* 144)。より具体的には、アメリカに移民した直後のユダヤ人は、服飾産業、タバコ製造などの手作業を必要とする職種に多くが就業した (Gay 93)。つまり、在米ユダヤ人にとっては、彼らが脱却すべき状況と手作業とが結びついていた。大半のユダヤ人たちはそのような職種を甘受せず、教育を受け

ることによって、そこから脱却することを目指していた（Gay 93）。実際に、手作業に従事していた世代の子供たちの多くは、そのような職から離れることに成功している。例えば、一世の世代の 20％が仕立屋であったのに対して、二世の場合は 5％しか、同じ職に就いていなかった（Gay 94）。同じ論調の指摘が、"Second-generation Jewish men were more likely to choose sales over tailoring or house painting as a lifetime occupation" (Feingold, *A Time for Searching* 127) という形でも行われている。さらには、1900 年時点のニューヨークにおけるロシア系ユダヤ人の場合、一世と二世とを比較すると、製造業に就いている割合が二世において半減している（Howe 167）。在米のユダヤ人女性に目を向けても、裁縫師や帽子製造から、教員や図書館員へと職業の主流が移行した歴史がある（Gay 95）。手作業とは無縁の生活を、アメリカに移民したユダヤ人が熱望した過去が認められる。ユダヤ人が手作業に対して軽蔑心を吐露した過去を指摘する声もある（Kessner 88）。

アメリカでは 1924 年に移民の入国数を制限する法律が制定される。この法律の制定後は、アメリカに新来のユダヤ系移民が入国することが極めて困難になった。これに伴って、アメリカに移民した直後に選択の余地が無いために、手作業に従事せざるを得ないユダヤ人の数も激減する。そのような状況にあって、在米ユダヤ人の職業選択にどのような傾向が認められたかを、時を追って眺めてみよう。まず、1930 年代のユダヤ人の職業に関して、"Agriculture, which claims 17.5 per cent of all gainfully occupied Americans, absorbs perhaps only between 1 per cent and 2 per cent of gainfully employed Jews" (Reich 165) という観察がなされている。手作業が不可欠な農業に従事しているユダヤ人の数が、全国民の平均値よりも極めて少なかったのである。同様に、1930 年代半ばのユダヤ人が手作業を伴った仕事を敬遠した事実が、"Commerce overshadowed manufacturing, which drew only 15 to 20 percent, compared with 26.3 percent for the general population" (Feingold, *A Time for Searching* 127) という形でも指摘されている。1930 年代には、冶金、炭鉱、石油製品産業、運輸業のような手作業が不可欠な職種から、実質的にユダヤ人が見られなくなったという指摘も *Zion in America* に見られる（Feingold 260）。1935 年から 45 年にかけての在米ユダヤ人の職業に関しては、"The proportion of non-manual occupations was more than twice as high among the Jewish gainfully employed in the 1935-45 group of communities than among the non-Jewish" (Sherman 101) という説明がなされている。これらの引用からも、手作業に従事するユダヤ人の割合の少なさが把握できる。この事実は、1948 年から 1953 年にかけてアメリカで行われた調査の、"[T]he proportion of Jews in the nonmanual occupations ranged from 75 to 96 percent, compared to 38 percent for the American population as a whole" (Goldstein 110) という結果からも分る。さらには、1950 年代後半から 60 年代にかけて、ユダヤ人が手作業に従事する割合がさらに低下し、アメリカ人全体の平均値を大幅に下回る結果になったとの指

摘も、以下のとおり見られる。

>By the latter half of the fifties, over 55 percent of the Jews employed in the United States were in nonmanual professions. By the sixties this figure would approach 80 percent, compared with only 23 percent of Americans as a whole. (Heilman 40)

1970年にアメリカで行われた国勢調査からも、"Only 11 percent of Jewish men were engaged in manual work, compared to 58 percent of all white men; for women the difference was almost as great—8 percent of Jewish women, compared to 35 percent of all white women" (Goldstein 114)という形で、手作業に従事するユダヤ人の割合が、他人種に比べて極めて微小なことが判明している。ユダヤ人はオートメーション化の影響が特に少ない職種に就く状況が続いているとの指摘も1966年になされている (Wrong 335)。在米ユダヤ人が全体として、いかなる分野の職種を特に忌避していたかを把握することは極めて困難だろう。しかしながら、この件に関しては、複数の文化・歴史研究家が、年代を問わず同一の結論に至っている。このことから、在米ユダヤ人が手作業を必要とする職業を敬遠する傾向は、年代を超えて存在していることが間違いない。在米ユダヤ人は年代を問わず、手作業を忌避する姿勢が極めて強い。

ユダヤ人とは対照的に、アメリカ人は手作業能力を高く評価する傾向を一般的に持つことが、以下のとおり指摘されている。

>Americans always put an exceptionally high premium on productivity—on the work of the hand and the machine in mastering the wilderness, creating abundance, and achieving industrial efficiency. Many American heroes, from Benjamin Franklin to Charles A. Lindbergh, have been skilled in making things; few have been idolized for manipulating intangibles like money or ideas. (Higham 180)

上記の引用によると、多くのアメリカ人に尊敬されるヒーローには、手で何かを作ったり行ったりする能力に長けている点で、一貫性が見られるという。他にも、同一趣旨の指摘が、"Extending form Benjamin Franklin to the Populists, and continuing later to Henry Ford and Charles Lindbergh, that [venerable American] tradition evinced a nostalgic, pastoralist veneration of manual labor . . ." (Sachar 276)という形でなされている。全く同一趣旨の指摘が繰り返されていることからも、アメリカ人が手作業能力に秀でた人間を尊敬するという視点には説得力がある。

実際に、アメリカ人にとっての最大の英雄と位置づけられることが多い Charles Lindbergh は、パリーニューヨーク間の単独無着陸飛行を行ったために、そのような地位を得ている。飛行機の操縦技術（手作業能力）の卓越性が、アメリカ人が彼を英雄とみなす要因の一つとなっている。また、トール・テールに登場する、空想が生み出した民衆のヒーロー、Paul Bunyan は、怪力の樵である。ここにも、アメリカ人にとっての英雄が手作業と不可分の関係にある例を認めることができる。西部開拓時代の実在の人物で、神話化されるほどにアメリカ人に人気のある Davy Crockett は、農民と猟師としての傑出した腕前を特徴としていた。アメリカ人の間で人気のある大統領の一人、Abraham Lincoln には、「材木挽き」という愛称が与えられていた。この愛称は、彼の人生における手作業の存在感の大きさをイメージさせる。つまり、アメリカ人は、多くの国民に愛されている大統領に対して、愛称をとおして、手作業のイメージを付与している。このあり方からも、アメリカ人が手作業を好意的にとらえる感性を持っていることが窺える。以上のとおり、アメリカ人の敬愛の対象となっている人物は、手作業の卓越性を国民に認知されている例が多い。以上から、アメリカ人にとっては、手作業能力が特に高く評価すべき人間の能力であることには、疑いの余地が無い。

　ここに至って、アメリカ人が一般的に好意的に評価する手作業能力を真髄とする職種を忌避するのがユダヤ人であることが判明する。非ユダヤ系の多数派のアメリカ人と、ユダヤ系アメリカ人との間には、手作業の評価において、価値観の衝突が認められる。だからこそ、ユダヤ人は生産に手を出さず、土地の耕作や、食料生産、ミネラルの抽出、建物の建築においてほとんど役に立たないという批判が、アメリカでなされたのである (Higham 181)。手作業を伴わない職にユダヤ人が就く傾向が強い点が、アメリカにおいて反ユダヤ的な偏見を助長する一因になったとの指摘もある (Reich 171-72)。以上のとおり、アメリカ人が一般的に価値を見いだす手作業をユダヤ人が忌避したことが、ユダヤ人が非ユダヤ系アメリカ人から攻撃、差別される誘因となっている。ユダヤ人と非ユダヤ人の間の、手作業に関する評価の格差は、非ユダヤ人の側に偏見を生み出すほどに激しいのである。

V

　現実のアメリカには、ユダヤ人が手作業を強く忌避する一方で、非ユダヤ人が手作業能力を至高視するという対照的なあり方が認められた。この現実における対照性が、作品におけるユダヤ人と非ユダヤ人の手作業に関する描き分けと、正確に照応していることが分る。再確認すると、ギリー、フランク、ウィリー・スペアミント、キティなど、非ユダヤ系人物の場合は、ユダヤ系の登場人物よりも、手作業量が圧倒的に多く、かつ、手作業能力に優れていた。マラマッド作品に認められる、手作業を積極的に行う非ユダヤ人と、手作業を行わないか、行えないユダヤ人という描き分けは、現実のアメリカにおけるユダヤ

人と非ユダヤ人の、手作業に対する傾倒の度合いの差異を正確に反映しているのである。このように、ユダヤ人の特質のみならず、非ユダヤ系アメリカ人とユダヤ人との対立軸をも意識に上らせつつ、マラマッドは作品に登場する手作業の描写を行っている。アメリカ人の一般的な価値観とユダヤ人の生活様式の間に認められる対立項を踏まえつつ、マラマッドはユダヤ人と非ユダヤ人の手作業描写をそれぞれ同一パターンで統一していると考えられる。マラマッドが、在米ユダヤ人と非ユダヤ系アメリカ人の間の手作業に対する評価の格差を明確に認識していたことを、登場人物の手作業の鮮明な描き分けは、如実に物語っている。

　本稿では、手作業の描写を集中的に引用したため、手作業描写がマラマッド文学の重要な側面として多量に登場しているかのような印象を与えたかもしれない。しかしながら、登場人物が実際に行っている手作業の描写の分量は、『新しい生活』を除けば、極めて微量である。そのため、手作業の描写は、作品解釈に特に大きな影響を及ぼさない瑣末的な次元に位置していることが多い。手作業の描写は、作品が伝えんとしている主題の展開や伝達に、大きく寄与しているわけではない。それらの多くは、登場人物や彼らの生活を、人間として自然なものとして描くための単なる方策に過ぎない。このような、いわば作品の枝葉末節に当たる描写の隅々に至るまで、マラマッド文学の場合は、ユダヤ人の現実に対する作者の鋭敏な意識に統轄されている。ここにおいて、マラマッドの作品執筆時における、ユダヤ人としての意識の圧倒的な強さと持続性とを認めざるを得ない。手作業描写を整理することにより、マラマッドのユダヤ人としての感性が、人物描写のあり方を強く支配しながらも、容易に読者に感知されることなく、認知が困難な不分明な形態で作品深くに沈潜している事実が判明するのである。

＊　私が大学院修士一年の時に、いつも優しく接して下さった平井先輩のご霊前に、本稿を謹んでお捧げ申し上げます。

Works Cited

Fiedler, Leslie A. *Waiting for the End: The American Literary Scene from Hemingway to Baldwin.* London: Jonathan Cape, 1965.

Feingold, Henry L. *A Time for Searching: Entering the Mainstream 1920-1945.* Baltimore: The Johns Hopkins University Press, 1992.

---. *Zion in America: The Jewish Experience from Colonial Times to the Present.* New York: Hippocrene Books, 1976.

Gay, Ruth. *Jews in America: A Short History*. New York: Basic Books, 1965.

Goldstein, Sidney. "Jews in the United States: Perspectives from Demography." *American Jews: A Reader*. Ed. Marshall Sklare. New York: Behrman House, 1983. 49-119.

Heilman, Samuel C. *Portrait of American Jews: The Last Half of the 20th Century*. Seattle: University of Washington Press, 1995.

Higham, John. *Send These to Me: Jews and Other Immigrants in Urban America*. New York: Atheneum, 1975.

Howe, Irving. *World of Our Fathers*. 1976. New York: Schocken Books, 1990.

Kessner, Thomas. *The Golden Door: Italian and Jewish Immigrant Mobility in New York City 1880-1915*. New York: Oxford University Press, 1977.

Malamud, Bernard. "Angel Levine." *The Magic Barrel*. 43-56.

---. *The Assistant*. 1957. New York: Farrar, Straus and Company, 1963.

---. *Dubin's Lives*. New York: Farrar Straus Giroux, 1979.

---. "The First Seven Years." *The Magic Barrel*. 3-16.

---. *The Fixer*. New York: Farrar, Straus and Giroux, 1966.

---. "The Loan." *The Magic Barrel*. 183-91.

---. *The Magic Barrel*. 1958. New York: Farrar, Straus and Giroux, 1980.

---. *A New Life*. New York: Farrar, Straus and Cudahy, 1961.

---. *The Tenants*. New York: Farrar, Straus and Giroux, 1971.

Miller, Arthur. *Death of a Salesman*. 1949. New York: Bantam Books, 1951.

Reich, Nathan. "Economic Trends." *The American Jew: A Composite Portrait*. 1942. Ed. Oscar I. Janowsky. New York: Books for Libraries Press, 1971. 161-182.

Sachar, Howard M. *A History of the Jews in America*. New York: Alfred A. Knopf, 1992.

Sherman, Bezalel. *The Jew within American Society: A Study in Ethnic Individuality*. Detroit: Wayne State University Press, 1965.

Wrong, Dennis H. "The Psychology of Prejudice and the Future of Anti-Semitism in America." *Jews in the Mind of America*. Ed. George Salomon. New York: Basic Books, 1966. 323-353.

平井昭徳君略歴

昭和 36 年 11 月 9 日　　島根県仁多郡横田町（現 奥出雲町）に誕生
昭和 55 年 3 月　　　　　島根県立横田高等学校卒業
昭和 55 年 4 月　　　　　島根大学法文学部文学科入学
昭和 59 年 3 月　　　　　島根大学法文学部文学科西洋文学語学卒業
昭和 59 年 4 月　　　　　島根大学法文学部文学専攻科入学
昭和 60 年 3 月　　　　　島根大学法文学部文学専攻科修了
昭和 60 年 4 月　　　　　九州大学大学院文学研究科博士課程前期入学
昭和 62 年 3 月　　　　　九州大学大学院文学研究科博士課程前期修了

昭和 62 年 4 月　　　　　筑紫女学園短期大学英文科助手
昭和 63 年 4 月　　　　　同上　講師
平成 2 年 3 月　　　　　　同上　退職
平成 2 年 4 月　　　　　　島根大学法文学部講師
平成 5 年 4 月　　　　　　同上　助教授

平成 15 年 6 月 13 日　　逝去、行年 41 歳

平井昭徳君業績一覧

Some Aspects of Irony　1985 年 11 月　『Cairn』28 号（九州大学大学院　英語学・英文学研究会）

アイロニー素描――丁寧さとの関わりから――　1986 年 11 月　『Cairn』29 号（九州大学大学院　英語学・英文学研究会）

アイロニーへの言語学的アプローチ　1988 年 1 月　『筑紫女学園短期大学紀要』23 号

直喩と隠喩――「類似性」との関わりをめぐって――　1989 年 8 月　『英語学の視点』（大江三郎先生追悼論文集編集委員会編）九州大学出版会

On English Nominal Tautologies　1992 年 7 月　『島根大学法文学部紀要（文学科編）』17 号－Ⅱ

英語の名詞的トートロジーの発話状況について　1995 年 12 月　『島根大学法文学部紀要（文学科編）』24 号

日英語の名詞的トートロジーに関する一考察　1997 年 7 月　『島大言語文化』3 号（島根大学法文学部言語文化学科編）

名詞的トートロジーの構造　1998 年 12 月　『島大言語文化』6 号（島根大学法文学部言語文化学科編）

誇張法の輪郭：誇張法使用の目的を中心に　2001 年 7 月　『島大言語文化』11 号（島根大学法文学部言語文化学科編）

執筆者一覧

平井　昭徳　　元島根大学法文学部
江口　　巧　　九州大学言語文化研究院
大津　隆広　　九州大学言語文化研究院
大橋　　浩　　産業医科大学医学部
古賀　恵介　　福岡大学人文学部
西岡　宣明　　九州大学人文科学研究院
原口　行雄　　熊本学園大学経済学部
松瀬　憲司　　熊本大学教育学部
村尾　治彦　　熊本県立大学文学部
山田　仁子　　徳島大学総合科学部
中島　久代　　九州共立大学経済学部
吉村　治郎　　九州大学言語文化研究院
伊鹿倉　誠　　島根大学法文学部
江頭　理江　　福岡教育大学教育学部
前田　譲治　　北九州市立大学文学部

ことばの標(しるべ)
——平井昭徳君追悼論文集——

2005 年 11 月 10 日 初版発行

編者　大津隆広
　　　西岡宣明
　　　松瀬憲司

発行者　谷　隆一郎

発行所　(財)九州大学出版会
　〒812-0053 福岡市東区箱崎 7-1-146
　九州大学構内
　電話　092-641-0515（直通）
　振替　01710-6-3677

印刷／九州電算㈱・大同印刷㈱　製本／篠原製本㈱

© 2005 Printed in Japan　　ISBN 4-87378-886-2